Statistiques de l'OCDE sur les assurances 2018

2010-2017

OCDE
DES POLITIQUES MEILLEURES POUR UNE VIE MEILLEURE

Cet ouvrage est publié sous la responsabilité du Secrétaire général de l'OCDE. Les opinions et les interprétations exprimées ne reflètent pas nécessairement les vues officielles des pays membres de l'OCDE.

Ce document, ainsi que les données et cartes qu'il peut comprendre, sont sans préjudice du statut de tout territoire, de la souveraineté s'exerçant sur ce dernier, du tracé des frontières et limites internationales, et du nom de tout territoire, ville ou région.

Merci de citer cet ouvrage comme suit :
OCDE (2019), *Statistiques de l'OCDE sur les assurances 2018*, Éditions OCDE, Paris.
https://doi.org/10.1787/g2g9fada-fr

ISBN 978-92-64-31311-8 (imprimé)
ISBN 978-92-64-31312-5 (pdf)

Statistiques de l'OCDE sur les assurances
ISSN 2226-5791 (imprimé)
ISSN 2226-5805 (en ligne)

Les données statistiques concernant Israël sont fournies par et sous la responsabilité des autorités israéliennes compétentes. L'utilisation de ces données par l'OCDE est sans préjudice du statut des hauteurs du Golan, de Jérusalem-Est et des colonies de peuplement israéliennes en Cisjordanie aux termes du droit international.

Les corrigenda des publications de l'OCDE sont disponibles sur : *www.oecd.org/about/publishing/corrigenda.htm*.

Table des matières

Signes conventionnels et abréviations 5
Définitions communes et notes 7

Partie I. **Comparaisons internationales** 9

1. Bilan et ressource, assurance directe (Toutes compagnies d'assurance) 10
2. Bilan et ressource, assurance directe (Compagnies d'assurance-vie) 11
3. Bilan et ressource, assurance directe (Compagnies d'assurance non-vie) 12
4. Allocation de portefeuille, assurance directe (Toutes compagnies d'assurance) 13
5. Allocation de portefeuille, assurance directe (Compagnies d'assurance-vie) 14
6. Allocation de portefeuille, assurance directe (Compagnies d'assurance non-vie) 15
7. Primes brutes totales (Vie et Non-vie) 16
8. Primes brutes totales (Vie) 17
9. Primes brutes totales (Non-vie) 18
10. Part de marché dans l'OCDE (Vie et Non-vie) 19
11. Part de marché dans l'OCDE (Vie) 20
12. Part de marché dans l'OCDE (Non-vie) 21
13. Densité (Vie et Non-vie) 22
14. Densité (Vie) 23
15. Densité (Non-vie) 24
16. Pénétration (Vie et Non-vie) 25
17. Pénétration (Vie) 26
18. Pénétration (Non-vie) 27
19. Part de l'assurance-vie 28
20. Total des primes brutes directes par employé d'entreprise d'assurances 29
21. Taux de rétention (Vie et Non-vie) 30
22. Taux de rétention (Vie) 31
23. Taux de rétention (Non-vie) 32
24. Taux de réassurance acceptée (Vie et Non-vie) 33
25. Taux de réassurance acceptée (Vie) 34
26. Taux de réassurance acceptée (Non-vie) 35
27. Part du marché national détenue par les entreprises étrangères (Vie) 36
28. Part du marché des entreprises étrangères dans le marché national (Vie) 37
29. Part du marché national détenue par les entreprises étrangères (Non-vie) 38
30. Part du marché des entreprises étrangères dans le marché national (Non-vie) 39

Partie II. **Tableaux par pays** 41

Australie 42
Autriche 45
Belgique 49
Canada 53
Chili 57

République tchèque 60
Danemark 64
Estonie 67
Finlande 71
France 74
Allemagne 78
Grèce 81
Hongrie 85
Islande 89
Irlande 92
Israël 96
Italie 100
Japon 104
Corée 107
Lettonie 110
Lituanie 114
Luxembourg 118
Mexique 122
Pays-Bas 126
Nouvelle-Zélande 129
Norvège 133
Pologne 136
Portugal 139
République slovaque 143
Slovénie 147
Espagne 151
Suède 155
Suisse 158
Turquie 161
Royaume-Uni 165
États-Unis 169

Signes conventionnels et abréviations

Signes conventionnels

c	Donnée confidentielle
..	Non disponible
.	Point décimal
|	Rupture de série

Codes ISO des pays et abréviations monétaires ISO

	Code ISO	Unité monétaire	Abréviation
Australie	AUS	dollar	AUD
Autriche	AUT	euro	EUR
Belgique	BEL	euro	EUR
Canada	CAN	dollar	CAD
Chili	CHL	peso	CLP
République tchèque	CZE	couronne	CZK
Danemark	DNK	couronne	DKK
Estonie	EST	euro	EUR
Finlande	FIN	euro	EUR
France	FRA	euro	EUR
Allemagne	DEU	euro	EUR
Grèce	GRC	euro	EUR
Hongrie	HUN	forint	HUF
Islande	ISL	couronne	ISK
Irlande	IRL	euro	EUR
Israël	ISR	shekel	ILS
Italie	ITA	euro	EUR
Japon	JPN	yen	JPY
Corée	KOR	won	KRW
Lettonie	LVA	euro	EUR
Lithuanie	LTU	euro	EUR
Luxembourg	LUX	euro	EUR
Mexique	MEX	peso	MXN
Pays-Bas	NLD	euro	EUR
Nouvelle-Zélande	NZL	dollar	NZD
Norvège	NOR	couronne	NOK
Pologne	POL	zloty	PLN
Portugal	PRT	euro	EUR
République slovaque	SVK	euro	EUR
Slovénie	SVN	euro	EUR
Espagne	ESP	euro	EUR
Suède	SWE	krona	SEK
Suisse	CHE	franc	CHF
Turquie	TUR	livre	TRY
Royaume-Uni	GBR	livre sterling	GBP
États-Unis	USA	dollar	USD

Définitions communes et notes

Notes sur les sources des données

Toutes les données dans cette publication ont été communiquées par les autorités nationales compétentes en matière d'assurance. En ce qui concerne les tableaux d'indicateurs comparatifs, les données sont surtout tirées des tableaux par pays. Les données sur les taux de change sont extraites de la base de données des Statistiques Financières Internationales du FMI. Les données sur la population sont extraites de la publication du FMI *Perspectives de l'économie mondiale*. Les données sur le PIB proviennent de la base de données OCDE des Comptes nationaux annuels pour les pays de l'OCDE et de la publication du FMI, *Perspectives de l'économie mondiale*, pour tous les autres pays.

Pour plus de clarté, le nombre de variables choisies et présentées dans cette publication a été limité. Les données ont été extraites de la base de données des statistiques des assurances au niveau mondial. La base de données complète peut être consultée en ligne en utilisant le lien suivant :

Statistiques des assurances de l'OCDE, *http://dx.doi.org/10.1787/ins-data-fr*.

Un effort important a été fait pour assurer la comparabilité entre les pays. Les définitions, classifications, méthodes de calcul, et unités ont été normalisées autant que possible.

Notes générales

Les catégories vie et non-vie correspondent aux définitions utilisées dans la législation nationale. Cependant, les primes pour les contrats d'assurance maladie et accidents conclus par les entreprises d'assurance-vie doivent être incluses dans les chiffres sur l'activité non-vie.

Jusqu'en 2008, les activités dans le secteur de l'assurance sont ventilées entre les opérations vie et non-vie. À partir de 2009, les activités sont décomposées entre les opérations des entreprises d'assurance-vie, celles des entreprises d'assurance non-vie et celles des entreprises mixtes. Les activités des entreprises mixtes sont ensuite subdivisées entre les opérations vie et non-vie. Certains pays n'autorisent pas les entreprises d'assurance à exercer à la fois des activités vie et non-vie et, par conséquent, il n'existe pas d'entreprises mixtes dans ces pays. Cependant, dans d'autres pays (comme l'Autriche, la Hongrie, le Mexique et l'Espagne), les entreprises mixtes représentent plus de 25% de l'ensemble des entreprises d'assurance opérant dans ces pays. Aussi, pour disposer au fil des ans de données comparables sur les opérations vie (respectivement non-vie), il faut additionner à partir de 2009 les opérations vie (respectivement non-vie) des entreprises d'assurance-vie (respectivement non-vie) et les opérations vie (respectivement non-vie) des entreprises mixtes.

Les chiffres fournis sur le nombre d'entreprises et les primes d'assurance doivent prendre en compte toutes les entreprises d'assurance agréées ou autorisées dans le pays déclarant, *y compris* les réassureurs professionnels, qu'ils soient ou non contrôlés, mais *à l'exclusion* de tout système réglementaire de sécurité sociale administré par l'État.

Les entreprises nationales signifient les entreprises constituées en sociétés en vertu du droit national, ainsi que les entreprises dans le pays déclarant qui ne sont pas constituées en sociétés, mais à l'exclusion des succursales et agences d'entreprises étrangères.

Les *entreprises sous contrôle étranger* signifient les entreprises nationales contrôlées par des intérêts étrangers, ce « contrôle » étant défini en fonction de la législation nationale (voir la définition des entreprises sous contrôle étranger dans les remarques par pays). Les données concernant les *entreprises sous contrôle étranger* sont intégrées dans celles sur les *entreprises nationales*.

Les *entreprises étrangères* signifient les entreprises constituées en sociétés en dehors du pays déclarant.

En 2016, un nouveau cadre de supervision pour les compagnies d'assurance et de réassurance a été mis en place dans l'Union Européenne (UE) et dans l'Espace Économique Européen (EEE). Ce cadre comprend des exigences de déclaration harmonisées entre les pays de l'UE/EEE. Ces exigences ont conduit à des changements dans la collecte des données nationales, ce qui peut limiter la comparabilité des données avec celles collectées avant 2016 pour certains pays qui collectent uniquement des données dans le cadre de Solvabilité II.

Comparaisons internationales

Voir les métadonnées détaillées : *http://metalinks.oecd.org/ins/20190221/2c3c.*

Tableaux et notes méthodologiques par pays

Dans cette partie, les principales statistiques des assurances sont présentées par l'intermédiaire de tableaux distincts par pays membre de l'OCDE. Les chiffres correspondent à l'année civile. Les primes et autres montants sont donnés en millions dans la monnaie nationale.

Statistiques de l'OCDE sur les assurances 2018

Comparaisons internationales

Tableau 1. Bilan et ressource, assurance directe (Toutes compagnies d'assurance)

2017

Millions de dollars des États-Unis

	Paiements bruts des sinistres	Dépenses brutes d'exploitation	Commissions	Provision, dommages exceptionnels (changements)	Actifs totaux	Provisions techniques brutes	Provisions techniques brutes, unit-linked	Capitaux propres	Revenu net
Argentina	8 225	3 611	2 197	-2 843	26 478	6 851	..	5 786	1 402
Australie	57 601	11 067	3 109	..	249 927	56 518	..	33 477	3 987
Autriche	16 949	983	3 586	435	156 412	110 851	23 240	13 061	..
Belgique	30 447	3 527	3 754	488	341 098	294 059	42 907	15 458	2 553
Bolivie	259	248	45	..	1 010	485	..	1 496	27
Brésil	14 445	14 087	6 495	-20	303 854	209 531	176 660	26 373	5 422
Canada	..	..	..	..	..	..	..	..	..
Chili	8 250	1 902	1 007	2 709	71 249	61 709	6 148	7 039	954
Colombie	259	248	45	..	1 010	485	..	1 496	27
Costa Rica	635	260	197	38	3 975	1 517	0	1 656	125
Cuba	..	..	..	..	..	..	..	..	..
République tchèque	3 881	1 794	341	99	22 844	5 790	4 377	3 452	468
Danemark	23 996	2 567	342	27 425	527 790	426 207	175 411	33 057	2 714
Équateur	..	..	..	..	..	..	..	..	..
El Salvador	..	..	..	..	..	..	..	..	..
Estonie	447	194	..	..	2 246	1 263	567	510	81
Finlande	8 353	1 396	364	-515	96 906	79 522	45 260	6 862	1 417
France	277 873	49 663	..	22 213	3 291 629	2 640 735	420 304	..	..
Allemagne	173 383	16 980	20 257	11 338	1 884 869	1 714 223	133 159	69 382	2 887
Grèce	2 248	1 173	..	..	20 293	14 652	2 883	4 227	..
Guatemala	537	273	142	..	1 358	650	..	489	103
Honduras	203	..	..	..	..	..	..	..	..
Hong-Kong, Chine	2 524	623	840	..	..	..	..	..	..
Hongrie	2 165	883	543	63	10 161	8 527	4 587	1 025	236
Inde	57 694	13 276	5 608	19 629	584 522	..	..	13 006	1 072
Indonesie	10 805	3 495	1 586	108	43 672	34 661	12 851	11 482	1 923
Islande	426	130	..	..	1 450	718	60	563	91
Irlande	29 179	1 125	2 853	..	367 530	322 768	255 952	29 364	..
Israël[1]	10 445	1 928	2 074	821	148 412	130 739	88 474	7 219	889
Italie	108 547	15 297	12 108	-1 602	1 017 708	874 824	166 225	80 107	6 722
Japon	304 173	71 236	11 949	19 301	3 888 262	3 057 704	..	141 278	20 366
Corée	..	..	..	..	..	..	..	..	..
Lettonie	407	103	46	21	850	592	68	195	18
Lithuanie	368	179	8	-24	1 760	1 295	600	348	34
Luxembourg	17 612	2 481	1 486	460	229 874	216 427	151 231	6 426	521
Malaysie	8 673	2 359	1 291	43	71 436	58 017	11 091	6 944	1 132
Mexique	13 321	1 691	3 738	6 222	74 381	56 873	..	10 655	2 606
Pays-Bas	86 799	9 180	..	-2 454	578 322	467 927	123 639	67 834	335
Nouvelle-Zélande	5 855	8 072	986	..	20 445	..	..	5 625	697
Nicaragua	99	..	..	..	..	..	..	..	..
Norvège	12 966	2 322	460	-206	209 973	177 322	36 220	21 970	2 930
Panama	..	..	..	..	..	..	..	..	..
Paraguay	186	173	52	34	583	411	..	229	29
Pérou	2 522	1 014	449	-5	13 934	10 260	..	2 185	257
Pologne	10 542	4 108	469	578	56 478	43 002	16 976	10 468	1 507
Portugal	10 798	1 851	798	530	64 543	54 676	14 741	6 607	365
Porto Rico	..	..	..	..	..	..	..	..	..
Russie	8 959	6 358	3 501	3 603	42 181	25 144	..	10 512	1 443
Singapour	14 823	1 921	2 078	..	175 986	138 047	..	23 123	2 570
République slovaque	..	..	..	..	9 698	6 048	1 753	..	..
Slovénie	1 613	511	117	13	8 608	6 291	1 444	1 734	141
Afrique du Sud	..	..	..	..	..	..	..	..	..
Espagne	52 993	10 166	6 210	905	366 341	261 598	18 638	50 037	5 587
Sri Lanka	636	294	126	191	4 709	991	36	1 859	444
Suède	16 730	3 405	1 086	32 825	570 748	219 968	136 424	139 560	18 068
Suisse	52 032	4 543	5 441	1 594	487 087	360 861	..	49 461	6 429
Thaïlande	..	..	..	..	..	..	..	..	..
Tunisie	..	..	..	..	..	..	..	..	..
Turquie	5 951	2 450	1 912	1 252	39 410	14 594	..	5 143	993
Royaume-Uni	370 999	38 892	..	-25 013	3 249 364	2 750 314	1 730 845	234 820	..
États-Unis	1 405 768	307 317	102 169	61 950	6 000 043	845 432	..	1 211 880	99 949
Uruguay	514	309	178	532	4 872	3 931	..	641	76

.. Non disponible

Note : Voir les métadonnées détaillées sur : *http://metalinks.oecd.org/ins/20190221/adfa.*

1. Informations sur les données concernant Israël : *http://oe.cd/israel-disclaimer.*

Source : Bilan et ressource, Statistiques de l'OCDE sur les assurances (base de données)

Tableau 2. Bilan et ressource, assurance directe (Compagnies d'assurance-vie)

2017

Millions de dollars des États-Unis

	Paiements bruts des sinistres	Dépenses brutes d'exploitation	Commissions	Provision, dommages exceptionnels (changements)	Actifs totaux	Provisions techniques brutes	Provisions techniques brutes, unit-linked	Capitaux propres	Revenu net
Argentina	272	139	22	2	4 181	3 437	..	478	153
Australie	33 405	5 251	1 927	..	166 495	..	..	14 758	1 471
Autriche	1 101	47	82	11	13 207	11 116	4 297	437	..
Belgique	587	57	63	-20	13 437	11 738	1 260	716	48
Bolivie	98	89	20	..	635	405	..	527	8
Brésil	531	1 736	370	-17	165 347	120 238	117 793	9 090	2 039
Canada	..	..	..	..	..	..	..	..	..
Chili	5 915	1 128	509	2 674	64 660	56 831	6 148	5 801	901
Colombie	98	89	20	..	635	405	..	527	8
Costa Rica	..	..	..	0	0	0	0	..	..
Cuba	..	..	..	..	..	..	..	..	..
République tchèque	281	96	3	3	2 310	2 075	987	164	19
Danemark	17 113	753	54	26 907	499 210	410 445	175 411	24 482	1 357
Équateur	..	..	..	..	..	..	..	..	..
El Salvador	..	..	..	..	..	..	..	..	..
Estonie	c	c	..	..	c	c	c	c	c
Finlande	4 770	400	152	-82	74 848	66 833	45 260	2 701	669
France	164 049	18 169	..	19 731	653 783	565 593	89 874	..	..
Allemagne	77 838	4 403	5 488	307	1 273 862	1 193 802	133 101	19 450	652
Grèce	254	43	..	..	3 499	2 887	151	474	..
Guatemala	..	..	..	..	..	..	..	..	..
Honduras	..	..	..	..	..	..	..	..	..
Hong-Kong, Chine	..	..	..	..	..	..	..	..	..
Hongrie	628	127	64	4	3 427	3 116	1 555	210	29
Inde	43 083	7 591	3 927	..	534 642	..	..	4 191	..
Indonesie	8 695	2 611	1 415	50	33 757	30 859	12 851	7 488	1 560
Islande	16	16	..	..	178	74	60	60	21
Irlande	24 432	434	1 752	..	312 456	289 419	255 952	15 476	..
Israël[1]	c	c	c	c	c	c	c	c	c
Italie	23 944	1 093	699	-92	269 259	253 132	92 441	9 700	897
Japon	261 401	42 913	..	18 530	3 590 499	3 057 704	..	106 356	14 309
Corée	..	..	..	..	..	..	..	..	..
Lettonie	0	0	0	0	0	0	0	..	..
Lithuanie	33	18	0	0	334	293	256	37	13
Luxembourg	15 597	1 343	759	49	214 291	206 210	151 231	3 797	331
Malaysie	2 681	493	531	..	32 564	26 545	3 940	1 231	211
Mexique	858	85	70	77	15 850	14 155	..	1 471	305
Pays-Bas	28 306	2 254	..	-2 460	496 663	420 204	123 639	40 280	..
Nouvelle-Zélande	1 122	1 759	430	..	9 807	..	..	2 889	437
Nicaragua	..	..	..	..	..	..	..	..	..
Norvège	6 613	910	95	..	181 448	163 224	36 220	12 422	1 026
Panama	..	..	..	..	..	..	..	..	..
Paraguay	..	..	..	..	0	23	..	..	..
Pérou	363	135	25	-101	3 251	2 659	..	456	71
Pologne	5 386	1 460	48	57	30 074	25 516	16 976	3 432	607
Portugal	4 440	336	116	31	35 971	32 515	14 420	2 189	149
Porto Rico	..	..	..	..	..	..	..	..	..
Russie	784	1 429	1 129	28	12 720	10 500	..	1 321	475
Singapour	6 491	535	933	..	91 569	75 820	..	6 074	1 380
République slovaque	..	..	..	..	1 951	1 203	608	..	..
Slovénie	52	17	4	1	1 081	653	172	369	17
Afrique du Sud	..	..	..	..	..	..	..	..	..
Espagne	4 153	513	305	22	35 031	26 927	4 319	3 376	369
Sri Lanka	168	123	59	18	2 269	435	36	880	339
Suède	8 936	1 550	415	4 349	494 001	182 130	136 424	123 692	17 241
Suisse	29 811	1 110	884	67	340 638	294 467	..	16 229	1 386
Thaïlande	..	..	..	..	..	..	..	..	..
Tunisie	..	..	..	..	..	..	..	..	..
Turquie	903	725	503	29	26 011	2 476	..	1 883	550
Royaume-Uni	274 228	4 195	..	-13 691	2 353 560	2 068 758	1 573 309	94 054	..
États-Unis	370 318	73 300	52 126	42 880	4 310 973	18 412	..	443 756	46 802
Uruguay	0	0	0	0	0	0	..	..	..

.. Non disponible ; c Donnée confidentielle

Note : Voir les métadonnées détaillées sur : *http://metalinks.oecd.org/ins/20190221/adfa.*

1. Informations sur les données concernant Israël : *http://oe.cd/israel-disclaimer.*

Source : Bilan et ressource, Statistiques de l'OCDE sur les assurances (base de données)

Tableau 3. Bilan et ressource, assurance directe (Compagnies d'assurance non-vie)

2017

Millions de dollars des États-Unis

	Paiements bruts des sinistres	Dépenses brutes d'exploitation	Commissions	Provision, dommages exceptionnels (changements)	Actifs totaux	Provisions techniques brutes	Provisions techniques brutes, unit-linked	Capitaux propres	Revenu net
Argentina	3 798	892	489	-1 529	8 351	544	..	1 581	300
Australie	24 196	5 816	1 182	..	83 432	56 518	..	18 719	2 516
Autriche	2 130	151	809	154	16 871	4 736	0	5 014	..
Belgique	2 608	764	789	300	13 482	8 292	0	2 645	349
Bolivie	161	160	25	..	375	79	..	969	18
Brésil	2 835	1 679	843	-46	7 967	4 713	0	1 758	158
Canada	..	..	..	..	..	..	..	..	..
Chili	2 335	773	497	36	6 589	4 878	..	1 237	53
Colombie	161	160	25	..	375	79	..	969	18
Costa Rica	45	12	11	-9	80	45	0	24	2
Cuba	..	..	..	..	..	..	..	..	..
République tchèque	168	153	29	10	693	325	..	228	6
Danemark	6 883	1 814	288	519	28 580	15 762	..	8 575	1 357
Équateur	..	..	..	..	..	..	..	..	..
El Salvador	..	..	..	..	..	..	..	..	..
Estonie	304	154	..	..	896	405	0	401	48
Finlande	3 582	996	212	-433	22 058	12 689	..	4 162	747
France	113 824	31 495	..	2 482	350 806	157 483	0	..	..
Allemagne	95 545	12 577	14 769	11 031	611 007	520 421	58	49 932	2 235
Grèce	278	339	..	..	2 666	1 490	0	909	..
Guatemala	1	15	5	..	140	33	..	76	11
Honduras	..	..	..	..	..	..	..	..	..
Hong-Kong, Chine	2 524	623	840	..	..	..	..	..	..
Hongrie	118	78	49	20	385	167	0	145	25
Inde	14 611	5 684	1 682	19 629	49 880	..	..	8 815	1 072
Indonesie	2 110	885	171	59	9 915	3 803	..	3 994	363
Islande	410	115	..	..	1 273	644	0	503	71
Irlande	4 746	691	1 101	..	55 074	33 349	0	13 888	..
Israël[1]	590	116	95	100	4 345	3 204	..	486	73
Italie	6 201	3 015	2 341	80	27 356	17 303	0	7 069	496
Japon	42 772	28 323	11 949	770	297 763	..	..	34 922	6 057
Corée	..	..	..	..	..	..	..	..	..
Lettonie	305	98	46	21	613	386	0	166	17
Lithuanie	266	137	7	-20	690	403	0	187	11
Luxembourg	2 015	1 138	727	411	15 583	10 216	0	2 629	190
Malaysie	1 973	660	273	70	7 483	3 834	..	3 517	349
Mexique	1 736	394	608	1 630	8 245	4 863	..	1 732	306
Pays-Bas	58 492	6 926	..	6	81 659	47 724	..	27 554	335
Nouvelle-Zélande	4 734	6 312	556	..	10 638	..	..	2 735	260
Nicaragua	..	..	..	..	..	..	..	..	..
Norvège	6 353	1 413	365	-206	28 525	14 098	..	9 549	1 904
Panama	..	..	..	..	..	..	..	..	..
Paraguay	..	..	..	..	0	182	..	..	..
Pérou	692	262	110	-87	1 193	536	..	312	43
Pologne	5 156	2 648	421	521	26 404	17 486	0	7 036	901
Portugal	1 592	556	282	156	3 965	2 532	..	873	34
Porto Rico	..	..	..	..	..	..	..	..	..
Russie	7 364	4 508	2 150	3 378	27 011	13 562	..	8 272	697
Singapour	2 183	758	176	..	14 558	4 621	..	7 481	455
République slovaque	..	..	..	..	170	78	..	..	..
Slovénie	439	57	9	3	320	99	0	177	1
Afrique du Sud	..	..	..	..	..	..	..	..	..
Espagne	11 585	3 472	1 895	574	34 639	18 003	0	10 758	1 049
Sri Lanka	350	116	50	112	1 191	556	..	576	75
Suède	7 795	1 856	671	28 476	76 747	37 839	..	15 868	826
Suisse	22 220	3 433	4 558	1 527	146 449	66 394	..	33 232	5 043
Thaïlande	..	..	..	..	..	..	..	..	..
Tunisie	..	..	..	..	..	..	..	..	..
Turquie	5 048	1 725	1 410	1 223	13 400	12 118	..	3 260	444
Royaume-Uni	35 812	17 071	..	-640	151 444	90 830	0	39 012	..
États-Unis	1 035 450	234 017	50 043	19 070	1 689 070	827 020	..	768 124	53 147
Uruguay	19	14	5	1	61	21	..	28	-1

.. Non disponible

Note : Voir les métadonnées détaillées sur : *http://metalinks.oecd.org/ins/20190221/adfa.*

1. Informations sur les données concernant Israël : *http://oe.cd/israel-disclaimer.*

Source : Bilan et ressource, Statistiques de l'OCDE sur les assurances (base de données)

Tableau 4. Allocation de portefeuille, assurance directe (Toutes compagnies d'assurance)

2017

Millions de dollars des États-Unis

	Numéraires et dépôts	Immobilier	Actions	Bons et obligations	Emprunts	Fonds communs de placement	Fonds de capital-investissement	Fonds spéculatifs	Produits structurés	Placements en unités de compte	Total des investissements
Argentina	438	318	1 082	11 308	41	5 019	0	0	0	0	20 539
Australie	6 737	c	8 358	49 528	2 837	..	..	..	..	..	192 553
Autriche	4 165	9 719	19 000	60 573	4 365	25 403	115	..	1 713	23 949	149 069
Belgique	9 279	10 323	18 940	234 647	33 600	15 925	913	..	2 599	42 617	369 662
Bolivie	28	84	10	301	19	0	44	0	0	0	638
Brésil	378	537	903	22 151	117	22 899	8 068	466	0	217 264	272 831
Canada	..	..	..	..	..	..	..	..	..	..	..
Chili	3	10	1	36	7	3	0	0	0	6	66
Colombie	28	84	10	301	19	0	44	0	0	0	638
Costa Rica	188	57	151	2 436	389	60	0	0	0	0	3 282
Cuba	..	..	..	..	..	..	..	..	..	..	..
République tchèque	894	178	1 198	12 350	125	957	4	3	42	3 531	19 346
Danemark	15 459	1 769	141 011	119 187	5 900	25 720	..	..	..	182 737	527 790
Équateur	..	..	..	..	..	..	..	..	..	..	..
El Salvador	..	..	..	..	..	..	..	..	..	..	..
Estonie	201	0	2	1 073	7	101	2	0	6	632	2 032
Finlande	4 488	2 522	3 570	22 459	2 047	8 333	..	..	..	45 260	90 301
France	61 756	41 785	231 608	1 699 095	32 075	484 445	..	..	..	434 068	3 066 513
Allemagne	16 717	33 544	117 107	724 519	328 179	629 817	3 938	..	..	132 208	1 998 781
Grèce	903	739	166	11 805	154	1 483	0	0	2	2 823	18 510
Guatemala	234	30	16	475	5	..	..	..	..	..	869
Honduras	..	..	..	..	..	..	..	..	..	..	..
Hong-Kong, Chine	..	..	..	..	..	..	..	..	..	..	..
Hongrie	278	96	47	4 562	15	445	..	..	..	4 632	10 295
Inde	..	1 901	66 169	375 021	17 423	2 594	..	..	..	58 145	523 798
Indonesie	5 088	865	3 197	7 853	13	6 992	..	..	..	17 819	42 228
Islande	55	12	357	525	12	211	..	..	..	..	..
Irlande	8 546	1 340	3 822	44 540	3 382	4 561	..	..	1 394	259 843	328 432
Israël[1]	3 595	1 832	1 433	28 787	5 290	2 421	1 202	101	95	88 525	135 300
Italie	11 485	7 420	71 837	567 844	5 009	..	..	..	..	166 424	945 366
Japon	92 882	63 904	343 580	2 523 537	324 917	..	..	..	..	..	3 788 141
Corée	..	..	..	..	..	..	..	..	..	..	..
Lettonie	138	18	8	420	3	73	0	3	0	69	735
Lithuanie	80	7	14	676	8	105	0	0	7	597	1 514
Luxembourg	2 339	103	865	26 510	64	3 622	..	..	..	151 670	223 617
Malaysie	4 118	1 097	8 185	34 471	3 128	..	..	..	..	11 808	71 436
Mexique	390	824	887	44 506	1 578	6 504	77	..	..	..	58 674
Pays-Bas	..	7 902	11 901	214 918	109 778	..	..	..	..	..	392 783
Nouvelle-Zélande	..	..	..	3 439	..	..	..	..	..	..	6 176
Nicaragua	..	..	..	..	..	..	..	..	..	..	..
Norvège	1 784	16 187	11 087	78 015	15 528	39 755	..	..	..	36 220	201 067
Panama	..	..	..	..	..	..	..	..	..	..	..
Paraguay	59	11	5	199	1	0	0	0	0	0	275
Pérou	466	860	661	8 298	5	526	5	0	0	75	11 577
Pologne	1 830	108	99	21 076	855	4 810	..	..	20	16 010	51 859
Portugal	1 943	613	3 823	34 107	23	2 625	88	4	243	14 763	58 331
Porto Rico	..	..	..	..	..	..	..	..	..	..	..
Russie	13 500	150	2 455	17 062	269	225	..	..	..	..	47 891
Singapour	8 902	2 961	21 906	83 686	3 869	20 623	..	..	204	27 279	169 430
République slovaque	506	220	0	758	86	5	0	0	0	1 918	1 280
Slovénie	223	289	684	4 451	97	394	..	..	24	1 917	8 084
Afrique du Sud	..	..	..	..	..	..	..	..	..	..	..
Espagne	27 211	12 968	18 326	249 116	2 587	14 152	473	456	5 420	21 366	345 597
Sri Lanka	..	..	..	..	..	..	..	..	..	..	..
Suède	10 434	11 964	148 869	154 031	11 209	64 294	..	..	..	144 646	561 683
Suisse	16 060	49 642	18 175	222 877	54 449	18 820	2 718	4 655	715	19 312	461 858
Thaïlande	..	..	..	..	..	..	..	..	..	..	..
Tunisie	..	..	..	..	..	..	..	..	..	..	..
Turquie	8 663	85	629	3 968	46	316	..	..	..	1 055	14 763
Royaume-Uni	11 577	5 887	19 096	209 205	10 861	28 994	..	..	24	..	287 090
États-Unis	200 635	37 807	539 757	3 910 766	615 443	..	..	19 814	1 631	..	5 592 566
Uruguay	494	15	8	3 730	8	0	0	0	17	0	4 279

.. Non disponible ; c Donnée confidentielle

Note : Voir les métadonnées détaillées sur : *http://metalinks.oecd.org/ins/20190221/2eaa.*

1. Informations sur les données concernant Israël : *http://oe.cd/israel-disclaimer.*

Source : Encours des placements des entreprises d'assurance directe, Statistiques de l'OCDE sur les assurances (base de données)

Tableau 5. Allocation de portefeuille, assurance directe (Compagnies d'assurance-vie)

2017

Millions de dollars des États-Unis

	Numéraires et dépôts	Immobilier	Actions	Bons et obligations	Emprunts	Fonds communs de placement	Fonds de capital-investissement	Fonds spéculatifs	Produits structurés	Placements en unités de compte	Total des investissements
Argentina	39	38	37	2 892	1	767	0	0	0	0	4 003
Australie	2 427	c	7 114	20 049	720	..	..	..	..	112 492	146 458
Autriche	122	10	64	3 398	177	4 792	10	..	85	4 336	12 996
Belgique	881	292	463	6 225	2 149	1 934	9	..	791	1 266	14 189
Bolivie	21	67	5	245	19	0	35	0	0	0	472
Brésil	79	21	307	5 217	77	6 304	5 266	176	0	145 050	162 503
Canada	..	..	..	..	..	..	..	..	..	..	..
Chili	2	10	1	34	7	3	0	0	0	6	64
Colombie	21	67	5	245	19	0	35	0	0	0	472
Costa Rica	..	..	..	..	..	..	..	..	..	..	..
Cuba	..	..	..	..	..	..	..	..	..	..	..
République tchèque	c	c	c	c	c	c	c	c	c	c	c
Danemark	11 821	1 525	137 694	101 564	5 437	23 363	..	..	..	182 737	499 210
Équateur	..	..	..	..	..	..	..	..	..	..	..
El Salvador	..	..	..	..	..	..	..	..	..	..	..
Estonie	c	c	c	c	c	c	c	c	c	c	c
Finlande	3 267	1 505	1 879	13 992	1 184	4 383	..	..	..	45 260	71 734
France	8 983	11 308	40 752	371 653	5 563	79 590	..	..	..	92 514	625 760
Allemagne	7 353	22 701	50 452	471 019	233 325	437 594	2 349	..	..	132 150	1 365 819
Grèce	112	2	55	3 030	0	7	0	0	0	150	3 426
Guatemala	..	..	..	..	..	..	..	..	..	..	..
Honduras	..	..	..	..	..	..	..	..	..	..	..
Hong-Kong, Chine	..	..	..	..	..	..	..	..	..	..	..
Hongrie	96	6	2	1 713	5	170	..	..	..	1 555	3 566
Inde	..	1 862	61 469	347 372	17 377	2 022	..	..	..	58 145	490 332
Indonesie	2 965	813	2 436	6 525	10	5 917	..	..	..	17 819	36 829
Islande	10	0	6	70	0	12	..	..	..	60	158
Irlande	3 976	156	2 962	24 544	553	2 232	..	..	91	259 843	295 284
Israël[1]	c	c	c	c	c	c	c	c	c	c	c
Italie	3 268	333	4 692	139 228	113	..	..	..	..	92 508	257 945
Japon	75 615	55 769	273 160	2 449 406	310 511	..	..	..	..	..	3 515 446
Corée	..	..	..	..	..	..	..	..	..	..	..
Lettonie	0	0	0	0	0	0	0	0	0	0	0
Lithuanie	15	0	0	57	0	2	0	0	0	256	330
Luxembourg	1 444	9	567	21 677	64	3 165	..	..	..	151 670	212 792
Malaysie	1 165	478	5 492	16 059	1 862	..	..	..	..	4 268	32 564
Mexique	17	15	5	14 607	180	4	0	..	..	..	15 598
Pays-Bas	..	7 600	8 829	183 859	106 162	..	..	..	..	..	338 235
Nouvelle-Zélande	..	..	..	2 189	..	..	..	..	..	..	4 655
Nicaragua	..	..	..	..	..	..	..	..	..	..	..
Norvège	971	15 602	9 284	66 620	15 265	35 673	..	..	..	36 220	181 838
Panama	..	..	..	..	..	..	..	..	..	..	..
Paraguay	..	..	..	..	..	..	..	..	..	..	..
Pérou	156	226	120	2 409	3	72	0	0	0	2	3 015
Pologne	831	39	20	9 540	207	2 211	..	..	6	16 010	29 107
Portugal	579	117	276	15 521	13	1 308	33	0	83	14 477	32 407
Porto Rico	..	..	..	..	..	..	..	..	..	..	..
Russie	3 717	150	219	9 362	5	34	..	..	..	..	14 543
Singapour	3 994	1 293	10 744	37 832	1 540	16 139	..	..	121	17 803	89 465
République slovaque	243	1	0	718	6	0	0	0	0	650	960
Slovénie	38	0	143	558	..	163	..	..	2	171	1 075
Afrique du Sud	..	..	..	..	..	..	..	..	..	..	..
Espagne	1 363	290	473	23 878	349	789	102	29	1 215	4 323	32 852
Sri Lanka	..	..	..	..	..	..	..	..	..	..	..
Suède	8 212	9 266	129 898	128 981	7 981	54 188	..	..	..	141 495	493 983
Suisse	6 606	42 031	12 613	178 251	43 135	9 156	1 878	3 278	651	19 301	330 615
Thaïlande	..	..	..	..	..	..	..	..	..	..	..
Tunisie	..	..	..	..	..	..	..	..	..	..	..
Turquie	2 379	40	64	1 293	46	45	..	..	..	1 055	4 922
Royaume-Uni	1 009	2 485	2 893	60 604	6 132	7 445	..	..	5	..	81 416
États-Unis	99 503	23 744	159 996	3 031 195	608 803	..	..	19 838	1 754	..	4 150 149
Uruguay	..	..	..	..	..	..	..	..	..	..	..

.. Non disponible ; c Donnée confidentielle

Note : Voir les métadonnées détaillées sur : *http://metalinks.oecd.org/ins/20190221/2eaa*.

1. Informations sur les données concernant Israël : *http://oe.cd/israel-disclaimer*.

Source : Encours des placements des entreprises d'assurance directe, Statistiques de l'OCDE sur les assurances (base de données)

COMPARAISONS INTERNATIONALES

Tableau 6. Allocation de portefeuille, assurance directe (Compagnies d'assurance non-vie)

2017

Millions de dollars des États-Unis

	Numéraires et dépôts	Immobilier	Actions	Bons et obligations	Emprunts	Fonds communs de placement	Fonds de capital-investissement	Fonds spéculatifs	Produits structurés	Placements en unités de compte	Total des investissements
Argentina	124	86	119	3 551	6	1 858	0	0	0	0	6 909
Australie	4 310	83	1 243	29 479	2 117	8 490	..	..	..	..	46 095
Autriche	1 521	739	9 044	1 616	160	2 476	0	..	4	0	15 560
Belgique	939	341	766	6 364	279	1 658	2	..	78	..	10 462
Bolivie	8	17	4	57	0	0	10	0	0	0	166
Brésil	54	2	13	2 108	0	1 561	2	16	0	0	3 756
Canada	..	..	..	..	..	..	..	..	..	..	..
Chili	0	0	0	1	0	0	0	0	0	0	2
Colombie	8	17	4	57	0	0	10	0	0	0	166
Costa Rica	13	0	0	30	17	0	0	0	0	0	60
Cuba	..	..	..	..	..	..	..	..	..	..	..
République tchèque	100	24	3	162	4	10	0	0	0	0	303
Danemark	3 638	244	3 317	17 623	463	2 357	..	..	..	..	28 580
Équateur	..	..	..	..	..	..	..	..	..	..	..
El Salvador	..	..	..	..	..	..	..	..	..	..	..
Estonie	142	0	1	596	2	42	0	0	6	0	795
Finlande	1 221	1 017	1 691	8 467	863	3 949	..	..	..	..	18 568
France	15 721	7 400	77 282	127 579	6 842	53 976	..	..	..	0	292 395
Allemagne	9 365	10 844	66 655	253 500	94 853	192 222	1 589	..	..	58	632 961
Grèce	308	187	34	1 346	47	374	0	0	0	0	2 344
Guatemala	47	4	0	47	3	..	..	..	..	..	108
Honduras	..	..	..	..	..	..	..	..	..	..	..
Hong-Kong, Chine	..	..	..	..	..	..	..	..	..	..	..
Hongrie	44	3	0	274	0	9	..	..	..	0	342
Inde	..	38	4 699	27 649	46	572	..	..	..	..	33 466
Indonesie	2 124	52	761	1 328	3	1 075	..	..	..	0	5 399
Islande	45	12	351	455	12	199	..	..	..	0	1 075
Irlande	4 571	1 184	860	19 996	2 829	2 329	..	..	1 302	0	33 147
Israël[1]	412	54	75	1 727	176	927	35	6	5	0	3 441
Italie	1 106	719	2 482	14 226	31	..	..	..	..	0	20 577
Japon	17 267	8 134	70 419	74 131	14 406	..	..	..	..	..	272 695
Corée	..	..	..	..	..	..	..	..	..	..	..
Lettonie	125	18	8	329	3	14	0	0	0	0	499
Lithuanie	38	7	5	339	1	63	0	0	0	0	472
Luxembourg	895	95	298	4 833	0	457	..	..	..	0	10 825
Malaysie	1 749	106	177	2 012	12	..	..	..	..	..	7 483
Mexique	111	185	113	2 877	50	206	4	..	..	..	3 754
Pays-Bas	..	302	3 071	31 059	3 616	..	..	..	..	..	54 548
Nouvelle-Zélande	..	..	..	1 250	..	..	..	..	..	..	1 521
Nicaragua	..	..	..	..	..	..	..	..	..	..	..
Norvège	812	584	1 803	11 395	263	4 082	..	..	..	..	19 229
Panama	..	..	..	..	..	..	..	..	..	..	..
Paraguay	..	..	..	..	..	..	..	..	..	..	..
Pérou	56	66	111	195	0	23	0	0	0	0	593
Pologne	998	69	79	11 536	648	2 599	..	..	14	0	22 752
Portugal	170	172	57	2 184	4	181	0	4	22	0	2 795
Porto Rico	..	..	..	..	..	..	..	..	..	..	..
Russie	9 039	..	1 700	5 670	202	71	..	..	..	..	28 449
Singapour	3 712	405	1 432	4 555	1 300	219	..	..	2	0	11 625
République slovaque	57	0	0	8	3	2	0	0	0	0	72
Slovénie	38	21	1	186	..	7	..	..	..	0	252
Afrique du Sud	..	..	..	..	..	..	..	..	..	..	..
Espagne	4 373	2 347	3 275	10 434	557	3 286	174	244	111	0	24 977
Sri Lanka	..	..	..	..	..	..	..	..	..	..	..
Suède	2 222	2 698	18 971	25 050	3 227	10 106	..	..	..	3 151	67 700
Suisse	9 454	7 611	5 562	44 626	11 313	9 664	840	1 377	64	11	131 243
Thaïlande	..	..	..	..	..	..	..	..	..	..	..
Tunisie	..	..	..	..	..	..	..	..	..	..	..
Turquie	6 284	45	565	2 675	0	271	..	..	..	1	9 841
Royaume-Uni	3 023	1 451	2 558	24 603	567	4 203	..	..	0	..	36 469
États-Unis	101 132	14 063	379 761	879 571	6 641	..	..	-24	-123	..	1 442 417
Uruguay	11	0	0	23	0	0	0	0	0	0	33

.. Non disponible

Note : Voir les métadonnées détaillées sur : *http://metalinks.oecd.org/ins/20190221/2eaa.*

1. Informations sur les données concernant Israël : *http://oe.cd/israel-disclaimer.*

Source : Encours des placements des entreprises d'assurance directe, Statistiques de l'OCDE sur les assurances (base de données)

Tableau 7. Primes brutes totales (Vie et Non-vie)

Millions de dollars des États-Unis

	2010	2011	2012	2013	2014	2015	2016	2017
Argentina	..	..	13 983	16 643	18 622	19 376	19 749	18 519
Australie	70 793	84 541	85 880	87 591	97 011	78 796	74 145	72 339
Autriche	..	..	..	25 077	25 069	21 082	20 633	20 435
Belgique	39 170	40 818	41 938	37 510	38 294	30 734	30 411	30 763
Bolivie	..	..	316	..	..	..	468	499
Brésil	..	..	..	..	69 867	55 519	58 914	66 431
Canada	85 752	93 998	97 037	98 545	93 075	83 591	..	..
Chili	8 309	9 699	11 298	11 776	10 976	11 413	12 401	12 860
Colombie	..	..	316	..	..	..	468	499
Costa Rica	718	793	927	1 036	1 157	1 049	1 211	1 319
Cuba	..	..	..	..	..	..	..	..
République tchèque	8 167	8 764	7 846	7 998	7 608	6 173	6 002	6 402
Danemark	..	33 844	32 745	225 775	37 098	31 997	33 498	37 549
Équateur	..	..	..	..	..	2 316	2 135	..
El Salvador	..	478	503	546	572	609	619	..
Estonie	565	560	617	774	838	764	815	922
Finlande	11 615	10 119	9 353	13 057	14 106	11 912	10 005	10 059
France	297 035	288 704	258 656	275 671	293 642	250 772	314 037	313 543
Allemagne	240 817	255 374	302 757	333 618	338 313	292 969	294 460	310 439
Grèce	6 948	6 884	5 781	5 405	5 049	3 963	3 906	4 202
Guatemala	..	..	611	683	749	804	856	953
Honduras	..	..	..	368	379	398	..	..
Hong-Kong, Chine	26 903	29 268	33 191	37 856	43 121	47 901	59 301	64 310
Hongrie	4 053	4 054	3 377	3 582	3 584	2 991	3 146	3 484
Inde	..	71 625	..	..	..	70 878	..	100 841
Indonesie	..	..	16 249	15 782	14 325	14 629	17 290	19 483
Islande	382	415	404	419	444	420	487	611
Irlande	45 269	44 533	45 589	45 301	52 487	48 782	54 145	45 392
Israël[1]	11 234	12 665	12 471	13 941	14 366	14 117	15 142	17 427
Italie	169 745	156 776	138 240	161 115	193 198	165 787	151 321	150 359
Japon	518 775	590 342	475 139	349 905	347 080	313 822	434 737	390 096
Corée	120 803	137 828	163 065	169 186	187 068	183 642	185 646	..
Lettonie	434	555	574	625	686	589	589	728
Lithuanie	596	685	665	753	797	715	785	893
Luxembourg	27 438	19 151	25 169	24 698	28 907	21 270	20 275	24 254
Malaysie	13 242	14 878	16 338	16 974	17 588	15 346	15 100	15 156
Mexique	19 548	22 683	23 596	27 184	27 349	24 929	24 150	26 569
Pays-Bas	52 399	58 577	51 270	51 127	48 539	37 384	77 306	80 266
Nouvelle-Zélande	3 372	..	4 590	5 139	5 359	4 657	4 753	5 144
Nicaragua	..	..	138	157	178	191	204	..
Norvège	20 570	23 794	25 748	25 536	26 461	20 647	20 210	20 407
Panama	..	..	1 159	1 316	..	..	..	..
Paraguay	..	..	224	367	..	428	368	390
Pérou	..	2 660	3 041	3 392	3 602	3 709	3 354	3 500
Pologne	17 963	19 289	19 231	18 307	17 412	14 539	14 213	16 499
Portugal	21 046	15 622	13 560	16 998	18 642	13 939	12 071	12 909
Porto Rico	..	..	..	9 610	9 108	11 145	13 470	..
Russie	..	23 718	..	..	26 658	17 299	18 218	22 517
Singapour	20 231	23 470	24 947	27 186	30 379	30 331	33 160	36 830
République slovaque	2 813	2 994	2 772	2 958	2 982	2 399	..	5 035
Slovénie	2 885	3 035	2 816	2 807	2 779	2 385	2 414	2 590
Afrique du Sud	50 272	56 005	51 452	54 268	51 527	47 054	42 473	..
Espagne	76 313	86 265	72 884	77 155	76 502	65 488	73 605	74 058
Sri Lanka	..	..	..	..	746	931	..	1 128
Suède	25 624	28 062	24 669	27 203	49 890	40 254	39 107	44 382
Suisse	61 637	71 482	70 214	74 264	74 480	70 367	67 483	67 772
Thaïlande	13 528	15 644	..	..	..	..	..	..
Tunisie	..	..	..	..	..	..	864	909
Turquie	9 971	10 247	11 399	13 212	12 314	11 775	13 718	13 074
Royaume-Uni	325 141	339 365	368 525	340 385	365 688	336 743	403 794	394 100
États-Unis	2 035 562	2 154 851	2 279 817	2 289 921	2 431 323	2 621 083	2 703 793	2 836 293
Uruguay	..	..	1 062	1 208	1 303	1 277	..	1 576
Total-OCDE	4 342 743	4 636 577	4 689 690	4 864 517	4 949 417	4 842 891	5 123 203	5 051 855

.. Non disponible

Note : Voir les métadonnées détaillées sur : *http://metalinks.oecd.org/ins/20190221/2c3c*.

1. Informations sur les données concernant Israël : *http://oe.cd/israel-disclaimer*.

Source : Indicateurs des activités d'assurances, Statistiques de l'OCDE sur les assurances (base de données)

Tableau 8. Primes brutes totales (Vie)

Millions de dollars des États-Unis

	2010	2011	2012	2013	2014	2015	2016	2017
Argentina	..	..	2 891	2 969	3 076	2 966	3 158	2 724
Australie	40 318	47 949	46 069	48 122	59 315	46 633	41 066	37 668
Autriche	..	..	..	8 554	8 890	7 437	6 696	6 477
Belgique	25 465	25 795	27 142	21 645	21 635	17 038	16 549	16 506
Bolivie	..	..	69	..	..	..	157	202
Brésil	..	..	..	..	42 061	34 819	38 935	44 172
Canada	30 491	32 005	31 148	32 390	26 679	23 996	..	..
Chili	5 484	6 067	7 400	7 830	7 224	7 795	8 726	8 930
Colombie	..	..	69	..	..	..	157	202
Costa Rica	63	84	110	139	142	133	186	194
Cuba	..	..	..	..	..	..	..	..
République tchèque	3 757	4 069	3 680	3 657	3 429	2 537	2 435	2 451
Danemark	..	23 069	22 489	215 331	25 124	22 055	23 001	25 945
Équateur	..	..	..	..	..	453	471	..
El Salvador	..	99	114	146	147	156	153	..
Estonie	229	223	209	227	254	238	245	251
Finlande	6 914	5 179	4 786	7 421	8 097	6 941	5 060	5 103
France	51 003	184 360	160 628	172 138	188 383	160 881	182 290	173 177
Allemagne	115 270	116 636	107 431	120 258	121 584	99 588	97 584	99 523
Grèce	3 005	3 008	2 497	2 237	2 497	1 999	1 844	2 120
Guatemala	..	..	124	136	156	156	170	196
Honduras	..	..	..	114	134	145	..	..
Hong-Kong, Chine	22 867	24 808	28 123	32 425	37 459	41 972	53 421	58 134
Hongrie	2 155	2 212	1 790	1 951	1 965	1 529	1 559	1 679
Inde	..	61 214	..	..	..	55 415	..	71 312
Indonesie	..	..	11 465	10 720	9 490	10 093	12 560	14 530
Islande	29	30	29	33	36	35	43	54
Irlande	36 342	35 275	36 586	36 514	43 164	38 837	37 101	37 438
Israël[1]	5 792	6 682	6 602	7 374	7 426	7 568	7 986	9 368
Italie	121 811	105 179	91 863	115 115	148 447	129 025	114 701	112 705
Japon	415 985	476 138	475 139	349 905	347 080	313 822	328 210	293 005
Corée	71 964	79 314	96 195	100 261	106 188	104 801	104 560	..
Lettonie	100	102	101	118	141	127	137	163
Lithuanie	207	226	213	241	285	262	273	261
Luxembourg	25 870	17 309	23 499	22 705	27 130	19 633	18 556	22 262
Malaysie	8 090	8 976	9 907	10 200	10 594	9 306	9 317	9 603
Mexique	9 016	10 143	10 900	12 523	12 812	11 530	11 266	11 421
Pays-Bas	26 774	30 133	24 393	24 256	23 171	16 300	15 187	14 618
Nouvelle-Zélande	..	..	..	..	..	..	..	..
Nicaragua	..	..	22	27	32	33	38	..
Norvège	11 017	12 771	14 051	13 838	14 629	11 383	11 202	11 313
Panama	..	..	447	523	..	..	..	..
Paraguay	..	..	..	45	..	57	1	54
Pérou	..	1 276	1 435	1 587	1 768	1 794	1 519	1 644
Pologne	10 421	10 749	11 170	9 892	9 087	7 302	6 051	6 499
Portugal	15 703	10 030	8 582	11 981	13 599	9 407	7 195	7 562
Porto Rico	..	..	..	411	570	542	1 279	..
Russie	..	1 777	..	..	3 353	2 408	3 721	6 171
Singapour	13 828	15 723	16 402	18 449	20 808	21 033	23 739	27 593
République slovaque	1 492	1 592	1 493	1 641	1 619	1 229	..	3 703
Slovénie	645	669	623	629	636	552	544	581
Afrique du Sud	39 453	43 695	40 746	42 679	41 476	37 576	33 870	..
Espagne	36 291	40 499	33 822	34 387	33 567	28 520	34 672	33 180
Sri Lanka	..	..	..	..	265	395	..	467
Suède	12 510	13 923	13 311	14 190	34 734	29 507	29 302	33 761
Suisse	29 210	34 589	33 598	35 791	36 140	34 407	31 672	30 486
Thaïlande	9 349	10 794	..	..	..	..	..	..
Tunisie	..	..	..	..	..	..	175	179
Turquie	1 743	1 880	1 758	2 072	1 510	1 390	2 048	2 268
Royaume-Uni	239 465	249 303	277 966	246 475	268 267	246 702	277 703	269 258
États-Unis	799 066	864 830	919 547	881 541	880 040	973 634	970 503	1 009 291
Uruguay	..	..	280	347	384	427	..	665
Total-OCDE	2 155 544	2 451 935	2 496 711	2 563 243	2 484 787	2 384 642	2 395 966	2 289 028

.. Non disponible

Note : Voir les métadonnées détaillées sur : *http://metalinks.oecd.org/ins/20190221/2c3c*.

1. Informations sur les données concernant Israël : *http://oe.cd/israel-disclaimer*.

Source : Indicateurs des activités d'assurances, Statistiques de l'OCDE sur les assurances (base de données)

Tableau 9. Primes brutes totales (Non-vie)

Millions de dollars des États-Unis

	2010	2011	2012	2013	2014	2015	2016	2017
Argentina	..	..	11 092	13 673	15 546	16 410	16 591	15 795
Australie	30 475	36 592	39 812	39 469	37 695	32 163	33 079	34 671
Autriche	..	..	..	16 523	16 179	13 645	13 937	13 957
Belgique	13 705	15 023	14 797	15 865	16 658	13 696	13 862	14 257
Bolivie	..	..	248	..	..	..	312	297
Brésil	..	..	..	..	27 806	20 699	19 979	22 258
Canada	55 261	61 993	65 889	66 155	66 396	59 596	..	..
Chili	2 825	3 633	3 898	3 946	3 751	3 619	3 676	3 930
Colombie	..	..	248	..	..	..	312	297
Costa Rica	655	709	816	897	1 014	916	1 024	1 125
Cuba	..	..	..	..	..	..	..	..
République tchèque	4 410	4 695	4 165	4 341	4 179	3 636	3 566	3 951
Danemark	..	10 775	10 256	10 445	11 974	9 943	10 497	11 604
Équateur	..	..	..	..	..	1 864	1 665	..
El Salvador	..	379	389	400	412	437	446	..
Estonie	336	337	408	547	584	526	570	671
Finlande	4 701	4 941	4 567	5 636	6 009	4 972	4 946	4 956
France	94 470	104 344	98 028	103 533	105 258	89 891	131 747	140 366
Allemagne	125 547	138 738	195 326	213 359	216 729	193 381	196 876	210 917
Grèce	3 943	3 876	3 284	3 168	2 552	1 963	2 062	2 083
Guatemala	..	..	487	547	593	648	685	757
Honduras	..	..	..	254	246	253	..	..
Hong-Kong, Chine	4 037	4 460	5 068	5 431	5 661	5 929	5 880	6 177
Hongrie	1 898	1 842	1 587	1 631	1 619	1 462	1 588	1 804
Inde	..	10 411	..	..	..	15 463	..	29 529
Indonesie	..	..	4 784	5 062	4 835	4 537	4 730	4 954
Islande	353	385	374	385	408	384	444	556
Irlande	8 927	9 258	9 003	8 787	9 323	9 945	17 044	7 955
Israël[1]	5 442	5 983	5 868	6 567	6 940	6 548	7 156	8 059
Italie	47 934	51 598	46 377	46 000	44 751	36 762	36 620	37 654
Japon	102 790	114 204	..	..	..	..	106 527	97 090
Corée	48 839	58 515	66 870	68 925	80 880	78 841	81 086	..
Lettonie	334	452	473	507	545	462	452	564
Lithuanie	389	459	452	512	512	454	513	633
Luxembourg	1 568	1 842	1 671	1 993	1 777	1 637	1 719	1 991
Malaysie	5 152	5 902	6 431	6 773	6 994	6 041	5 782	5 553
Mexique	10 532	12 540	12 696	14 661	14 536	13 399	12 884	15 148
Pays-Bas	25 625	28 445	26 877	26 871	25 367	21 084	62 118	64 658
Nouvelle-Zélande	3 372	..	4 590	5 139	5 359	4 657	4 753	5 144
Nicaragua	..	..	116	130	146	158	166	..
Norvège	9 553	11 023	11 697	11 697	11 833	9 264	9 008	9 094
Panama	..	..	713	793	..	..	..	..
Paraguay	..	..	159	322	..	371	367	335
Pérou	..	1 384	1 605	1 805	1 834	1 916	1 835	1 856
Pologne	7 542	8 540	8 061	8 416	8 325	7 237	8 162	10 000
Portugal	5 342	5 592	4 977	5 017	5 044	4 532	4 876	5 347
Porto Rico	..	..	..	9 199	8 538	10 603	12 191	..
Russie	..	20 193	..	..	16 937	14 891	14 497	16 346
Singapour	6 403	7 748	8 544	8 737	9 571	9 298	9 421	9 238
République slovaque	1 321	1 403	1 279	1 317	1 364	1 170	..	1 332
Slovénie	2 240	2 367	2 193	2 178	2 143	1 833	1 870	2 009
Afrique du Sud	10 819	12 310	10 706	11 589	10 051	9 478	8 602	..
Espagne	40 023	45 766	39 062	42 767	42 935	36 967	38 933	40 878
Sri Lanka	..	..	..	..	481	535	..	661
Suède	13 114	14 140	11 357	13 013	15 156	10 746	9 805	10 621
Suisse	32 428	36 893	36 616	38 474	38 340	35 959	35 811	37 287
Thaïlande	4 179	4 850	..	..	..	..	..	..
Tunisie	..	..	..	..	..	..	689	730
Turquie	8 228	8 367	9 641	11 140	10 804	10 386	11 670	10 806
Royaume-Uni	85 677	90 062	90 559	93 910	97 421	90 041	126 091	124 843
États-Unis	1 236 495	1 290 021	1 360 270	1 408 380	1 551 283	1 647 449	1 733 290	1 827 002
Uruguay	..	..	782	862	918	850	..	911
Total-OCDE	2 035 637	2 184 643	2 192 979	2 301 274	2 464 630	2 458 249	2 727 238	2 761 836

.. Non disponible

Note : Voir les métadonnées détaillées sur : *http://metalinks.oecd.org/ins/20190221/2c3c.*

1. Informations sur les données concernant Israël : *http://oe.cd/israel-disclaimer.*

Source : Indicateurs des activités d'assurances, Statistiques de l'OCDE sur les assurances (base de données)

Tableau 10. Part de marché dans l'OCDE (Vie et Non-vie)

Pourcentage

	2010	2011	2012	2013	2014	2015	2016	2017
Australie	1.6	1.8	1.8	1.8	2.0	1.6	1.4	1.4
Autriche	..	..	..	0.5	0.5	0.4	0.4	0.4
Belgique	0.9	0.9	0.9	0.8	0.8	0.6	0.6	0.6
Canada	2.0	2.0	2.1	2.0	1.9	1.7	..	..
Chili	0.2	0.2	0.2	0.2	0.2	0.2	0.2	0.3
République tchèque	0.2	0.2	0.2	0.2	0.2	0.1	0.1	0.1
Danemark	..	0.7	0.7	4.6	0.8	0.7	0.7	0.7
Estonie	0.0	0.0	0.0	0.0	0.0	0.0	0.0	0.0
Finlande	0.3	0.2	0.2	0.3	0.3	0.2	0.2	0.2
France	6.8	6.2	5.5	5.7	5.9	5.2	6.1	6.2
Allemagne	5.5	5.5	6.5	6.9	6.8	6.0	5.7	6.1
Grèce	0.2	0.1	0.1	0.1	0.1	0.1	0.1	0.1
Hongrie	0.1	0.1	0.1	0.1	0.1	0.1	0.1	0.1
Islande	0.0	0.0	0.0	0.0	0.0	0.0	0.0	0.0
Irlande	1.0	1.0	1.0	0.9	1.1	1.0	1.1	0.9
Israël	0.3	0.3	0.3	0.3	0.3	0.3	0.3	0.3
Italie	3.9	3.4	2.9	3.3	3.9	3.4	3.0	3.0
Japon	11.9	12.7	10.1	7.2	7.0	6.5	8.5	7.7
Corée	2.8	3.0	3.5	3.5	3.8	3.8	3.6	..
Lettonie	0.0	0.0	0.0	0.0	0.0	0.0	0.0	0.0
Lithuanie	0.0	0.0	0.0	0.0	0.0	0.0	0.0	0.0
Luxembourg	0.6	0.4	0.5	0.5	0.6	0.4	0.4	0.5
Mexique	0.5	0.5	0.5	0.6	0.6	0.5	0.5	0.5
Pays-Bas	1.2	1.3	1.1	1.1	1.0	0.8	1.5	1.6
Nouvelle-Zélande	0.1	..	0.1	0.1	0.1	0.1	0.1	0.1
Norvège	0.5	0.5	0.5	0.5	0.5	0.4	0.4	0.4
Pologne	0.4	0.4	0.4	0.4	0.4	0.3	0.3	0.3
Portugal	0.5	0.3	0.3	0.3	0.4	0.3	0.2	0.3
République slovaque	0.1	0.1	0.1	0.1	0.1	0.1	..	0.1
Slovénie	0.1	0.1	0.1	0.1	0.1	0.0	0.0	0.1
Espagne	1.8	1.9	1.6	1.6	1.5	1.4	1.4	1.5
Suède	0.6	0.6	0.5	0.6	1.0	0.8	0.8	0.9
Suisse	1.4	1.5	1.5	1.5	1.5	1.5	1.3	1.3
Turquie	0.2	0.2	0.2	0.3	0.2	0.2	0.3	0.3
Royaume-Uni	7.5	7.3	7.9	7.0	7.4	7.0	7.9	7.8
États-Unis	46.9	46.5	48.6	47.1	49.1	54.1	52.8	56.1
Total-OCDE	100.0	100.0	100.0	100.0	100.0	100.0	100.0	100.0

.. Non disponible

Note : Voir les métadonnées détaillées sur : *http://metalinks.oecd.org/ins/20190221/2c3c.*

Source : Indicateurs des activités d'assurances, Statistiques de l'OCDE sur les assurances (base de données)

Tableau 11. Part de marché dans l'OCDE (Vie)

Pourcentage

	2010	2011	2012	2013	2014	2015	2016	2017
Australie	1.9	2.0	1.8	1.9	2.4	2.0	1.7	1.6
Autriche	..	..	..	0.3	0.4	0.3	0.3	0.3
Belgique	1.2	1.1	1.1	0.8	0.9	0.7	0.7	0.7
Canada	1.4	1.3	1.2	1.3	1.1	1.0	..	..
Chili	0.3	0.2	0.3	0.3	0.3	0.3	0.4	0.4
République tchèque	0.2	0.2	0.1	0.1	0.1	0.1	0.1	0.1
Danemark	..	0.9	0.9	8.4	1.0	0.9	1.0	1.1
Estonie	0.0	0.0	0.0	0.0	0.0	0.0	0.0	0.0
Finlande	0.3	0.2	0.2	0.3	0.3	0.3	0.2	0.2
France	2.4	7.5	6.4	6.7	7.6	6.7	7.6	7.6
Allemagne	5.3	4.8	4.3	4.7	4.9	4.2	4.1	4.3
Grèce	0.1	0.1	0.1	0.1	0.1	0.1	0.1	0.1
Hongrie	0.1	0.1	0.1	0.1	0.1	0.1	0.1	0.1
Islande	0.0	0.0	0.0	0.0	0.0	0.0	0.0	0.0
Irlande	1.7	1.4	1.5	1.4	1.7	1.6	1.5	1.6
Israël	0.3	0.3	0.3	0.3	0.3	0.3	0.3	0.4
Italie	5.7	4.3	3.7	4.5	6.0	5.4	4.8	4.9
Japon	19.3	19.4	19.0	13.7	14.0	13.2	13.7	12.8
Corée	3.3	3.2	3.9	3.9	4.3	4.4	4.4	..
Lettonie	0.0	0.0	0.0	0.0	0.0	0.0	0.0	0.0
Lithuanie	0.0	0.0	0.0	0.0	0.0	0.0	0.0	0.0
Luxembourg	1.2	0.7	0.9	0.9	1.1	0.8	0.8	1.0
Mexique	0.4	0.4	0.4	0.5	0.5	0.5	0.5	0.5
Pays-Bas	1.2	1.2	1.0	0.9	0.9	0.7	0.6	0.6
Nouvelle-Zélande	..	..	..	..	..	..	..	..
Norvège	0.5	0.5	0.6	0.5	0.6	0.5	0.5	0.5
Pologne	0.5	0.4	0.4	0.4	0.4	0.3	0.3	0.3
Portugal	0.7	0.4	0.3	0.5	0.5	0.4	0.3	0.3
République slovaque	0.1	0.1	0.1	0.1	0.1	0.1	..	0.2
Slovénie	0.0	0.0	0.0	0.0	0.0	0.0	0.0	0.0
Espagne	1.7	1.7	1.4	1.3	1.4	1.2	1.4	1.5
Suède	0.6	0.6	0.5	0.6	1.4	1.2	1.2	1.5
Suisse	1.4	1.4	1.3	1.4	1.5	1.4	1.3	1.3
Turquie	0.1	0.1	0.1	0.1	0.1	0.1	0.1	0.1
Royaume-Uni	11.1	10.2	11.1	9.6	10.8	10.3	11.6	11.8
États-Unis	37.1	35.3	36.8	34.4	35.4	40.8	40.5	44.1
Total-OCDE	100.0	100.0	100.0	100.0	100.0	100.0	100.0	100.0

.. Non disponible

Note : Voir les métadonnées détaillées sur : *http://metalinks.oecd.org/ins/20190221/2c3c.*

Source : Indicateurs des activités d'assurances, Statistiques de l'OCDE sur les assurances (base de données)

COMPARAISONS INTERNATIONALES

Tableau 12. Part de marché dans l'OCDE (Non-vie)

Pourcentage

	2010	2011	2012	2013	2014	2015	2016	2017
Australie	1.5	1.7	1.8	1.7	1.5	1.3	1.2	1.3
Autriche	..	..	..	0.7	0.7	0.6	0.5	0.5
Belgique	0.7	0.7	0.7	0.7	0.7	0.6	0.5	0.5
Canada	2.7	2.8	3.0	2.9	2.7	2.4	..	..
Chili	0.1	0.2	0.2	0.2	0.2	0.1	0.1	0.1
République tchèque	0.2	0.2	0.2	0.2	0.2	0.1	0.1	0.1
Danemark	..	0.5	0.5	0.5	0.5	0.4	0.4	0.4
Estonie	0.0	0.0	0.0	0.0	0.0	0.0	0.0	0.0
Finlande	0.2	0.2	0.2	0.2	0.2	0.2	0.2	0.2
France	4.6	4.8	4.5	4.5	4.3	3.7	4.8	5.1
Allemagne	6.2	6.4	8.9	9.3	8.8	7.9	7.2	7.6
Grèce	0.2	0.2	0.2	0.1	0.1	0.1	0.1	0.1
Hongrie	0.1	0.1	0.1	0.1	0.1	0.1	0.1	0.1
Islande	0.0	0.0	0.0	0.0	0.0	0.0	0.0	0.0
Irlande	0.4	0.4	0.4	0.4	0.4	0.4	0.6	0.3
Israël	0.3	0.3	0.3	0.3	0.3	0.3	0.3	0.3
Italie	2.4	2.4	2.1	2.0	1.8	1.5	1.3	1.4
Japon	5.1	5.2	..	..	..	..	3.9	3.5
Corée	2.4	2.7	3.0	3.0	3.3	3.2	3.0	..
Lettonie	0.0	0.0	0.0	0.0	0.0	0.0	0.0	0.0
Lithuanie	0.0	0.0	0.0	0.0	0.0	0.0	0.0	0.0
Luxembourg	0.1	0.1	0.1	0.1	0.1	0.1	0.1	0.1
Mexique	0.5	0.6	0.6	0.6	0.6	0.5	0.5	0.5
Pays-Bas	1.3	1.3	1.2	1.2	1.0	0.9	2.3	2.3
Nouvelle-Zélande	0.2	..	0.2	0.2	0.2	0.2	0.2	0.2
Norvège	0.5	0.5	0.5	0.5	0.5	0.4	0.3	0.3
Pologne	0.4	0.4	0.4	0.4	0.3	0.3	0.3	0.4
Portugal	0.3	0.3	0.2	0.2	0.2	0.2	0.2	0.2
République slovaque	0.1	0.1	0.1	0.1	0.1	0.0	..	0.0
Slovénie	0.1	0.1	0.1	0.1	0.1	0.1	0.1	0.1
Espagne	2.0	2.1	1.8	1.9	1.7	1.5	1.4	1.5
Suède	0.6	0.6	0.5	0.6	0.6	0.4	0.4	0.4
Suisse	1.6	1.7	1.7	1.7	1.6	1.5	1.3	1.4
Turquie	0.4	0.4	0.4	0.5	0.4	0.4	0.4	0.4
Royaume-Uni	4.2	4.1	4.1	4.1	4.0	3.7	4.6	4.5
États-Unis	60.7	59.1	62.0	61.2	62.9	67.0	63.6	66.2
Total-OCDE	100.0	100.0	100.0	100.0	100.0	100.0	100.0	100.0

.. Non disponible

Note : Voir les métadonnées détaillées sur : *http://metalinks.oecd.org/ins/20190221/2c3c.*

Source : Indicateurs des activités d'assurances, Statistiques de l'OCDE sur les assurances (base de données)

COMPARAISONS INTERNATIONALES

Tableau 13. Densité (Vie et Non-vie)

Dollars des États-Unis par habitant

	2010	2011	2012	2013	2014	2015	2016	2017
Argentina	..	..	333	393	405	418	422	393
Australie	2 901	3 377	3 326	3 347	3 683	2 922	2 660	2 541
Autriche	2 638	2 740	2 492	2 602	2 653	2 226	2 141	2 171
Belgique	3 510	3 596	3 684	3 259	3 304	2 652	2 612	2 647
Bolivie	..	..	31	..	..	..	43	43
Brésil	..	318	333	335	344	271	286	320
Canada	2 331	2 516	2 560	2 534	2 160	1 923	..	..
Chili	486	560	645	664	612	629	674	693
Colombie	..	..	31	..	..	..	43	43
Costa Rica	158	173	199	219	241	216	246	265
Cuba	..	..	35	..	..	..	..	..
République tchèque	770	822	733	747	712	574	555	590
Danemark	..	6 069	5 823	6 079	6 543	5 610	5 699	6 315
Équateur	..	..	..	..	..	139	127	..
El Salvador	..	..	..	..	..	..	..	..
Estonie	424	421	466	586	636	582	621	704
Finlande	2 139	1 847	1 699	2 370	2 552	2 149	1 796	1 798
France	4 310	4 181	3 645	3 892	4 105	3 552	4 099	4 225
Allemagne	..	..	2 890	3 111	3 127	2 596	2 600	2 829
Grèce	618	608	511	480	457	361	359	387
Guatemala	..	41	39	43	46	48	50	55
Honduras	..	..	46	47	48	49	..	..
Hong-Kong, Chine	3 648	3 917	4 403	5 003	5 658	6 259	7 652	8 270
Hongrie	402	403	336	357	360	300	317	350
Inde	..	58	..	..	..	55	63	72
Indonesie	..	60	63	60	55	56	65	73
Islande	1 190	1 273	1 224	1 254	1 316	1 230	1 423	1 772
Irlande	9 791	9 572	9 721	9 649	11 145	10 278	11 267	9 532
Israël[1]	1 474	1 631	1 577	1 731	1 749	1 685	1 772	2 001
Italie	2 783	2 550	2 239	2 600	3 121	2 677	2 443	2 431
Japon	3 895	4 416	3 355	2 545	2 580	2 370	3 201	2 893
Corée	2 290	2 612	3 090	3 182	3 502	3 417	3 436	..
Lettonie	203	263	277	309	343	297	299	373
Lithuanie	192	226	222	254	272	246	274	316
Luxembourg	54 276	36 701	47 317	45 556	51 926	37 491	35 079	41 011
Malaysie	433	478	514	520	530	454	441	439
Mexique	168	192	198	226	224	203	194	211
Pays-Bas	2 930	3 483	3 019	2 997	2 836	2 171	4 516	4 615
Nouvelle-Zélande	759	..	1 024	1 141	1 169	964	983	1 006
Nicaragua	..	21	24	26	30	31	33	35
Norvège	4 191	4 785	5 111	5 011	5 132	3 967	3 972	3 858
Panama	..	278	286	321	..	..	..	..
Paraguay	..	..	45	55	..	63	53	56
Pérou	..	88	100	110	116	118	106	109
Pologne	467	502	500	475	453	372	361	420
Portugal	1 936	1 425	1 237	1 569	1 732	1 293	1 109	1 186
Porto Rico	..	..	..	2 661	2 552	3 182	3 927	..
Russie	..	159	..	..	179	117	123	152
Singapour	2 989	3 391	3 728	4 047	4 489	4 400	4 631	5 411
République slovaque	519	550	508	542	543	434	..	925
Slovénie	1 239	1 303	1 202	1 209	1 196	1 011	1 028	1 102
Afrique du Sud	989	1 086	..	998	934	840	742	..
Espagne	1 605	1 735	1 518	1 529	1 519	1 295	1 457	1 470
Sri Lanka	..	..	..	..	35	44	..	51
Suède	2 525	2 781	2 376	2 644	4 908	3 961	3 796	4 248
Suisse	6 755	7 969	7 634	7 898	7 892	7 456	7 025	6 904
Thaïlande	197	227	..	..	..	..	..	..
Tunisie	..	..	..	..	..	..	75	75
Turquie	130	133	146	168	151	145	162	152
Royaume-Uni	4 885	4 937	5 316	4 793	5 098	4 598	3 950	5 112
États-Unis	5 228	5 492	5 750	5 683	5 965	6 299	6 493	6 706
Uruguay	..	268	310	351	377	368	..	451
Total-OCDE	3 115	3 296	3 197	3 131	3 292	3 155	3 352	3 457

.. Non disponible

Note : Voir les métadonnées détaillées sur : *http://metalinks.oecd.org/ins/20190221/2c3c.*

1. Informations sur les données concernant Israël : *http://oe.cd/israel-disclaimer.*

Source : Indicateurs des activités d'assurances, Statistiques de l'OCDE sur les assurances (base de données)

Tableau 14. Densité (Vie)

Dollars des États-Unis par habitant

	2010	2011	2012	2013	2014	2015	2016	2017
Argentina	..	..	68	70	70	67	70	60
Australie	1 713	1 993	1 854	1 896	2 318	1 779	1 521	1 335
Autriche	1 178	1 143	981	1 007	1 038	860	765	733
Belgique	2 339	2 334	2 445	1 936	1 928	1 511	1 457	1 450
Bolivie	..	..	7	..	..	..	14	18
Brésil	..	189	209	203	207	170	189	213
Canada	836	856	819	833	627	553	..	..
Chili	321	351	424	444	405	431	475	482
Colombie	..	..	7	..	..	..	14	18
Costa Rica	14	18	24	30	30	27	38	39
Cuba	..	..	..	..	..	..	..	..
République tchèque	359	388	350	348	326	241	229	230
Danemark	..	4 147	4 005	4 236	4 443	3 878	4 006	4 495
Équateur	..	..	..	..	..	28	28	..
El Salvador	..	..	..	..	..	..	..	..
Estonie	172	168	158	172	193	181	186	192
Finlande	1 291	962	885	1 365	1 483	1 268	922	927
France	715	2 758	2 305	2 485	2 680	2 343	2 386	2 437
Allemagne	..	..	1 326	1 444	1 454	1 179	1 147	1 194
Grèce	269	267	225	203	228	184	171	197
Guatemala	..	8	8	9	10	9	10	11
Honduras	..	..	22	23	17	18	..	..
Hong-Kong, Chine	3 208	3 454	3 882	4 446	5 082	5 644	7 041	7 645
Hongrie	215	221	180	197	199	155	159	171
Inde	..	50	..	..	..	43	48	54
Indonesie	..	44	47	43	38	40	49	55
Islande	90	94	91	102	110	106	127	160
Irlande	7 883	7 635	7 867	7 838	9 235	8 240	7 841	7 906
Israël[1]	760	861	835	915	904	903	935	1 076
Italie	1 998	1 712	1 487	1 865	2 410	2 095	1 863	1 832
Japon	3 200	3 651	3 355	2 545	2 580	2 370	2 496	2 252
Corée	1 413	1 566	1 894	1 966	2 069	2 031	2 015	..
Lettonie	47	49	49	59	71	64	69	84
Lithuanie	67	75	71	81	97	90	95	92
Luxembourg	51 162	33 174	44 176	41 856	48 703	34 590	32 101	37 644
Malaysie	280	305	332	333	340	294	290	295
Mexique	78	87	93	105	106	95	92	92
Pays-Bas	1 431	1 804	1 455	1 444	1 374	962	892	855
Nouvelle-Zélande	..	..	..	..	..	..	..	..
Nicaragua	..	3	4	5	5	5	6	7
Norvège	2 245	2 568	2 789	2 715	2 837	2 187	2 133	2 139
Panama	..	18	112	128	..	..	..	..
Paraguay	..	..	..	7	..	8	0	8
Pérou	..	42	47	51	57	57	48	52
Pologne	273	282	293	260	239	192	159	171
Portugal	1 483	950	816	1 146	1 307	908	697	734
Porto Rico	..	..	..	114	161	156	373	..
Russie	..	12	..	..	23	17	26	43
Singapour	2 390	2 723	2 725	3 045	3 392	3 404	3 611	4 374
République slovaque	277	295	276	303	299	227	..	682
Slovénie	315	326	303	305	309	268	264	281
Afrique du Sud	776	847	..	804	769	686	609	..
Espagne	778	857	722	729	711	605	736	706
Sri Lanka	..	..	..	..	13	19	..	22
Suède	1 325	1 466	1 362	1 469	3 562	2 994	2 931	3 335
Suisse	3 715	4 372	4 177	4 385	4 378	4 113	3 739	3 573
Thaïlande	139	159	..	..	..	..	..	..
Tunisie	..	..	..	..	..	..	15	15
Turquie	23	25	23	26	19	17	25	27
Royaume-Uni	3 687	3 670	4 054	3 488	3 781	3 411	2 508	3 651
États-Unis	2 364	2 517	2 640	2 471	2 473	2 573	2 584	2 636
Uruguay	..	65	82	101	111	123	..	190
Total-OCDE	1 687	1 905	1 849	1 737	1 823	1 701	1 685	1 725

.. Non disponible

Note : Voir les métadonnées détaillées sur : *http://metalinks.oecd.org/ins/20190221/2c3c.*

1. Informations sur les données concernant Israël : *http://oe.cd/israel-disclaimer.*

Source : Indicateurs des activités d'assurances, Statistiques de l'OCDE sur les assurances (base de données)

Tableau 15. Densité (Non-vie)

Dollars des États-Unis par habitant

	2010	2011	2012	2013	2014	2015	2016	2017
Argentina	..	..	265	323	335	351	352	333
Australie	1 188	1 385	1 472	1 451	1 365	1 143	1 140	1 206
Autriche	1 460	1 597	1 511	1 595	1 615	1 366	1 377	1 438
Belgique	1 171	1 263	1 239	1 323	1 376	1 141	1 155	1 197
Bolivie	..	..	24	..	..	..	28	26
Brésil	..	129	123	132	137	101	97	107
Canada	1 495	1 660	1 741	1 701	1 533	1 370	..	..
Chili	165	209	221	221	207	198	199	212
Colombie	..	..	24	..	..	..	28	26
Costa Rica	144	154	175	190	211	188	208	226
Cuba	..	..	35	..	..	..	..	..
République tchèque	411	434	383	399	386	333	325	360
Danemark	..	1 923	1 818	1 843	2 101	1 732	1 692	1 820
Équateur	..	..	..	..	..	112	98	..
El Salvador	..	..	..	..	..	..	..	..
Estonie	252	253	308	414	444	401	434	512
Finlande	848	885	814	1 005	1 069	881	874	871
France	1 307	1 422	1 340	1 407	1 425	1 209	1 713	1 788
Allemagne	..	..	1 564	1 667	1 672	1 416	1 453	1 635
Grèce	348	341	286	277	228	177	188	190
Guatemala	..	33	31	34	36	39	40	43
Honduras	..	..	24	24	31	31	..	..
Hong-Kong, Chine	440	463	521	557	577	615	611	624
Hongrie	187	182	156	160	161	145	158	179
Inde	..	8	..	..	..	12	15	18
Indonesie	..	16	17	17	18	17	17	18
Islande	1 100	1 178	1 133	1 152	1 206	1 124	1 296	1 612
Irlande	1 908	1 938	1 854	1 811	1 910	2 038	3 427	1 626
Israël[1]	714	771	742	815	845	782	838	925
Italie	786	838	752	734	711	582	580	598
Japon	695	765	..	..	..	..	705	641
Corée	877	1 046	1 196	1 215	1 433	1 386	1 421	..
Lettonie	156	214	228	250	272	232	230	289
Lithuanie	125	151	151	173	175	156	179	224
Luxembourg	3 114	3 526	3 141	3 699	3 223	2 901	2 978	3 367
Malaysie	153	173	182	187	190	160	150	144
Mexique	90	105	105	121	118	108	103	119
Pays-Bas	1 499	1 679	1 564	1 553	1 462	1 209	3 624	3 759
Nouvelle-Zélande	759	..	1 024	1 141	1 169	964	983	1 006
Nicaragua	..	18	20	22	24	26	27	29
Norvège	1 946	2 217	2 322	2 295	2 295	1 780	1 840	1 719
Panama	..	..	174	192	..	..	..	..
Paraguay	..	..	26	48	..	54	53	48
Pérou	..	46	53	59	59	61	58	58
Pologne	194	220	207	216	214	180	202	249
Portugal	453	475	421	423	425	385	412	452
Porto Rico	..	..	..	2 546	2 391	3 026	3 554	..
Russie	..	135	..	..	112	100	97	109
Singapour	599	668	1 004	1 001	1 098	996	1 021	1 037
République slovaque	242	255	232	238	244	207	..	243
Slovénie	924	977	899	904	888	744	764	821
Afrique du Sud	213	239	..	195	165	154	133	..
Espagne	827	878	796	800	808	689	721	764
Sri Lanka	..	..	..	..	22	25	..	30
Suède	1 200	1 315	1 015	1 175	1 346	967	865	913
Suisse	3 040	3 597	3 458	3 513	3 514	3 343	3 286	3 331
Thaïlande	59	68	..	..	..	..	..	..
Tunisie	..	..	..	..	..	..	60	59
Turquie	107	108	123	141	131	128	137	125
Royaume-Uni	1 198	1 267	1 262	1 306	1 317	1 188	1 441	1 461
États-Unis	2 864	2 975	3 110	3 212	3 492	3 726	3 908	4 069
Uruguay	..	203	228	250	266	245	..	261
Total-OCDE	1 303	1 391	1 348	1 394	1 470	1 455	1 667	1 732

.. Non disponible

Note : Voir les métadonnées détaillées sur : *http://metalinks.oecd.org/ins/20190221/2c3c.*

1. Informations sur les données concernant Israël : *http://oe.cd/israel-disclaimer.*

Source : Indicateurs des activités d'assurances, Statistiques de l'OCDE sur les assurances (base de données)

Tableau 16. Pénétration (Vie et Non-vie)

Pourcentage

	2010	2011	2012	2013	2014	2015	2016	2017
Argentina	..	..	2.3	2.4	2.4	2.6	2.6	2.6
Australie	5.0	4.9	4.8	5.1	6.0	5.6	4.9	4.4
Autriche	5.6	5.3	5.1	5.1	5.1	5.0	4.7	4.6
Belgique	7.9	7.5	8.2	7.0	7.0	6.5	6.3	6.1
Bolivie	..	..	1.2	..	..	..	1.4	1.3
Brésil	..	2.4	2.7	2.7	2.8	3.1	3.3	3.2
Canada	4.9	4.8	4.9	4.8	4.3	4.4	..	..
Chili	3.8	3.8	4.2	4.2	4.2	4.6	4.9	4.6
Colombie	..	..	1.2	..	..	..	1.4	1.3
Costa Rica	1.9	1.9	2.0	2.1	2.3	1.9	2.1	2.3
Cuba	..	..	..	..	..	..	..	..
République tchèque	3.9	3.8	3.7	3.8	3.6	3.2	3.0	2.9
Danemark	..	9.8	9.9	9.9	10.4	10.5	10.4	11.0
Équateur	..	..	..	..	..	2.3	2.1	..
El Salvador	..	..	..	..	..	..	..	..
Estonie	2.9	2.4	2.7	3.1	3.1	3.3	3.4	3.5
Finlande	4.6	3.6	3.6	4.8	5.1	5.1	4.1	3.9
France	10.2	9.2	8.6	8.8	9.2	9.4	10.7	10.6
Allemagne	..	..	6.6	6.7	6.5	6.3	6.1	6.3
Grèce	2.3	2.4	2.3	2.2	2.1	2.0	2.0	2.1
Guatemala	..	1.3	1.2	1.2	1.2	1.2	1.2	1.2
Honduras	..	..	1.9	2.0	1.9	1.9	..	..
Hong-Kong, Chine	11.3	11.2	12.0	13.1	14.1	14.8	17.6	17.9
Hongrie	3.1	2.9	2.6	2.6	2.5	2.4	2.5	2.5
Inde	..	3.8	..	..	..	3.4	3.6	3.6
Indonesie	..	1.6	1.7	1.6	1.6	1.7	1.8	1.9
Islande	2.8	2.7	2.7	2.6	2.4	2.4	2.3	2.5
Irlande	20.1	18.4	19.8	18.6	19.9	16.4	17.5	13.6
Israël[1]	4.8	4.8	4.8	4.8	4.6	4.7	4.7	4.9
Italie	7.8	6.7	6.5	7.4	8.8	8.9	7.9	7.6
Japon	8.4	8.8	6.8	6.4	6.8	6.8	7.7	7.4
Corée	10.4	10.8	12.7	12.3	12.6	12.6	12.4	..
Lettonie	1.8	1.9	2.0	2.1	2.2	2.2	2.1	2.4
Lithuanie	1.6	1.6	1.6	1.6	1.6	1.7	1.8	1.9
Luxembourg	51.2	31.3	43.8	39.6	43.2	36.9	34.3	38.8
Malaysie	4.9	4.7	4.8	4.9	4.8	4.8	4.7	4.5
Mexique	1.8	1.9	1.9	2.1	2.0	2.1	2.2	2.3
Pays-Bas	5.8	6.4	6.0	5.7	5.4	4.8	9.8	9.5
Nouvelle-Zélande	2.3	..	2.6	2.7	2.7	2.5	2.5	2.4
Nicaragua	..	1.3	1.3	1.4	1.5	1.5	1.5	1.6
Norvège	4.8	4.8	5.0	4.9	5.3	5.3	5.6	5.1
Panama	..	2.9	2.6	2.6	..	..	..	..
Paraguay	..	..	1.2	1.2	..	1.4	1.4	1.3
Pérou	..	1.6	1.6	1.7	1.8	1.9	1.7	1.6
Pologne	3.7	3.6	3.8	3.5	3.2	3.0	2.9	3.0
Portugal	8.6	6.1	6.0	7.3	7.8	6.7	5.6	5.6
Porto Rico	..	..	..	9.3	8.8	10.7	12.8	..
Russie	..	1.1	..	..	1.2	1.2	1.4	1.4
Singapour	6.4	6.4	6.8	7.2	7.9	8.0	8.4	9.4
République slovaque	3.1	3.0	2.9	3.0	2.9	2.7	..	5.3
Slovénie	5.3	5.2	5.3	5.2	4.9	4.8	4.7	4.7
Afrique du Sud	13.4	13.4	..	14.5	14.4	14.5	13.9	..
Espagne	5.2	5.5	5.3	5.2	5.1	5.0	5.5	5.2
Sri Lanka	..	..	..	..	0.9	1.1	..	1.3
Suède	4.9	4.7	4.2	4.4	8.3	7.8	7.4	8.0
Suisse	9.0	9.0	9.1	9.2	9.1	9.0	8.7	8.6
Thaïlande	3.9	4.1	..	..	..	..	..	..
Tunisie	..	..	..	..	..	..	2.0	2.1
Turquie	1.2	1.2	1.3	1.4	1.3	1.3	1.5	1.4
Royaume-Uni	12.5	11.9	12.7	11.2	10.9	10.3	9.8	12.8
États-Unis	10.8	11.0	11.2	10.7	10.9	11.1	11.2	11.2
Uruguay	..	1.9	2.1	2.1	2.3	2.4	..	2.6
Total-OCDE	8.7	8.6	8.3	8.2	8.4	8.6	9.0	8.9

.. Non disponible

Note : Voir les métadonnées détaillées sur : *http://metalinks.oecd.org/ins/20190221/2c3c.*

1. Informations sur les données concernant Israël : *http://oe.cd/israel-disclaimer.*

Source : Indicateurs des activités d'assurances, Statistiques de l'OCDE sur les assurances (base de données)

Tableau 17. Pénétration (Vie)

Pourcentage

	2010	2011	2012	2013	2014	2015	2016	2017
Argentina	..	..	0.5	0.4	0.4	0.4	0.4	0.4
Australie	2.9	2.9	2.7	2.9	3.7	3.4	2.8	2.3
Autriche	2.5	2.2	2.0	2.0	2.0	1.9	1.7	1.6
Belgique	5.2	4.9	5.4	4.1	4.1	3.7	3.5	3.3
Bolivie	..	..	0.3	..	..	..	0.5	0.5
Brésil	..	1.4	1.7	1.7	1.7	1.9	2.2	2.2
Canada	1.8	1.6	1.6	1.6	1.2	1.3	..	..
Chili	2.5	2.4	2.8	2.8	2.8	3.2	3.5	3.2
Colombie	..	..	0.3	..	..	..	0.5	0.5
Costa Rica	0.2	0.2	0.2	0.3	0.3	0.2	0.3	0.3
Cuba	..	..	..	..	..	..	..	..
République tchèque	1.8	1.8	1.8	1.7	1.7	1.4	1.2	1.1
Danemark	..	6.7	6.8	6.9	7.1	7.3	7.3	7.8
Équateur	..	..	..	..	..	0.5	0.5	..
El Salvador	..	..	..	..	..	..	..	..
Estonie	1.2	1.0	0.9	0.9	1.0	1.0	1.0	0.9
Finlande	2.8	1.9	1.9	2.7	3.0	3.0	2.1	2.0
France	1.7	6.1	5.4	5.6	6.0	6.2	6.2	6.1
Allemagne	..	..	3.0	3.1	3.0	2.8	2.7	2.7
Grèce	1.0	1.0	1.0	0.9	1.1	1.0	0.9	1.0
Guatemala	..	0.2	0.2	0.3	0.3	0.2	0.2	0.3
Honduras	..	..	0.9	1.0	0.7	0.7	..	..
Hong-Kong, Chine	9.9	9.9	10.6	11.6	12.6	13.3	16.2	16.6
Hongrie	1.6	1.6	1.4	1.4	1.4	1.2	1.2	1.2
Inde	..	3.3	..	..	..	2.7	2.7	2.7
Indonesie	..	1.2	1.2	1.2	1.1	1.2	1.3	1.4
Islande	0.2	0.2	0.2	0.2	0.2	0.2	0.2	0.2
Irlande	16.2	14.7	16.1	15.1	16.5	13.2	12.2	11.3
Israël[1]	2.5	2.6	2.6	2.5	2.4	2.5	2.5	2.7
Italie	5.6	4.5	4.3	5.3	6.8	7.0	6.0	5.7
Japon	6.9	7.3	6.8	6.4	6.8	6.8	6.0	5.8
Corée	6.4	6.5	7.8	7.6	7.4	7.5	7.3	..
Lettonie	0.4	0.4	0.4	0.4	0.5	0.5	0.5	0.5
Lithuanie	0.6	0.5	0.5	0.5	0.6	0.6	0.6	0.5
Luxembourg	48.3	28.3	40.9	36.4	40.5	34.0	31.4	35.6
Malaysie	3.1	3.0	3.1	3.1	3.1	3.1	3.1	3.0
Mexique	0.8	0.9	0.9	1.0	1.0	1.0	1.0	1.0
Pays-Bas	2.8	3.3	2.9	2.8	2.6	2.1	1.9	1.8
Nouvelle-Zélande	..	..	..	..	..	..	..	..
Nicaragua	..	0.2	0.2	0.2	0.3	0.3	0.3	0.3
Norvège	2.6	2.6	2.8	2.6	2.9	2.9	3.0	2.8
Panama	..	0.2	1.0	1.1	..	..	..	..
Paraguay	..	..	..	0.2	..	0.2	0.0	0.2
Pérou	..	0.7	0.7	0.8	0.9	0.9	0.8	0.8
Pologne	2.2	2.0	2.2	1.9	1.7	1.5	1.3	1.2
Portugal	6.6	4.1	4.0	5.3	5.9	4.7	3.5	3.4
Porto Rico	..	..	..	0.4	0.6	0.5	1.2	..
Russie	..	0.1	..	..	0.2	0.2	0.3	0.4
Singapour	5.1	5.1	5.0	5.4	6.0	6.2	6.5	7.6
République slovaque	1.7	1.6	1.6	1.7	1.6	1.4	..	3.9
Slovénie	1.3	1.3	1.3	1.3	1.3	1.3	1.2	1.2
Afrique du Sud	10.5	10.5	..	11.6	11.8	11.8	11.5	..
Espagne	2.5	2.7	2.5	2.5	2.4	2.3	2.8	2.5
Sri Lanka	..	..	..	..	0.3	0.5	..	0.5
Suède	2.6	2.5	2.4	2.4	6.0	5.9	5.7	6.3
Suisse	5.0	4.9	5.0	5.1	5.0	5.0	4.6	4.4
Thaïlande	2.7	2.9	..	..	..	..	..	..
Tunisie	..	..	..	..	..	..	0.4	0.4
Turquie	0.2	0.2	0.2	0.2	0.2	0.2	0.2	0.3
Royaume-Uni	9.4	8.8	9.6	8.1	8.0	7.7	6.2	9.1
États-Unis	4.9	5.1	5.1	4.7	4.5	4.5	4.5	4.4
Uruguay	..	0.5	0.5	0.6	0.7	0.8	..	1.1
Total-OCDE	4.7	5.0	4.8	4.5	4.7	4.7	4.5	4.5

.. Non disponible

Note : Voir les métadonnées détaillées sur : *http://metalinks.oecd.org/ins/20190221/2c3c.*

1. Informations sur les données concernant Israël : *http://oe.cd/israel-disclaimer.*

Source : Indicateurs des activités d'assurances, Statistiques de l'OCDE sur les assurances (base de données)

Tableau 18. Pénétration (Non-vie)

Pourcentage

	2010	2011	2012	2013	2014	2015	2016	2017
Argentina	..	..	1.8	2.0	2.0	2.2	2.1	2.2
Australie	2.0	2.0	2.1	2.2	2.2	2.2	2.1	2.1
Autriche	3.1	3.1	3.1	3.1	3.1	3.1	3.1	3.0
Belgique	2.6	2.6	2.8	2.8	2.9	2.8	2.8	2.7
Bolivie	..	..	0.9	..	..	..	0.9	0.8
Brésil	..	1.0	1.0	1.1	1.1	1.1	1.1	1.1
Canada	3.1	3.2	3.3	3.2	3.0	3.2	..	..
Chili	1.3	1.4	1.4	1.4	1.4	1.5	1.5	1.4
Colombie	..	..	0.9	..	..	..	0.9	0.8
Costa Rica	1.8	1.7	1.8	1.8	2.0	1.7	1.8	1.9
Cuba	..	..	..	..	..	..	..	..
République tchèque	2.1	2.0	1.9	2.0	2.0	1.9	1.8	1.8
Danemark	..	3.1	3.1	3.0	3.3	3.2	3.1	3.2
Équateur	..	..	..	..	..	1.8	1.7	..
El Salvador	..	..	..	..	..	..	..	..
Estonie	1.7	1.5	1.8	2.2	2.2	2.3	2.4	2.5
Finlande	1.8	1.7	1.7	2.0	2.1	2.1	2.0	1.9
France	3.1	3.1	3.2	3.2	3.2	3.2	4.5	4.5
Allemagne	..	..	3.6	3.6	3.5	3.4	3.4	3.7
Grèce	1.3	1.3	1.3	1.3	1.1	1.0	1.0	1.0
Guatemala	..	1.0	0.9	1.0	1.0	1.0	1.0	1.0
Honduras	..	..	1.0	1.0	1.2	1.2	..	..
Hong-Kong, Chine	1.4	1.3	1.4	1.5	1.4	1.5	1.4	1.4
Hongrie	1.4	1.3	1.2	1.2	1.1	1.2	1.2	1.3
Inde	..	0.5	..	..	..	0.7	0.9	0.9
Indonesie	..	0.4	0.4	0.5	0.5	0.5	0.5	0.5
Islande	2.6	2.5	2.5	2.3	2.2	2.2	2.1	2.2
Irlande	3.9	3.7	3.8	3.5	3.4	3.3	5.3	2.3
Israël[1]	2.3	2.3	2.3	2.2	2.2	2.2	2.2	2.3
Italie	2.2	2.2	2.2	2.1	2.0	1.9	1.9	1.9
Japon	1.5	1.5	..	..	..	..	1.7	1.6
Corée	4.0	4.3	4.9	4.7	5.2	5.1	5.1	..
Lettonie	1.4	1.6	1.7	1.7	1.7	1.7	1.6	1.9
Lithuanie	1.0	1.1	1.1	1.1	1.1	1.1	1.2	1.3
Luxembourg	2.9	3.0	2.9	3.2	2.7	2.9	2.9	3.2
Malaysie	1.7	1.7	1.7	1.7	1.7	1.7	1.6	1.5
Mexique	1.0	1.0	1.0	1.1	1.1	1.1	1.2	1.3
Pays-Bas	2.9	3.1	3.1	3.0	2.8	2.7	7.9	7.7
Nouvelle-Zélande	2.3	..	2.6	2.7	2.7	2.5	2.5	2.4
Nicaragua	..	1.1	1.1	1.2	1.2	1.2	1.3	1.3
Norvège	2.2	2.2	2.3	2.2	2.4	2.4	2.6	2.3
Panama	..	..	1.6	1.6	..	..	..	..
Paraguay	..	..	0.7	1.1	..	1.2	1.4	1.2
Pérou	..	0.8	0.8	0.9	0.9	1.0	0.9	0.9
Pologne	1.5	1.6	1.6	1.6	1.5	1.4	1.6	1.8
Portugal	2.0	2.0	2.0	2.0	1.9	2.0	2.1	2.1
Porto Rico	..	..	..	8.9	8.3	10.2	11.5	..
Russie	..	0.9	..	..	0.8	1.1	1.1	1.0
Singapour	1.3	1.3	1.8	1.8	1.9	1.8	1.8	1.8
République slovaque	1.5	1.4	1.3	1.3	1.3	1.3	..	1.4
Slovénie	3.9	3.9	4.0	3.9	3.7	3.6	3.5	3.5
Afrique du Sud	2.9	3.0	..	2.8	2.5	2.7	2.5	..
Espagne	2.7	2.8	2.8	2.7	2.7	2.7	2.7	2.7
Sri Lanka	..	..	..	..	0.6	0.6	..	0.7
Suède	2.3	2.2	1.8	2.0	2.3	1.9	1.7	1.7
Suisse	4.1	4.0	4.1	4.1	4.0	4.1	4.1	4.1
Thaïlande	1.2	1.2	..	..	..	..	..	..
Tunisie	..	..	..	..	..	..	1.6	1.7
Turquie	1.0	1.0	1.1	1.1	1.1	1.2	1.3	1.2
Royaume-Uni	3.1	3.0	3.0	3.0	2.8	2.7	3.6	3.7
États-Unis	5.9	6.0	6.0	6.1	6.4	6.6	6.8	6.8
Uruguay	..	1.4	1.5	1.5	1.6	1.6	..	1.5
Total-OCDE	3.6	3.6	4.1	4.1	4.2	4.4	4.5	4.5

.. Non disponible

Note : Voir les métadonnées détaillées sur : *http://metalinks.oecd.org/ins/20190221/2c3c.*

1. Informations sur les données concernant Israël : *http://oe.cd/israel-disclaimer.*

Source : Indicateurs des activités d'assurances, Statistiques de l'OCDE sur les assurances (base de données)

Tableau 19. Part de l'assurance-vie

Pourcentage du total de l'assurance

Pourcentage

	2010	2011	2012	2013	2014	2015	2016	2017
Argentina	..	..	20.7	17.8	16.5	15.3	16.0	14.7
Australie	57.0	56.7	53.6	54.9	61.1	59.2	55.4	52.1
Autriche	..	..	..	34.1	35.5	35.3	32.5	31.7
Belgique	65.0	63.2	64.7	57.7	56.5	55.4	54.4	53.7
Bolivie	..	..	21.8	..	..	..	33.5	40.4
Brésil	..	..	..	..	60.2	62.7	66.1	66.5
Canada	35.6	34.0	32.1	32.9	28.7	28.7	..	..
Chili	66.0	62.5	65.5	66.5	65.8	68.3	70.4	69.4
Colombie	..	..	21.8	..	..	..	33.5	40.4
Costa Rica	8.8	10.6	11.9	13.4	12.3	12.7	15.4	14.7
Cuba	..	..	..	..	..	..	..	..
République tchèque	46.0	46.4	46.9	45.7	45.1	41.1	40.6	38.3
Danemark	..	68.2	68.7	95.4	67.7	68.9	68.7	69.1
Équateur	..	..	..	..	..	19.5	22.0	..
El Salvador	..	20.7	22.7	26.7	25.7	25.6	24.7	..
Estonie	40.6	39.8	33.9	29.3	30.3	31.2	30.0	27.3
Finlande	59.5	51.2	51.2	56.8	57.4	58.3	50.6	50.7
France	17.2	63.9	62.1	62.4	64.2	64.2	58.0	55.2
Allemagne	47.9	45.7	35.5	36.0	35.9	34.0	33.1	32.1
Grèce	43.3	43.7	43.2	41.4	49.5	50.5	47.2	50.4
Guatemala	..	..	20.3	19.9	20.8	19.4	19.9	20.5
Honduras	..	..	..	30.9	35.3	36.4	..	..
Hong-Kong, Chine	85.0	84.8	84.7	85.7	86.9	87.6	90.1	90.4
Hongrie	53.2	54.6	53.0	54.5	54.8	51.1	49.5	48.2
Inde	..	85.5	..	..	..	78.2	..	70.7
Indonesie	..	..	70.6	67.9	66.2	69.0	72.6	74.6
Islande	7.5	7.3	7.3	7.9	8.2	8.4	8.8	8.9
Irlande	80.3	79.2	80.3	80.6	82.2	79.6	68.5	82.5
Israël[1]	51.6	52.8	52.9	52.9	51.7	53.6	52.7	53.8
Italie	71.8	67.1	66.5	71.4	76.8	77.8	75.8	75.0
Japon	80.2	80.7	100.0	100.0	100.0	100.0	75.5	75.1
Corée	59.6	57.5	59.0	59.3	56.8	57.1	56.3	..
Lettonie	23.0	18.4	17.6	18.9	20.6	21.6	23.2	22.5
Lithuanie	34.7	33.0	32.0	32.0	35.8	36.6	34.7	29.2
Luxembourg	94.3	90.4	93.4	91.9	93.9	92.3	91.5	91.8
Malaysie	61.1	60.3	60.6	60.1	60.2	60.6	61.7	63.4
Mexique	46.1	44.7	46.2	46.1	46.8	46.3	46.7	43.0
Pays-Bas	51.1	51.4	47.6	47.4	47.7	43.6	19.6	18.2
Nouvelle-Zélande	..	..	..	..	..	..	..	..
Nicaragua	..	..	15.8	17.2	17.8	17.4	18.6	..
Norvège	53.6	53.7	54.6	54.2	55.3	55.1	55.4	55.4
Panama	..	..	38.5	39.7	..	..	..	..
Paraguay	..	..	..	12.2	..	13.3	0.2	13.9
Pérou	..	48.0	47.2	46.8	49.1	48.4	45.3	47.0
Pologne	58.0	55.7	58.1	54.0	52.2	50.2	42.6	39.4
Portugal	74.6	64.2	63.3	70.5	72.9	67.5	59.6	58.6
Porto Rico	..	..	..	4.3	6.3	4.9	9.5	..
Russie	..	7.5	..	..	12.6	13.9	20.4	27.4
Singapour	68.4	67.0	65.8	67.9	68.5	69.3	71.6	74.9
République slovaque	53.0	53.2	53.9	55.5	54.3	51.2	..	73.6
Slovénie	22.4	22.0	22.1	22.4	22.9	23.1	22.5	22.4
Afrique du Sud	78.5	78.0	79.2	78.6	80.5	79.9	79.7	..
Espagne	47.6	46.9	46.4	44.6	43.9	43.6	47.1	44.8
Sri Lanka	..	..	..	..	35.5	42.5	..	41.4
Suède	48.8	49.6	54.0	52.2	69.6	73.3	74.9	76.1
Suisse	47.4	48.4	47.9	48.2	48.5	48.9	46.9	45.0
Thaïlande	69.1	69.0	..	..	..	..	..	..
Tunisie	..	..	..	..	..	..	20.3	19.7
Turquie	17.5	18.3	15.4	15.7	12.3	11.8	14.9	17.3
Royaume-Uni	73.6	73.5	75.4	72.4	73.4	73.3	68.8	68.3
États-Unis	39.3	40.1	40.3	38.5	36.2	37.1	35.9	35.6
Uruguay	..	..	26.4	28.7	29.5	33.4	..	42.2
Total-OCDE	49.6	52.9	53.2	52.7	50.2	49.2	46.8	45.3

.. Non disponible

Note : Voir les métadonnées détaillées sur : *http://metalinks.oecd.org/ins/20190221/2c3c.*

1. Informations sur les données concernant Israël : *http://oe.cd/israel-disclaimer.*

Source : Indicateurs des activités d'assurances, Statistiques de l'OCDE sur les assurances (base de données)

Tableau 20. Total des primes brutes directes par employé d'entreprise d'assurances

Dollars des États-Unis

	2010	2011	2012	2013	2014	2015	2016	2017
Argentina	..	..	..	289 071	296 157	290 581	..	264 715
Australie	..	..	..	..	..	..	..	..
Autriche	794 659	830 770	765 436	795 141	815 630	688 309	660 435	674 513
Belgique	907 893	..	..	..	..	..	..	..
Bolivie	..	..	..	..	..	..	112 942	99 464
Brésil	..	..	..	..	..	..	..	..
Canada	..	..	..	..	..	..	..	..
Chili	406 570	448 189	486 192	493 638	454 677	495 261	510 666	519 672
Colombie	..	..	..	..	..	..	112 942	99 464
Costa Rica	..	..	..	..	..	..	..	..
Cuba	..	..	..	..	..	..	..	..
République tchèque	..	..	..	..	..	..	..	..
Danemark	..	2 092 465	2 052 306	2 215 121	2 158 639	1 927 585	2 018 459	2 661 767
Équateur	..	..	..	..	..	2 202 989	292 344	..
El Salvador	..	..	..	..	..	..	..	..
Estonie	..	208 774	224 249	200 167	221 703	200 336	..	..
Finlande	1 198 102	1 027 920	949 685	1 363 348	1 512 846	1 310 951	1 087 714	1 234 435
France	..	..	..	..	..	..	..	..
Allemagne	..	..	1 508 982	1 607 329	1 646 967	1 370 540	1 366 726	1 516 822
Grèce	..	..	..	..	..	..	..	..
Guatemala	..	..	137 904	..	159 900	..	181 604	186 479
Honduras	..	..	..	267 721	183 148	217 165	..	..
Hong-Kong, Chine	..	..	..	..	..	..	..	617 084
Hongrie	145 931	151 723	143 598	157 425	161 509	147 122	169 626	168 073
Inde	..	..	..	..	..	..	..	32 479
Indonesie	..	..	23 320	..	..	..	..	..
Islande	613 285	624 626	..	665 881	731 603	703 782	..	..
Irlande	..	4 521 646	5 146 079	5 004 239	..	..	..	..
Israël[1]	..	..	..	..	..	..	..	..
Italie	632 728	572 450	516 329	588 438	728 137	622 467	584 701	..
Japon	..	..	..	129 385	130 139	144 659	..	1 060 963
Corée	347 369	387 679	442 588	466 477	580 301	590 964	611 062	..
Lettonie	104 420	134 363	144 568	198 707	237 130	301 704	..	..
Lithuanie	118 376	131 547	116 324	128 811	136 338	120 793	129 952	147 340
Luxembourg	1 972 257	1 408 398	1 776 286	1 555 995	4 322 564	2 996 082	2 884 045	3 012 514
Malaysie	482 196	492 814	567 984	651 774	650 745	461 454	465 847	435 343
Mexique	397 414	447 668	457 259	436 528	403 458	330 532	410 335	423 179
Pays-Bas	..	..	..	..	..	..	..	..
Nouvelle-Zélande	343 870	..	425 805	473 708	..	..	..	..
Nicaragua	..	..	..	1 704 849	119 312	2 050 664	..	..
Norvège	2 109 103	..	..	..	..	..	..	..
Panama	..	..	347 935	392 524	..	..	..	..
Paraguay	..	..	103 065	386 727	..	124 344	..	..
Pérou	..	257 668	251 417	285 142	301 442	290 594	..	..
Pologne	181 086	181 339	198 127	169 341	183 458	167 678	..	..
Portugal	561 280	414 091	389 160	490 832	550 771	416 110	371 730	412 331
Porto Rico	..	..	..	780 437	704 962	856 812	1 042 984	..
Russie	..	51 053	..	..	73 609	..	61 185	121 961
Singapour	..	..	..	..	..	..	..	..
République slovaque	389 851	417 623	378 475	..	403 073	..	..	..
Slovénie	..	..	..	..	..	..	..	..
Afrique du Sud	..	..	..	..	..	..	..	..
Espagne	1 462 199	..	..	424 580	402 914	..	..	..
Sri Lanka	..	..	..	..	24 436	26 631	..	17 383
Suède	1 131 069	1 264 886	1 073 328	1 210 867	2 042 276	1 771 433	..	1 686 900
Suisse	..	..	..	..	..	..	..	..
Thaïlande	..	..	..	..	..	..	..	..
Tunisie	..	..	..	..	..	..	173 680	..
Turquie	301 983	369 673	322 731	379 315	335 385	298 749	233 812	204 510
Royaume-Uni	..	..	..	..	..	..	..	..
États-Unis	..	..	..	..	..	..	..	..
Uruguay	..	..	..	..	..	..	..	..
Total-OCDE	554 719	531 111	665 158	318 505	332 855	333 479	719 113	1 019 108

.. Non disponible

Note : Voir les métadonnées détaillées sur : *http://metalinks.oecd.org/ins/20190221/2c3c.*

1. Informations sur les données concernant Israël : *http://oe.cd/israel-disclaimer.*

Source : Indicateurs des activités d'assurances, Statistiques de l'OCDE sur les assurances (base de données)

COMPARAISONS INTERNATIONALES

Tableau 21. Taux de rétention (Vie et Non-vie)

Pourcentage

	2010	2011	2012	2013	2014	2015	2016	2017
Argentina	..	..	88.9	90.6	86.5	87.5	88.4	88.7
Australie	85.2	84.5	84.1	84.5	86.0	83.8	80.4	77.1
Autriche	..	..	..	81.3	83.6	84.2	81.1	82.7
Belgique	94.0	95.1	92.6	91.2	88.7	88.5	87.2	87.5
Bolivie	..	..	50.3	..	..	..	49.8	51.5
Brésil	..	..	..	..	95.2	95.4	95.8	95.7
Canada	78.9	75.2	73.3	73.1	73.5	71.4	..	..
Chili	..	80.6	83.1	84.4	84.0	84.8	84.4	83.4
Colombie	..	..	50.3	..	..	..	49.8	51.5
Costa Rica	79.4	81.1	80.9	78.6	80.2	77.9	78.9	79.4
Cuba	..	..	..	..	..	..	..	..
République tchèque	82.4	81.5	81.3	80.6	80.3	79.3	78.9	78.7
Danemark	..	95.8	96.3	99.4	97.2	97.1	96.9	96.7
Équateur	..	..	..	..	..	72.4	72.3	..
El Salvador	..	61.0	62.0	66.6	66.6	66.5	64.2	..
Estonie	95.2	95.1	..	..	..	..	..	..
Finlande	97.2	96.7	96.7	97.4	97.6	97.7	97.3	97.4
France	91.4	89.9	89.2	89.3	91.0	88.6	84.8	88.0
Allemagne	..	..	90.2	89.7	89.0	87.7	87.9	87.5
Grèce	88.2	83.3	88.1	79.8	87.6	87.2	88.8	89.2
Guatemala	..	..	68.0	66.3	64.2	64.9	67.8	67.2
Honduras	..	..	..	55.7	54.4	53.0	..	..
Hong-Kong, Chine	89.0	86.0	87.6	87.0	87.7	88.3	90.4	90.4
Hongrie	84.0	83.9	83.3	86.1	86.1	86.1	86.7	87.4
Inde	..	95.5	..	..	..	95.2	..	91.8
Indonesie	..	..	86.2	85.5	83.8	84.8	86.0	87.3
Islande	92.2	92.9	93.3	93.9	94.4	94.8	95.4	96.0
Irlande	89.0	86.7	88.4	87.8	89.2	88.0	79.6	..
Israël[1]	86.0	85.6	85.7	87.3	88.5	88.4	84.9	86.5
Italie	95.9	95.5	95.1	96.2	97.1	97.2	96.4	96.3
Japon	94.1	93.3	94.1	94.9	94.3	94.6	89.5	89.8
Corée	93.8	94.6	95.0	94.7	94.7	94.7	94.7	..
Lettonie	93.1	94.0	94.2	96.3	96.3	95.9	95.3	93.2
Lithuanie	..	..	..	..	95.2	95.1	95.0	91.5
Luxembourg	73.9	78.4	68.6	74.9	71.8	84.1	82.2	85.8
Malaysie	87.1	86.5	86.9	87.8	87.8	87.9	88.3	88.6
Mexique	85.4	82.3	83.8	82.6	83.9	83.0	84.4	81.4
Pays-Bas	91.3	86.2	92.0	92.3	89.4	91.7	98.3	97.6
Nouvelle-Zélande	..	..	..	..	..	..	..	..
Nicaragua	..	..	62.0	63.8	63.3	65.7	66.7	..
Norvège	..	..	93.0	92.9	93.1	92.2	92.7	93.0
Panama	..	..	57.4	55.6	..	..	..	..
Paraguay	..	..	..	79.1	..	79.6	78.0	77.4
Pérou	..	78.0	76.7	76.7	75.5	74.5	73.3	75.0
Pologne	93.7	93.3	92.7	92.7	92.4	90.5	87.9	88.4
Portugal	93.5	91.1	89.6	91.1	92.0	90.5	88.9	88.6
Porto Rico	..	..	..	99.6	98.6	92.9	93.9	..
Russie	..	97.7	..	..	86.9	88.6	88.9	91.7
Singapour	87.3	86.9	85.5	85.9	86.8	79.2	77.6	77.0
République slovaque	86.9	85.5	85.6	85.8	85.3	84.5	..	92.2
Slovénie	87.3	87.2	87.1	87.8	86.9	88.1	87.7	86.5
Afrique du Sud	..	85.1	90.9	87.6	88.2	89.7	88.9	..
Espagne	92.4	93.0	92.5	90.0	91.3	91.3	91.0	90.6
Sri Lanka	..	..	..	..	87.0	86.6	..	85.6
Suède	92.6	92.9	92.2	92.7	95.6	97.0	97.3	97.2
Suisse	91.8	93.0	92.5	92.6	92.9	93.1	93.7	92.6
Thaïlande	90.4	90.2	..	..	..	..	..	..
Tunisie	..	..	..	..	..	..	80.9	100.0
Turquie	76.9	74.9	77.9	75.6	75.0	74.8	76.1	72.0
Royaume-Uni	89.6	88.4	87.7	87.4	84.8	89.0	77.0	87.9
États-Unis	73.9	74.0	73.6	71.3	74.9	72.8	72.5	71.4
Uruguay	..	..	91.0	91.2	90.8	91.5	..	92.9
Total-OCDE	82.6	82.3	82.1	81.5	82.5	80.7	79.5	79.1

.. Non disponible

Note : Voir les métadonnées détaillées sur : *http://metalinks.oecd.org/ins/20190221/2c3c.*

1. Informations sur les données concernant Israël : *http://oe.cd/israel-disclaimer.*

Source : Indicateurs des activités d'assurances, Statistiques de l'OCDE sur les assurances (base de données)

Tableau 22. Taux de rétention (Vie)

Pourcentage

	2010	2011	2012	2013	2014	2015	2016	2017
Argentina	..	..	92.7	96.6	97.1	97.2	96.7	96.8
Australie	91.8	91.9	92.1	92.3	92.5	91.3	89.3	82.5
Autriche	..	..	..	96.7	97.4	97.6	97.4	97.8
Belgique	97.8	97.6	97.7	97.0	97.6	97.9	96.7	98.0
Bolivie	..	..	79.5	..	..	..	64.6	63.7
Brésil	..	..	..	..	99.6	99.5	99.6	99.5
Canada	78.5	75.6	73.9	75.2	69.5	67.6	..	..
Chili	..	96.3	97.4	98.0	97.7	97.5	95.0	92.6
Colombie	..	..	79.5	..	..	..	64.6	63.7
Costa Rica	93.0	93.3	90.8	84.7	87.4	81.4	82.8	81.4
Cuba	..	..	..	..	..	..	..	..
République tchèque	97.8	96.1	95.0	93.9	93.0	92.4	92.3	91.7
Danemark	..	99.7	99.7	100.0	99.8	99.8	99.8	99.8
Équateur	..	..	..	..	..	81.6	99.2	..
El Salvador	..	78.4	81.1	95.0	87.3	81.6	80.8	..
Estonie	99.1	98.9	..	..	..	..	..	..
Finlande	99.3	99.0	99.0	99.4	99.5	99.5	99.3	99.4
France	89.2	93.1	92.9	92.5	94.1	90.7	86.5	93.2
Allemagne	..	..	96.9	96.8	97.0	97.0	96.6	97.0
Grèce	94.8	84.8	95.1	94.8	95.6	95.9	96.2	95.0
Guatemala	..	..	76.6	75.3	76.6	76.9	80.9	79.9
Honduras	..	..	..	61.1	45.4	56.1	..	..
Hong-Kong, Chine	92.4	89.2	91.0	90.0	90.5	91.0	92.8	92.7
Hongrie	92.8	93.1	93.6	95.0	96.3	96.8	97.3	98.7
Inde	..	99.8	..	..	..	99.6	..	99.5
Indonesie	..	..	97.3	97.2	96.7	96.8	97.3	97.4
Islande	84.2	82.0	82.5	83.9	82.3	83.7	85.2	85.9
Irlande	93.5	91.3	94.4	93.7	94.0	94.1	94.9	..
Israël[1]	95.0	95.0	95.2	95.3	95.2	95.5	95.1	95.2
Italie	98.4	98.2	98.3	98.8	99.0	99.1	99.1	99.1
Japon	97.2	96.4	94.1	94.9	94.3	94.6	93.1	93.6
Corée	97.2	98.5	98.8	98.8	98.8	98.7	98.6	..
Lettonie	99.3	99.7	99.7	99.8	99.8	99.8	99.8	99.8
Lithuanie	..	..	..	..	98.5	98.0	98.5	98.3
Luxembourg	74.1	80.0	68.9	76.4	72.1	85.3	83.6	87.4
Malaysie	96.8	96.8	96.7	97.3	96.9	96.7	96.6	95.9
Mexique	97.4	94.6	94.8	95.3	96.6	96.4	96.2	95.4
Pays-Bas	95.8	94.6	94.9	95.4	89.6	94.0	97.2	96.4
Nouvelle-Zélande	..	..	..	..	..	..	..	..
Nicaragua	..	..	63.7	60.3	55.3	59.2	58.2	..
Norvège	..	..	98.6	98.8	98.9	98.7	98.9	98.9
Panama	..	..	80.4	77.7	..	..	..	..
Paraguay	..	..	..	80.7	..	81.7	41.0	83.0
Pérou	..	90.8	88.8	89.5	84.4	84.7	82.4	83.7
Pologne	98.2	99.1	97.6	98.6	98.5	98.2	98.3	99.4
Portugal	98.5	97.9	96.4	97.0	97.7	97.2	96.5	96.5
Porto Rico	..	..	..	103.3	100.0	56.0	78.0	..
Russie	..	..	..	..	98.4	98.6	98.8	99.2
Singapour	95.3	96.3	96.6	95.1	96.1	88.4	84.3	82.3
République slovaque	99.2	98.3	98.4	98.4	98.2	97.9	..	99.0
Slovénie	98.1	97.6	97.5	97.2	96.9	96.7	96.3	96.4
Afrique du Sud	..	89.4	94.9	92.5	93.2	95.2	94.6	..
Espagne	98.1	98.0	94.7	93.9	96.4	96.8	97.3	96.2
Sri Lanka	..	..	..	..	96.3	96.3	..	96.0
Suède	98.0	98.0	99.1	98.7	99.6	99.8	99.9	99.7
Suisse	99.3	99.3	99.4	99.3	99.4	99.4	99.3	99.3
Thaïlande	98.4	98.4	..	..	..	..	..	..
Tunisie	..	..	..	..	..	..	90.4	100.0
Turquie	89.3	90.5	95.1	95.7	94.8	95.1	95.8	96.2
Royaume-Uni	92.7	90.4	89.0	88.9	85.4	91.2	80.3	95.3
États-Unis	84.7	84.3	83.5	77.4	88.3	80.4	80.0	77.8
Uruguay	..	..	97.0	97.5	97.6	97.6	..	97.4
Total-OCDE	90.9	90.7	89.8	88.7	91.6	88.6	86.8	87.3

.. Non disponible

Note : Voir les métadonnées détaillées sur : *http://metalinks.oecd.org/ins/20190221/2c3c.*

1. Informations sur les données concernant Israël : *http://oe.cd/israel-disclaimer.*

Source : Indicateurs des activités d'assurances, Statistiques de l'OCDE sur les assurances (base de données)

Tableau 23. Taux de rétention (Non-vie)

Pourcentage

	2010	2011	2012	2013	2014	2015	2016	2017
Argentina	..	..	87.9	89.3	84.4	85.7	86.8	87.3
Australie	76.6	74.9	74.9	75.0	75.7	73.0	69.3	71.3
Autriche	..	..	..	73.2	76.0	77.0	73.3	75.8
Belgique	83.2	87.0	83.2	83.4	77.2	76.8	75.8	75.4
Bolivie	..	..	42.2	..	..	..	42.4	43.1
Brésil	..	..	..	..	88.5	88.5	88.4	88.3
Canada	79.1	75.0	73.0	72.1	75.2	72.9	..	..
Chili	..	54.4	55.9	57.6	57.7	57.4	59.1	62.7
Colombie	..	..	42.2	..	..	..	42.4	43.1
Costa Rica	78.1	79.7	79.5	77.6	79.2	77.3	78.2	79.0
Cuba	..	..	..	..	..	..	..	..
République tchèque	69.2	68.8	69.2	69.4	69.8	70.2	69.8	70.6
Danemark	..	87.3	88.9	88.1	91.7	91.1	90.6	89.9
Équateur	..	..	..	..	..	70.1	64.7	..
El Salvador	..	56.4	56.3	56.2	58.4	60.1	57.1	..
Estonie	92.6	92.5	..	..	..	..	..	..
Finlande	94.2	94.3	94.3	94.7	95.0	95.2	95.3	95.4
France	84.9	84.2	83.2	84.1	85.3	84.8	82.4	81.7
Allemagne	..	..	86.5	85.7	84.6	82.9	83.7	83.0
Grèce	83.2	82.2	82.9	69.1	79.8	78.3	82.2	83.3
Guatemala	..	..	65.9	64.0	61.0	62.0	64.5	63.9
Honduras	..	..	..	53.3	59.3	51.3	..	..
Hong-Kong, Chine	69.9	68.5	68.7	69.3	69.0	69.8	68.9	68.7
Hongrie	74.1	72.9	71.6	75.3	73.6	75.0	76.2	76.9
Inde	..	70.4	..	..	..	79.5	..	73.1
Indonesie	..	..	59.4	60.8	58.4	58.3	55.7	57.6
Islande	92.9	93.7	94.2	94.7	95.5	95.8	96.3	97.0
Irlande	70.9	69.3	64.1	63.1	67.1	64.1	46.3	..
Israël[1]	76.4	75.1	75.0	78.2	81.2	80.2	73.6	76.4
Italie	89.4	90.0	89.0	89.9	90.5	90.6	87.9	87.8
Japon	81.4	80.2	..	..	..	..	78.4	78.2
Corée	88.8	89.4	89.5	88.6	89.5	89.4	89.8	..
Lettonie	91.3	92.7	93.0	95.5	95.4	94.8	93.9	91.3
Lithuanie	..	..	..	..	93.3	93.4	93.0	88.6
Luxembourg	70.7	64.1	64.3	58.5	65.9	68.9	66.7	67.7
Malaysie	71.8	70.9	71.8	73.6	74.0	74.4	74.9	76.0
Mexique	75.1	72.5	74.4	71.7	72.8	71.5	74.0	70.8
Pays-Bas	86.6	77.2	89.4	89.5	89.2	89.9	98.5	98.1
Nouvelle-Zélande	87.0	..	78.7	77.5	80.0	80.5	73.8	74.4
Nicaragua	..	..	61.7	64.6	65.0	67.0	68.7	..
Norvège	..	..	86.2	85.9	85.9	84.3	85.0	85.5
Panama	..	..	43.0	41.0	..	..	..	..
Paraguay	..	..	71.2	78.9	..	79.3	78.0	76.5
Pérou	..	66.1	65.8	65.5	67.0	65.0	65.7	67.3
Pologne	87.6	85.9	85.9	85.8	85.8	82.8	80.2	81.3
Portugal	78.6	78.8	77.9	76.9	76.8	76.6	77.7	77.4
Porto Rico	..	..	..	99.5	98.5	94.8	95.5	..
Russie	..	84.3	..	..	82.0	87.0	86.4	88.9
Singapour	70.0	67.9	64.2	66.5	66.5	58.4	60.9	61.0
République slovaque	73.0	71.0	70.7	70.1	69.9	70.4	..	73.3
Slovénie	84.2	84.3	84.2	85.1	84.0	85.5	85.2	83.6
Afrique du Sud	..	69.5	75.7	69.8	67.7	68.0	66.8	..
Espagne	87.3	88.5	90.5	86.8	87.3	87.0	85.3	86.0
Sri Lanka	..	..	..	..	81.9	79.4	..	78.3
Suède	87.4	87.9	84.0	86.1	86.5	89.3	89.5	89.1
Suisse	85.2	87.0	86.1	86.4	86.7	87.0	88.8	87.1
Thaïlande	72.5	72.1	..	..	..	..	..	..
Tunisie	..	..	..	..	..	..	78.6	100.0
Turquie	74.3	71.4	74.8	71.9	72.2	72.1	72.7	66.9
Royaume-Uni	81.0	82.8	83.8	83.4	83.2	82.8	69.5	72.0
États-Unis	66.9	67.1	66.9	67.4	67.3	68.2	68.3	67.9
Uruguay	..	..	88.9	88.7	87.9	88.4	..	89.7
Total-OCDE	72.6	72.7	73.3	73.5	73.4	73.0	73.0	72.4

.. Non disponible

Note : Voir les métadonnées détaillées sur : *http://metalinks.oecd.org/ins/20190221/2c3c*.

1. Informations sur les données concernant Israël : *http://oe.cd/israel-disclaimer*.

Source : Indicateurs des activités d'assurances, Statistiques de l'OCDE sur les assurances (base de données)

Tableau 24. Taux de réassurance acceptée (Vie et Non-vie)

Pourcentage

	2010	2011	2012	2013	2014	2015	2016	2017
Argentina	..	..	0.5	0.3	7.2	7.0	6.7	6.6
Australie	9.1	10.0	11.1	10.9	10.1	10.9	12.5	13.0
Autriche	..	..	..	12.0	9.6	8.9	9.3	6.4
Belgique	2.9	3.1	2.7	3.2	3.5	3.0	2.9	2.3
Bolivie	..	..	0.6	..	..	..	1.0	3.9
Brésil	..	..	..	..	0.0	0.0	0.0	0.0
Canada	7.7	8.2	8.5	9.7	17.7	17.6	..	..
Chili	0.3	0.3	0.5	0.5	0.6	0.8	1.1	0.9
Colombie	..	..	0.6	..	..	..	1.0	3.9
Costa Rica	0.1	0.1	0.2	0.3	0.3	0.3	0.3	0.3
Cuba	..	..	..	..	..	..	..	..
République tchèque	1.4	1.7	1.9	1.8	1.6	2.0	2.4	2.5
Danemark	..	0.3	0.8	84.9	0.8	0.8	2.9	3.3
Équateur	..	..	..	..	..	2.0	1.7	..
El Salvador	..	..	..	..	..	..	..	..
Estonie	0.0	0.1	..	..	..	..	..	..
Finlande	1.5	1.9	1.9	1.5	1.4	1.3	1.5	1.6
France	8.9	8.7	10.7	10.1	10.5	8.9	15.7	12.7
Allemagne	..	..	23.2	22.4	22.4	24.6	24.5	24.6
Grèce	1.2	1.7	2.0	2.3	1.2	1.1	1.0	0.9
Guatemala	..	..	2.9	2.7	2.7	3.1	2.9	2.9
Honduras	..	..	..	0.0	0.0	0.0	..	..
Hong-Kong, Chine	4.4	4.8	4.9	4.7	4.8	4.5	4.8	4.7
Hongrie	0.6	0.7	1.0	1.3	0.9	1.0	1.0	1.5
Inde	..	1.7	..	..	..	0.7	..	5.8
Indonesie	..	..	4.2	4.9	2.5	2.1	2.0	1.8
Islande	0.8	1.9	2.3	2.3	2.5	2.4	1.7	1.4
Irlande	1.2	1.6	2.0	1.8	1.9	1.9	2.2	0.7
Israël[1]	0.0	0.0	..	..	..	..	0.0	..
Italie	2.1	2.5	2.5	2.4	1.8	1.8	2.1	2.1
Japon	4.2	4.4	9.9	7.4	5.5	4.1	6.5	6.0
Corée	6.1	5.4	4.9	5.2	5.0	5.1	5.2	..
Lettonie	0.6	1.5	1.4	0.0	0.0	0.0	0.0	0.0
Lithuanie	0.1	0.1	0.1	0.1	0.0	0.0	0.0	0.0
Luxembourg	0.7	1.9	1.3	0.9	1.2	0.8	0.3	0.2
Malaysie	6.5	6.5	7.1	7.4	7.5	7.7	7.7	7.2
Mexique	1.6	2.0	1.8	1.7	1.8	1.7	1.6	1.7
Pays-Bas	7.1	0.7	1.4	1.5	1.5	1.7	0.5	1.8
Nouvelle-Zélande	1.6	..	1.3	0.6	0.6	3.8	1.8	5.3
Nicaragua	..	..	..	0.0	..	..	..	..
Norvège	..	..	..	..	..	..	..	..
Panama	..	..	6.7	6.2	..	..	..	..
Paraguay	..	..	2.0	1.5	..	1.1	1.0	0.7
Pérou	..	1.5	1.4	1.0	0.7	0.6	0.6	0.7
Pologne	1.1	0.9	1.0	1.2	1.0	2.7	3.5	3.2
Portugal	2.8	3.7	4.1	3.5	3.3	3.9	5.1	5.3
Porto Rico	..	..	..	0.5	0.9	0.8	0.6	..
Russie	..	4.0	..	..	3.5	2.8	3.0	2.7
Singapour	25.0	25.1	20.6	19.6	19.2	19.7	21.7	17.6
République slovaque	0.6	0.9	1.0	0.9	1.4	2.0	..	0.2
Slovénie	12.1	12.0	12.3	11.3	11.3	12.5	12.1	12.1
Afrique du Sud	..	..	..	2.3	2.3	2.2	2.9	..
Espagne	2.0	6.0	2.6	7.7	7.8	8.2	8.2	8.1
Sri Lanka	..	..	..	..	2.2	1.5	..	2.4
Suède	7.2	6.0	7.9	6.3	4.1	3.1	3.0	3.1
Suisse	14.7	12.3	13.5	14.5	13.8	12.7	13.3	14.2
Thaïlande	1.7	1.7	..	..	..	..	..	..
Tunisie	..	..	..	..	..	..	1.2	5.3
Turquie	4.0	3.2	2.9	2.7	5.0	3.1	5.9	6.0
Royaume-Uni	5.7	7.9	8.1	9.7	9.9	11.1	35.8	14.3
États-Unis	20.4	20.5	20.7	21.5	21.8	22.8	22.3	23.0
Uruguay	..	..	0.0	0.0	0.0	0.0	..	0.0
Total-OCDE	12.9	13.0	15.0	15.5	15.4	16.7	18.5	17.7

.. Non disponible

Note : Voir les métadonnées détaillées sur : *http://metalinks.oecd.org/ins/20190221/2c3c*.

1. Informations sur les données concernant Israël : *http://oe.cd/israel-disclaimer*.

Source : Indicateurs des activités d'assurances, Statistiques de l'OCDE sur les assurances (base de données)

Tableau 25. Taux de réassurance acceptée (Vie)

Pourcentage

	2010	2011	2012	2013	2014	2015	2016	2017
Argentina	..	..	1.1	0.6	3.0	2.3	3.0	2.9
Australie	5.8	6.4	7.6	8.1	7.5	8.4	9.7	12.2
Autriche	..	..	..	0.2	0.2	0.2	0.2	0.2
Belgique	0.4	0.5	0.2	0.4	0.4	0.3	0.4	0.3
Bolivie	..	..	0.4	..	..	..	0.0	3.3
Brésil	..	..	..	..	0.0	0.0	0.0	0.0
Canada	6.9	8.3	8.8	9.7	16.6	17.5	..	..
Chili	0.1	0.1	0.0	0.0	0.1	0.4	1.0	0.8
Colombie	..	..	0.4	..	..	..	0.0	3.3
Costa Rica	0.1	0.0	0.1	0.0	0.0	0.0	0.0	0.0
Cuba	..	..	..	..	..	..	..	..
République tchèque	0.0	0.0	0.0	0.0	0.0	0.0	0.6	0.6
Danemark	..	0.0	0.6	89.0	0.5	0.5	0.6	0.4
Équateur	..	..	..	..	..	0.6	0.0	..
El Salvador	..	..	..	..	..	..	..	..
Estonie	0.0	0.0	..	..	..	..	..	..
Finlande	0.1	0.1	0.1	0.1	0.2	0.0	0.0	0.0
France	12.0	5.6	9.1	8.0	8.9	6.3	15.5	8.8
Allemagne	..	..	0.7	0.7	0.6	0.6	0.6	0.8
Grèce	0.3	1.1	0.2	0.2	0.2	0.2	0.1	0.0
Guatemala	..	..	2.1	1.0	1.6	1.7	1.9	1.4
Honduras	..	..	..	0.0	0.0	0.0	..	..
Hong-Kong, Chine	1.1	1.0	1.0	1.1	1.6	1.7	2.8	2.5
Hongrie	0.0	0.0	0.0	0.0	0.0	0.0	0.0	0.0
Inde	..	0.0	..	..	..	0.0	..	0.2
Indonesie	..	..	0.0	0.0	..	..	..	..
Islande	0.0	0.0	0.0	0.0	0.0	0.1	..	0.0
Irlande	0.9	0.9	1.2	1.1	1.1	1.2	0.7	0.2
Israël[1]	0.0	0.0	..	..	..	..	0.0	..
Italie	2.1	2.4	2.6	1.9	1.3	1.3	1.5	1.5
Japon	1.8	2.0	9.9	7.4	5.5	4.1	3.4	2.6
Corée	2.7	1.4	1.1	1.1	1.1	1.1	1.3	..
Lettonie	0.0	0.0	0.0	0.0	0.0	0.0	0.0	0.0
Lithuanie	0.0	0.0	0.0	0.0	0.0	0.0	0.0	0.0
Luxembourg	0.7	1.9	1.3	1.0	1.3	0.8	0.4	0.2
Malaysie	1.1	1.1	1.2	1.3	1.4	1.4	1.4	1.6
Mexique	0.6	0.6	0.5	0.6	0.7	0.4	0.5	0.6
Pays-Bas	11.2	0.1	0.1	0.0	0.0	0.0	0.0	0.1
Nouvelle-Zélande	..	..	..	..	..	..	..	..
Nicaragua	..	..	..	0.0	..	..	..	..
Norvège	..	..	..	..	..	..	..	..
Panama	..	..	5.1	5.5	..	..	..	..
Paraguay	..	..	..	0.8	..	0.7	0.0	0.2
Pérou	..	1.8	1.6	1.2	0.6	0.5	0.3	0.1
Pologne	0.2	0.1	0.1	0.1	0.1	0.1	0.1	0.1
Portugal	0.2	0.0	0.0	0.0	0.0	0.0	0.0	0.0
Porto Rico	..	..	..	0.0	0.0	0.0	0.5	..
Russie	..	0.0	..	..	0.0	0.0	0.0	0.0
Singapour	12.3	10.2	11.8	10.9	10.8	10.4	14.7	11.0
République slovaque	0.0	0.0	0.0	0.0	0.0	0.0	..	0.0
Slovénie	0.0	0.0	..	..	..	..	..	..
Afrique du Sud	..	..	..	0.0	0.0	0.0	0.0	..
Espagne	0.1	1.1	0.2	1.3	1.6	1.5	1.5	1.4
Sri Lanka	..	..	..	..	..	0.0	..	0.6
Suède	0.3	0.2	2.3	0.2	0.0	0.0	0.0	0.0
Suisse	1.0	0.5	1.1	1.5	1.4	1.5	1.7	1.3
Thaïlande	0.0	0.1	..	..	..	..	..	..
Tunisie	..	..	..	..	..	..	1.5	1.5
Turquie	1.7	2.0	1.6	2.1	1.5	1.6	4.3	3.6
Royaume-Uni	3.4	6.8	7.1	9.3	9.0	10.0	40.7	10.4
États-Unis	8.4	9.2	9.8	11.3	10.4	15.1	13.8	14.9
Uruguay	..	..	0.0	0.0	0.0	0.0	..	0.0
Total-OCDE	5.0	5.5	7.4	7.5	6.8	8.8	12.4	9.2

.. Non disponible

Note : Voir les métadonnées détaillées sur : *http://metalinks.oecd.org/ins/20190221/2c3c.*

1. Informations sur les données concernant Israël : *http://oe.cd/israel-disclaimer.*

Source : Indicateurs des activités d'assurances, Statistiques de l'OCDE sur les assurances (base de données)

Tableau 26. Taux de réassurance acceptée (Non-vie)

Pourcentage

	2010	2011	2012	2013	2014	2015	2016	2017
Argentina	..	..	0.4	0.3	8.0	7.8	7.5	7.2
Australie	13.6	14.8	15.2	14.2	14.3	14.7	16.0	13.9
Autriche	..	..	..	18.2	14.7	13.6	13.7	9.2
Belgique	7.4	7.5	7.3	7.1	7.6	6.4	5.8	4.7
Bolivie	..	..	0.6	..	..	..	1.4	4.2
Brésil	..	..	..	..	0.1	0.0	0.0	0.0
Canada	8.1	8.2	8.3	9.7	18.1	17.7	..	..
Chili	0.6	0.7	1.2	1.4	1.5	1.6	1.3	1.1
Colombie	..	..	0.6	..	..	..	1.4	4.2
Costa Rica	0.1	0.1	0.2	0.4	0.3	0.4	0.3	0.3
Cuba	..	..	..	..	..	..	..	..
République tchèque	2.6	3.2	3.5	3.3	2.9	3.4	3.7	3.7
Danemark	..	0.8	1.1	1.1	1.3	1.4	8.0	9.8
Équateur	..	..	..	..	..	2.4	2.2	..
El Salvador	..	..	..	..	..	..	..	..
Estonie	0.0	0.1	..	..	..	..	..	..
Finlande	3.5	3.7	3.7	3.3	3.0	3.0	3.0	3.3
France	13.1	14.0	13.3	13.4	13.3	13.5	16.1	17.4
Allemagne	..	..	35.6	34.6	34.7	37.0	36.4	35.9
Grèce	1.8	2.1	3.3	3.7	2.2	1.9	1.8	1.8
Guatemala	..	..	3.1	3.2	3.0	3.4	3.2	3.3
Honduras	..	..	..	0.0	0.0	0.0	..	..
Hong-Kong, Chine	23.2	26.2	26.2	26.0	26.1	24.2	23.3	25.1
Hongrie	1.2	1.5	2.2	2.9	1.9	2.1	2.0	2.9
Inde	..	11.6	..	..	..	3.0	..	19.4
Indonesie	..	..	14.4	15.2	7.3	6.8	7.5	7.2
Islande	0.9	2.0	2.5	2.5	2.7	2.6	1.9	1.5
Irlande	2.4	4.1	5.3	5.0	5.3	4.6	5.5	3.3
Israël[1]	0.0	0.0	..	..	..	..	0.0	..
Italie	2.2	2.6	2.4	3.4	3.4	3.8	3.9	3.7
Japon	13.7	14.3	..	..	..	..	16.0	16.3
Corée	11.0	10.7	10.2	11.1	10.1	10.3	10.2	..
Lettonie	0.8	1.8	1.7	0.0	0.0	0.0	0.0	0.0
Lithuanie	0.1	0.2	0.2	0.2	0.0	0.0	0.0	0.0
Luxembourg	0.3	2.0	1.3	0.3	0.2	0.2	0.2	0.2
Malaysie	15.0	14.8	16.4	16.5	16.7	17.3	17.8	16.8
Mexique	2.4	3.1	2.9	2.7	2.7	2.7	2.6	2.6
Pays-Bas	2.8	1.5	2.5	2.9	2.8	2.9	0.6	0.7
Nouvelle-Zélande	1.6	..	1.3	0.6	0.6	3.8	1.8	5.3
Nicaragua	..	..	..	0.0	..	..	..	..
Norvège	..	..	..	..	..	..	..	..
Panama	..	..	7.7	6.6	..	..	..	..
Paraguay	..	..	2.2	1.5	..	1.2	1.0	0.8
Pérou	..	1.4	1.3	1.0	0.8	0.7	0.8	1.3
Pologne	2.2	1.9	2.3	2.5	2.1	5.3	6.1	5.3
Portugal	10.3	10.3	11.0	11.7	12.3	12.1	12.6	12.9
Porto Rico	..	..	..	0.5	1.0	0.9	0.6	..
Russie	..	4.5	..	..	5.0	3.3	3.7	3.7
Singapour	52.5	55.3	37.6	38.1	37.3	40.7	39.2	37.0
République slovaque	1.2	1.9	2.1	2.1	3.1	4.0	..	0.8
Slovénie	15.6	15.4	15.8	14.6	14.6	16.3	15.7	15.5
Afrique du Sud	..	..	..	10.8	11.6	11.1	14.2	..
Espagne	3.8	10.3	4.8	12.9	12.6	13.5	14.1	13.4
Sri Lanka	..	..	..	..	3.5	2.6	..	3.7
Suède	13.8	11.8	14.6	12.9	13.5	11.4	11.8	13.0
Suisse	27.0	23.3	24.9	26.6	25.4	23.4	23.6	24.8
Thaïlande	5.5	5.2	..	..	..	..	..	..
Tunisie	..	..	..	..	..	..	1.1	6.2
Turquie	4.5	3.5	3.1	2.8	5.4	3.3	6.1	6.5
Royaume-Uni	12.2	11.0	11.2	10.9	12.6	14.1	25.0	22.7
États-Unis	28.2	28.1	28.2	27.8	28.2	27.4	27.0	27.4
Uruguay	..	..	0.0	0.0	0.0	0.0	..	0.0
Total-OCDE	22.0	21.6	23.6	23.5	24.2	24.3	23.8	24.6

.. Non disponible

Note : Voir les métadonnées détaillées sur : *http://metalinks.oecd.org/ins/20190221/2c3c.*

1. Informations sur les données concernant Israël : *http://oe.cd/israel-disclaimer.*

Source : Indicateurs des activités d'assurances, Statistiques de l'OCDE sur les assurances (base de données)

Tableau 27. Part du marché national détenue par les entreprises étrangères (Vie)

Pourcentage

	2010	2011	2012	2013	2014	2015	2016	2017
Argentina	..	..	18.3	31.8	31.4	30.8	30.4	30.0
Australie	15.0	10.3	15.8	16.8	15.5	17.7	20.8	25.5
Autriche	..	..	..	37.5	39.2	37.7	39.3	39.7
Belgique	..	..	..	..	..	..	..	..
Bolivie	..	..	..	..	..	..	29.9	20.8
Brésil	..	..	..	..	18.6	18.3	17.2	21.3
Canada	10.1	7.9	6.3	5.6	26.0	21.0	..	..
Chili	49.0	37.6	43.7	46.7	45.0	41.8	41.6	44.5
Colombie	..	..	..	..	..	..	29.9	20.8
Costa Rica	0.2	3.4	5.5	12.4	17.0	23.0	25.0	33.9
Cuba	..	..	..	..	..	..	..	..
République tchèque	97.4	97.2	97.1	96.8	96.7	96.3	96.8	96.4
Danemark	..	20.4	19.3	2.5	19.5	18.6	18.8	19.9
Équateur	..	..	..	..	..	..	11.7	..
El Salvador	..	9.3	9.7	17.4	9.6	9.4	9.6	..
Estonie	100.0	100.0	100.0	100.0	100.0	100.0	100.0	100.0
Finlande	..	..	38.3	42.0	43.0	38.5	..	..
France	..	..	..	..	..	..	..	..
Allemagne	27.0	27.4	30.1	27.4	26.0	26.7	25.3	24.6
Grèce	57.2	63.4	63.3	53.8	48.0	55.7	76.9	74.0
Guatemala	..	..	..	..	..	..	..	..
Honduras	..	..	..	13.8	59.6	62.2	..	..
Hong-Kong, Chine	..	..	..	..	..	..	..	..
Hongrie	93.4	92.8	93.5	95.6	96.2	95.8	96.9	96.6
Inde	..	0.0	..	..	..	0.0	..	0.1
Indonesie	..	..	..	..	..	..	..	..
Islande	3.0	3.6	3.9	4.3	5.0	5.8	..	..
Irlande	8.2	4.7	3.9	4.9	4.5	4.7	..	..
Israël[1]	30.6	30.4	0.3	0.4	0.4	0.4	0.4	0.4
Italie	30.2	30.1	27.4	28.9	31.3	30.5	33.1	32.1
Japon	17.6	19.2	22.4	20.7	20.1	20.6	21.8	22.7
Corée	19.7	18.9	16.3	16.1	13.2	12.4	14.7	..
Lettonie	97.3	90.1	90.0	91.8	91.0	89.8	90.8	91.3
Lithuanie	97.0	96.9	96.8	97.0	97.4	97.4	97.5	97.1
Luxembourg	95.1	95.6	94.6	96.2	96.4	92.5	77.2	90.6
Malaysie	62.0	67.9	68.1	68.6	68.8	69.6	69.7	71.8
Mexique	72.5	69.9	71.1	6.3	74.0	72.3	70.6	68.0
Pays-Bas	25.2	21.1	21.1	19.2	4.6	18.5	19.2	23.3
Nouvelle-Zélande	..	..	..	..	..	..	..	..
Nicaragua	..	..	32.6	29.1	26.6	26.4	18.0	..
Norvège	9.7	9.3	10.7	12.3	13.3	15.1	0.7	0.7
Panama	..	..	54.1	59.9	..	..	..	..
Paraguay	..	..	..	6.2	..	0.0	0.0	5.5
Pérou	..	22.3	20.7	23.5	30.7	56.8	28.1	27.6
Pologne	49.8	50.9	51.1	48.8	50.0	50.7	54.3	45.2
Portugal	5.8	9.3	7.9	6.8	54.0	64.2	77.5	93.8
Porto Rico	..	..	..	10.4	7.8	0.0	38.0	..
Russie	..	..	..	..	8.5	18.1	15.5	10.2
Singapour	44.0	61.0	66.3	67.2	71.3	70.6	70.0	53.3
République slovaque	91.0	90.4	90.2	90.4	90.0	89.0	..	5.6
Slovénie	16.6	17.1	16.8	17.6	17.2	17.0	17.1	15.7
Afrique du Sud	..	20.8	33.0	31.9	35.2	33.3	34.6	..
Espagne	10.3	8.8	19.1	12.4	12.8	12.3	..	..
Sri Lanka	..	..	..	..	2.4	1.7	..	..
Suède	16.8	17.3	18.4	19.5	7.9	8.8	11.2	12.2
Suisse	30.5	29.9	30.6	31.2	27.9	26.9	25.6	25.3
Thaïlande	30.9	28.8	..	..	..	..	..	..
Tunisie	..	..	..	..	..	..	..	..
Turquie	27.5	27.7	27.1	47.1	47.9	59.7	54.2	56.4
Royaume-Uni	18.8	21.0	26.4	23.3	16.0	16.9	..	..
États-Unis	20.6	19.8	19.6	20.0	21.0	17.4	22.5	21.7
Uruguay	..	..	33.5	32.8	33.4	30.1	..	21.3

.. Non disponible

Note : Voir les métadonnées détaillées sur : *http://metalinks.oecd.org/ins/20190221/2c3c*.

1. Informations sur les données concernant Israël : *http://oe.cd/israel-disclaimer*.

Source : Indicateurs des activités d'assurances, Statistiques de l'OCDE sur les assurances (base de données)

Tableau 28. Part du marché des entreprises étrangères dans le marché national (Vie)

Succursales ou agences d'entreprises

Pourcentage

	2010	2011	2012	2013	2014	2015	2016	2017
Argentina	..	..	1.5	1.8	3.9	3.2	3.4	3.5
Australie	..	..	..	..	..	..	..	..
Autriche	..	..	..	0.0	0.0	0.0	0.0	0.0
Belgique	..	..	..	..	..	..	..	..
Bolivie	..	..	..	..	..	..	..	..
Brésil	..	..	..	..	..	0.0	0.0	0.0
Canada	2.8	2.4	2.6	2.2	15.5	15.8	..	..
Chili	0.0	..	..	..	..	..	..	..
Colombie	..	..	..	..	..	..	..	..
Costa Rica	0.0	0.0	0.0	0.2	0.6	1.1	1.0	1.3
Cuba	..	..	..	..	..	..	..	..
République tchèque	8.4	8.3	8.1	7.5	7.2	10.8	10.9	11.4
Danemark	..	..	..	..	..	..	..	..
Équateur	..	..	..	..	..	..	..	..
El Salvador	..	9.3	9.7	17.4	9.6	9.4	9.6	..
Estonie	0.0	0.0	2.9	2.5	2.7	2.8	2.2	3.1
Finlande	..	..	..	..	..	..	..	..
France	..	..	..	..	..	..	..	..
Allemagne	0.4	3.1	4.0	4.0	3.9	4.0	3.9	4.0
Grèce	13.6	6.2	0.4	0.0	0.0	0.0	0.0	0.0
Guatemala	..	..	..	..	..	..	..	..
Honduras	..	..	..	13.8	25.6	23.1	..	..
Hong-Kong, Chine	..	..	..	..	..	..	..	..
Hongrie	..	..	..	..	..	..	..	..
Inde	..	0.0	..	..	..	0.0	..	0.1
Indonesie	..	..	..	..	..	..	..	..
Islande	0.0	0.0	..	..	..	..	..	..
Irlande	8.2	4.7	3.9	4.9	4.5	4.7	..	..
Israël[1]	0.0	..	..	..	..	..	..	..
Italie	0.0	0.0	0.0	0.0	0.0	0.0	0.0	0.0
Japon	7.7	9.2	5.5	4.9	4.2	4.1	4.3	4.5
Corée	2.9	2.7	2.2	2.2	2.4	0.2	2.0	..
Lettonie	38.0	51.5	55.7	56.3	58.5	59.3	61.4	63.1
Lithuanie	47.7	46.7	41.5	41.6	43.1	41.8	40.8	41.4
Luxembourg	0.2	0.4	0.3	0.5	0.1	0.1	0.1	0.1
Malaysie	0.4	0.4	0.4	0.5	0.5	0.5	0.5	0.6
Mexique	..	..	..	..	..	..	..	..
Pays-Bas	3.0	2.7	2.7	2.0	0.0	0.0	..	..
Nouvelle-Zélande	..	..	..	..	..	..	..	..
Nicaragua	..	..	..	..	..	..	..	..
Norvège	1.2	1.0	0.8	1.3	1.4	0.7	0.7	0.7
Panama	..	..	10.3	10.0	..	..	..	..
Paraguay	..	..	..	..	..	0.0	0.0	..
Pérou	..	..	..	..	..	..	..	..
Pologne	..	..	..	..	..	..	..	..
Portugal	0.5	0.8	0.0	0.0	0.0	0.0	0.0	0.0
Porto Rico	..	..	..	..	..	..	..	..
Russie	..	..	..	..	..	..	..	0.0
Singapour	30.0	29.8	15.1	15.0	32.6	30.7	32.3	8.7
République slovaque	4.2	4.5	4.3	5.4	4.4	4.8	..	5.6
Slovénie	..	..	..	..	..	..	..	..
Afrique du Sud	..	..	..	0.0	..	..	..	..
Espagne	0.3	0.3	0.2	0.0	0.0	0.0	..	..
Sri Lanka	..	..	..	..	..	0.0	..	..
Suède	..	..	..	..	0.7	..	..	..
Suisse	4.0	1.6	2.1	1.5	0.0	0.0	0.0	0.0
Thaïlande	30.9	28.8	..	..	..	..	..	..
Tunisie	..	..	..	..	..	..	..	..
Turquie	0.0	..	..	..	..	..	0.0	0.0
Royaume-Uni	0.9	0.1	0.0	0.0	0.0	0.0	..	0.0
États-Unis	0.0	0.0	..	..	..	..	0.0	0.0
Uruguay	..	..	..	0.0	0.0	0.0	..	0.0

.. Non disponible

Note : Voir les métadonnées détaillées sur : *http://metalinks.oecd.org/ins/20190221/2c3c.*

1. Informations sur les données concernant Israël : *http://oe.cd/israel-disclaimer.*

Source : Indicateurs des activités d'assurances, Statistiques de l'OCDE sur les assurances (base de données)

Tableau 29. Part du marché national détenue par les entreprises étrangères (Non-vie)

Pourcentage

	2010	2011	2012	2013	2014	2015	2016	2017
Argentina	..	..	17.6	20.1	21.1	22.0	23.4	30.5
Australie	28.7	27.3	27.1	27.7	28.7	28.2	28.7	29.5
Autriche	..	..	..	35.2	37.5	36.9	36.6	33.2
Belgique	..	..	..	..	..	..	..	..
Bolivie	..	..	..	..	..	..	27.9	29.1
Brésil	..	..	..	..	51.3	32.4	35.7	39.4
Canada	30.9	29.8	29.0	27.9	44.8	41.6	..	..
Chili	66.8	66.5	65.7	63.7	63.5	62.7	79.0	75.6
Colombie	..	..	..	..	..	..	27.9	29.1
Costa Rica	0.9	5.8	7.6	10.0	14.2	17.5	20.5	22.8
Cuba	..	..	..	..	..	..	..	..
République tchèque	89.0	88.6	88.6	88.2	89.4	90.0	89.1	88.6
Danemark	..	16.0	16.6	16.4	27.5	27.9	28.3	25.3
Équateur	..	..	..	..	..	..	0.4	..
El Salvador	..	2.3	2.4	0.0	0.0	0.0	0.0	..
Estonie	91.7	90.4	92.7	94.3	95.1	95.2	94.8	100.0
Finlande	..	..	25.0	23.8	23.7	100.0	..	..
France	0.1	0.1	0.1	0.1	0.1	0.1	..	..
Allemagne	17.1	18.2	13.2	14.0	14.5	14.3	13.3	13.6
Grèce	33.8	36.6	41.2	34.5	41.2	43.0	57.3	57.3
Guatemala	..	..	..	..	..	..	..	..
Honduras	..	..	..	10.5	40.3	42.8	..	..
Hong-Kong, Chine	..	..	..	..	..	..	..	..
Hongrie	97.3	96.8	95.7	94.9	94.7	92.8	91.7	91.4
Inde	..	0.0	..	..	..	..	..	2.9
Indonesie	..	..	..	..	..	..	..	..
Islande	9.2	9.7	9.9	10.4	10.9	11.3	..	..
Irlande	8.9	8.2	17.6	14.3	24.3	22.2	..	..
Israël[1]	11.1	11.2	3.3	3.3	3.4	4.0	3.8	3.8
Italie	27.3	27.6	27.5	27.8	28.9	32.2	31.8	31.1
Japon	10.9	12.8	..	..	..	..	9.4	7.5
Corée	4.7	3.9	3.8	4.0	3.7	3.7	3.7	..
Lettonie	58.6	44.3	48.1	49.4	48.7	57.1	79.0	77.2
Lithuanie	95.9	98.0	98.5	98.8	99.0	99.0	99.3	99.5
Luxembourg	61.6	62.7	58.9	52.1	53.3	52.8	51.7	51.1
Malaysie	32.3	42.7	43.9	45.8	46.6	47.8	48.5	51.9
Mexique	53.5	51.1	52.4	9.7	48.7	52.2	48.5	50.3
Pays-Bas	17.0	29.4	29.4	22.7	11.6	16.3	2.6	2.3
Nouvelle-Zélande	..	..	..	..	..	..	..	..
Nicaragua	..	..	24.6	25.7	24.7	25.7	26.0	..
Norvège	42.6	42.3	43.9	43.4	41.1	40.2	40.3	37.8
Panama	..	..	39.2	47.0	..	..	..	..
Paraguay	..	..	0.0	26.4	..	0.0	22.8	24.7
Pérou	..	18.8	19.1	19.9	20.6	45.9	24.8	25.7
Pologne	59.3	61.1	62.8	61.3	61.3	61.8	59.1	58.4
Portugal	28.3	26.7	26.5	26.6	84.2	84.3	91.0	91.6
Porto Rico	..	..	..	52.6	51.8	41.0	55.6	..
Russie	..	..	..	..	2.2	13.7	13.7	14.0
Singapour	67.0	85.6	86.8	86.2	89.0	89.2	90.2	80.0
République slovaque	94.7	94.4	94.0	93.8	93.6	93.2	..	8.3
Slovénie	4.9	5.1	4.9	5.1	5.2	5.3	5.7	5.9
Afrique du Sud	..	27.3	63.5	45.2	39.5	34.6	37.4	..
Espagne	18.6	17.0	32.2	29.1	28.8	23.6	..	..
Sri Lanka	..	..	..	..	4.7	4.8	..	16.0
Suède	53.1	51.9	63.8	57.6	55.4	44.8	46.7	48.0
Suisse	19.9	19.8	20.4	20.6	19.6	20.3	20.1	18.7
Thaïlande	7.7	7.1	..	..	..	..	..	..
Tunisie	..	..	..	..	..	..	..	..
Turquie	55.2	57.9	53.8	62.2	59.3	66.7	63.7	57.1
Royaume-Uni	53.1	55.2	55.2	58.0	57.8	57.5	0.3	0.4
États-Unis	13.9	13.9	10.1	10.4	9.4	9.5	10.2	10.0
Uruguay	..	..	31.3	31.4	32.2	33.6	..	34.7

.. Non disponible

Note : Voir les métadonnées détaillées sur : *http://metalinks.oecd.org/ins/20190221/2c3c.*

1. Informations sur les données concernant Israël : *http://oe.cd/israel-disclaimer.*

Source : Indicateurs des activités d'assurances, Statistiques de l'OCDE sur les assurances (base de données)

Tableau 30. Part du marché des entreprises étrangères dans le marché national (Non-vie)

Succursales ou agences d'entreprises

Pourcentage

	2010	2011	2012	2013	2014	2015	2016	2017
Argentina	..	..	0.1	0.1	3.2	2.5	2.4	2.6
Australie	11.6	9.7	9.7	9.7	10.1	9.1	9.9	9.6
Autriche	..	..	..	0.1	0.1	0.0	0.0	0.1
Belgique	..	..	..	..	..	..	..	..
Bolivie	..	..	..	..	..	..	..	..
Brésil	..	..	..	..	..	0.0	0.0	0.0
Canada	15.1	14.3	13.4	13.1	23.2	21.0	..	..
Chili	0.0	..	..	..	..	..	..	..
Colombie	..	..	..	..	..	..	..	..
Costa Rica	0.0	0.0	0.1	0.3	0.4	0.8	1.3	1.5
Cuba	..	..	..	..	..	..	..	..
République tchèque	3.2	3.1	2.7	3.7	4.7	4.9	5.3	5.4
Danemark	..	..	..	..	..	..	..	..
Équateur	..	..	..	..	..	..	..	..
El Salvador	..	2.3	2.4	0.0	0.0	0.0	0.0	..
Estonie	0.0	0.0	14.5	13.6	14.8	13.5	15.0	15.1
Finlande	..	..	..	..	..	..	..	..
France	0.1	0.1	0.1	0.1	0.1	0.1	..	..
Allemagne	1.5	3.0	3.1	2.7	3.2	3.5	3.1	3.8
Grèce	4.0	4.6	7.9	0.0	0.0	0.0	0.0	0.0
Guatemala	..	..	..	..	..	..	..	..
Honduras	..	..	..	10.5	4.4	3.6	..	..
Hong-Kong, Chine	..	..	..	..	..	..	..	..
Hongrie	..	..	..	..	..	..	..	..
Inde	..	0.0	..	..	..	..	..	2.9
Indonesie	..	..	..	..	..	..	..	..
Islande	0.0	0.0	..	..	..	..	..	..
Irlande	8.9	8.2	17.6	14.3	24.3	22.2	..	..
Israël[1]	0.0	..	..	..	..	..	..	..
Italie	1.0	1.1	1.1	1.1	1.1	1.4	1.6	1.5
Japon	5.6	7.8	..	..	..	..	2.3	2.5
Corée	3.2	2.6	2.0	3.1	2.3	2.3	2.3	..
Lettonie	11.2	10.9	13.3	18.5	20.4	20.2	22.6	27.0
Lithuanie	19.8	40.4	39.7	52.9	53.1	53.9	46.8	48.4
Luxembourg	7.9	7.2	7.5	6.5	3.6	3.6	3.5	3.3
Malaysie	3.8	4.4	5.8	6.7	7.3	8.4	9.6	8.9
Mexique	..	..	..	..	..	..	..	..
Pays-Bas	1.9	1.9	1.9	0.3	0.3	0.0	..	..
Nouvelle-Zélande	..	..	..	..	..	..	..	..
Nicaragua	..	..	..	..	..	..	..	..
Norvège	41.4	41.5	43.2	43.4	41.1	40.2	40.3	37.8
Panama	..	..	7.9	7.7	..	..	..	..
Paraguay	..	..	..	..	..	0.0	0.0	..
Pérou	..	..	..	..	..	..	..	..
Pologne	..	..	..	..	..	..	..	..
Portugal	0.3	0.3	0.0	0.0	0.0	0.0	0.0	0.0
Porto Rico	..	..	..	..	..	..	..	..
Russie	..	..	..	..	..	..	0.1	0.0
Singapour	44.1	44.0	42.7	46.8	39.6	38.2	37.4	36.5
République slovaque	6.2	6.2	7.1	8.0	8.7	8.5	..	8.3
Slovénie	..	..	..	..	..	..	..	..
Afrique du Sud	..	..	..	0.0	..	..	..	..
Espagne	0.2	0.2	0.2	0.0	0.0	0.0	..	..
Sri Lanka	..	..	..	..	..	0.0	..	..
Suède	..	..	..	..	8.2	..	..	..
Suisse	4.8	4.8	4.9	5.0	5.5	6.0	7.1	7.5
Thaïlande	7.7	7.1	..	..	..	..	..	..
Tunisie	..	..	..	..	..	..	..	..
Turquie	0.2	0.2	0.3	0.3	0.3	0.4	0.4	0.5
Royaume-Uni	5.3	5.4	4.7	3.7	4.1	4.6	0.3	0.4
États-Unis	0.1	0.1	0.1	0.0	0.0	0.1	0.1	0.1
Uruguay	..	..	..	0.0	0.0	0.0	..	0.0

.. Non disponible

Note : Voir les métadonnées détaillées sur : *http://metalinks.oecd.org/ins/20190221/2c3c.*

1. Informations sur les données concernant Israël : *http://oe.cd/israel-disclaimer.*

Source : Indicateurs des activités d'assurances, Statistiques de l'OCDE sur les assurances (base de données)

Tableaux par pays

AUSTRALIE

Tableau 1. Agrégats sélectionnés

Millions AUD

	2010	2011	2012	2013	2014	2015	2016	2017
1.1 Opérations d'assurance conclues dans le pays déclarant								
1.1.1 Opérations d'assurance, par intérêt								
Primes brutes								
Entreprises nationales	73 331	78 509	79 230	86 754	103 414	100 992	95 348	90 032
Entreprises sous contrôle étranger	12 274	11 038	13 757	15 722	17 983	19 150	19 836	21 498
Succursales d'entreprises étrangères	3 844	3 450	3 713	3 977	4 206	3 893	4 393	4 353
Ensemble des entreprises	77 176	81 959	82 943	90 731	107 620	104 885	99 741	94 385
Primes cédées								
Entreprises nationales	9 989	11 246	11 507	12 121	13 268	15 209	17 826	19 711
Entreprises sous contrôle étranger	2 770	3 170	4 111	4 666	5 483	5 986	6 268	8 647
Succursales d'entreprises étrangères	1 402	1 442	1 659	1 947	1 842	1 739	1 759	1 873
Ensemble des entreprises	11 391	12 688	13 166	14 068	15 110	16 948	19 585	21 584
Primes nettes émises								
Entreprises nationales	63 343	67 263	67 724	74 633	90 147	85 783	77 522	70 321
Entreprises sous contrôle étranger	9 439	7 868	9 646	11 055	12 500	13 164	13 568	12 851
Succursales d'entreprises étrangères	2 441	2 008	2 054	2 030	2 365	2 154	2 634	2 480
Ensemble des entreprises	65 785	69 271	69 778	76 663	92 511	87 937	80 156	72 801
1.1.2 Opérations d'assurance par risque à l'étranger, primes brutes								
Vie	495	475	491	574	686	701	711	706
Non-vie	..	..	..	..	..	..	..	..
Mixtes total	..	..	..	..	..	..	..	..
Total	495	475	491	574	686	701	711	706
1.1.3 Paiement par catégories d'assurance, primes brutes (vie)								
Rentes	..	..	..	..	..	..	..	..
Unit linked	..	..	..	..	..	..	..	..
Autre assurance vie	..	..	..	..	..	..	..	..
Total assurance vie	..	..	41 091	45 794	60 881	56 868	49 890	43 141
***dont :** Contrats de retraite*	..	..	..	..	..	..	..	..
1.1.4 Paiement par catégories d'assurance, primes brutes (non-vie)								
L'assurance automobile	..	11 474	12 114	12 924	13 467	13 749	14 512	15 447
Les assurances transport (y compris maritime et aérien)	..	1 457	1 484	1 523	1 598	1 673	1 648	1 739
L'assurance de fret	..	..	..	..	..	..	..	..
L'assurance incendie et des dommages aux bien	..	9 537	10 918	12 038	11 836	12 031	12 297	12 713
L'assurance des pertes pécuniaires	..	1 161	1 207	1 258	1 454	1 493	1 443	1 352
L'assurance de la responsabilité civile générale	..	4 821	5 008	5 283	5 418	5 435	5 348	5 491
Les assurances accidents et maladie	..	1 038	1 049	1 134	1 124	1 130	1 064	1 021
***dont :** Maladie*	..	..	..	..	..	..	..	..
Autres assurances non-vie	..	751	835	900	951	1 029	1 071	1 205
Réassurance obligatoire	..	5 235	5 836	5 823	5 970	6 271	7 115	6 269
Total assurance non-vie	33 223	35 475	38 450	40 884	41 818	42 811	44 498	45 237
1.2 Paiements bruts des sinistres								
Vie								
Entreprises nationales	41 639	44 988	45 777	47 647	64 828	56 547	59 350	47 307
Entreprises sous contrôle étranger	5 355	4 301	4 181	5 212	5 876	6 681	7 133	9 207
Succursales d'entreprises étrangères	..	..	..	..	..	..	..	..
Ensemble des entreprises	41 639	44 988	45 777	47 647	64 828	56 547	59 350	47 307
Non-vie								
Entreprises nationales	21 552	31 597	22 048	24 141	26 293	29 311	28 026	29 946
Entreprises sous contrôle étranger	4 120	6 668	4 538	4 542	5 446	6 183	5 534	6 453
Succursales d'entreprises étrangères	2 401	7 061	1 749	1 984	3 318	2 585	3 217	3 124
Ensemble des entreprises	23 953	38 658	23 797	26 126	29 611	31 896	31 243	33 070
Mixtes, ensemble des entreprises	..	..	..	..	..	..	..	..
Total								
Entreprises nationales	63 191	76 585	67 825	71 788	91 121	85 858	87 376	77 253
Entreprises sous contrôle étranger	9 475	10 969	8 719	9 754	11 322	12 864	12 667	15 660
Succursales d'entreprises étrangères	2 401	7 061	1 749	1 984	3 318	2 585	3 217	3 124
Ensemble des entreprises	65 592	83 646	69 574	73 773	94 439	88 443	90 593	80 377
1.3 Commissions								
Vie								
Entreprises nationales	2 738	2 852	3 007	3 015	3 118	3 087	3 129	2 514
Entreprises sous contrôle étranger	440	455	252	447	451	460	464	494
Succursales d'entreprises étrangères	..	..	..	..	..	..	..	..
Ensemble des entreprises	2 738	2 852	3 007	3 015	3 118	3 087	3 129	2 514
Non-vie								
Entreprises nationales	..	..	..	506	566	816	1 038	1 070
Entreprises sous contrôle étranger	..	..	..	239	270	276	308	341
Succursales d'entreprises étrangères	..	..	..	264	287	301	327	324
Ensemble des entreprises	..	..	..	770	853	1 117	1 364	1 394
Mixtes, ensemble des entreprises	..	..	..	..	..	..	..	..
Total								
Entreprises nationales	2 738	2 852	3 007	3 521	3 684	3 903	4 167	3 584
Entreprises sous contrôle étranger	440	455	252	686	721	736	772	835
Succursales d'entreprises étrangères	..	..	..	264	287	301	327	324
Ensemble des entreprises	2 738	2 852	3 007	3 785	3 971	4 204	4 493	3 908

AUSTRALIE

Tableau 1. Agrégats sélectionnés (suite)

Millions AUD

	2010	2011	2012	2013	2014	2015	2016	2017
1.4 Dépenses brutes d'exploitation								
Vie								
Entreprises nationales	6 640	6 777	7 274	7 830	8 128	8 041	8 666	8 457
Entreprises sous contrôle étranger	1 608	1 709	1 430	2 392	2 393	2 487	3 038	3 239
Succursales d'entreprises étrangères	..	..	..	..	..	..	..	..
Ensemble des entreprises	6 640	6 777	7 274	7 830	8 128	8 041	8 666	8 457
Non-vie								
Entreprises nationales	6 027	6 658	7 197	7 361	7 502	7 497	7 368	7 475
Entreprises sous contrôle étranger	1 172	1 370	1 490	1 618	1 704	1 850	1 829	1 975
Succursales d'entreprises étrangères	559	571	559	597	629	660	618	563
Ensemble des entreprises	6 586	7 229	7 756	7 959	8 131	8 157	7 987	8 038
Mixtes, ensemble des entreprises	..	..	..	..	..	..	..	..
Total								
Entreprises nationales	12 667	13 435	14 471	15 191	15 630	15 538	16 034	15 932
Entreprises sous contrôle étranger	2 780	3 079	2 920	4 010	4 097	4 337	4 867	5 214
Succursales d'entreprises étrangères	559	571	559	597	629	660	618	563
Ensemble des entreprises	13 226	14 006	15 030	15 789	16 259	16 198	16 653	16 495
1.5 Opérations à l'étranger par succursale, primes brutes								
Vie								
Succursales et agences	..	..	..	..	..	..	..	..
Filiales	..	..	..	..	..	..	..	..
Total	..	..	..	..	..	..	..	..
Non-vie								
Succursales et agences	..	..	..	..	..	..	..	..
Filiales	..	..	..	..	..	..	..	..
Total	..	..	..	..	..	..	..	..
Mixtes total	..	..	..	..	..	..	..	..
Total								
Succursales et agences	..	..	..	..	..	..	..	..
Filiales	..	..	..	..	..	..	..	..
Total	..	..	..	..	..	..	..	..

.. Non disponible

Note : Voir les métadonnées détaillées sur : *http://metalinks.oecd.org/ins/20190221/8aa8.*

Source : Statistiques de l'OCDE sur les assurances (base de données)

AUSTRALIE

Tableau 2. Nombre d'entreprises et d'employés

	2010	2011	2012	2013	2014	2015	2016	2017
2.1 Nombre d'entreprises								
Vie								
Entreprises nationales	26	31	28	28	28	28	29	29
Entreprises sous contrôle étranger	8	14	14	14	14	13	13	13
Succursales d'entreprises étrangères	..	..	..	..	..	..	..	..
Ensemble des entreprises	26	31	28	28	28	28	29	29
Non-vie								
Entreprises nationales	84	81	79	75	74	70	68	58
Entreprises sous contrôle étranger	20	19	17	18	19	19	17	15
Succursales d'entreprises étrangères	34	31	30	29	29	29	31	28
Ensemble des entreprises	118	112	109	104	103	99	99	86
Mixtes, ensemble des entreprises	..	..	..	..	..	0	..	..
Réassurance								
Entreprises nationales	2	3	3	3	3	2	2	2
Entreprises sous contrôle étranger	1	1	1	1	1	1	1	1
Succursales d'entreprises étrangères	10	9	9	9	9	9	8	8
Ensemble des entreprises	12	12	12	12	12	11	10	10
Total								
Entreprises nationales	112	115	110	106	105	100	99	89
Entreprises sous contrôle étranger	29	34	32	33	34	33	31	29
Succursales d'entreprises étrangères	44	40	39	38	38	38	39	36
Ensemble des entreprises	156	155	149	144	143	138	138	125
2.2 Nombre d'employés								
Entreprises d'assurance	..	..	..	..	..	..	..	..
Intermédiaires	..	..	..	..	..	..	..	..
Total	..	..	..	..	..	..	..	..

.. Non disponible

Note : Voir les métadonnées détaillées sur : *http://metalinks.oecd.org/ins/20190221/8aa8.*

Source : Statistiques de l'OCDE sur les assurances (base de données)

AUTRICHE

Tableau 1. Agrégats sélectionnés

Millions EUR

	2010	2011	2012	2013	2014	2015	2016	2017
1.1 Opérations d'assurance conclues dans le pays déclarant								
1.1.1 Opérations d'assurance, par intérêt								
Primes brutes								
Entreprises nationales	..	..	..	18 879	18 889	19 003	18 647	18 126
Entreprises sous contrôle étranger	..	..	..	6 781	7 196	7 060	6 979	6 390
Succursales d'entreprises étrangères	..	..	..	8	6	6	6	7
Ensemble des entreprises	..	..	..	18 887	18 895	19 009	18 653	18 134
Primes cédées								
Entreprises nationales	..	..	..	3 539	3 102	2 996	3 521	3 130
Entreprises sous contrôle étranger	..	..	..	1 127	1 171	1 113	1 636	1 280
Succursales d'entreprises étrangères	..	..	..	0	0	0	0	0
Ensemble des entreprises	..	..	..	3 539	3 102	2 996	3 522	3 131
Primes nettes émises								
Entreprises nationales	..	..	..	15 340	15 787	16 007	15 126	14 996
Entreprises sous contrôle étranger	..	..	..	5 654	6 024	5 948	5 343	5 110
Succursales d'entreprises étrangères	..	..	..	8	6	6	6	7
Ensemble des entreprises	..	..	..	15 348	15 793	16 013	15 131	15 003
1.1.2 Opérations d'assurance par risque à l'étranger, primes brutes								
Vie	991	174	72	157	22	20	14	3
Non-vie	4 630	722	662	717	726	702	753	777
Mixtes	13 176	523	626	595	489	391	371	363
dont :								
Vie	6 471	252	188	202	158	111	95	89
Non-vie	6 704	270	438	393	331	280	276	274
Total	18 797	1 419	1 360	1 469	1 237	1 114	1 138	1 143
1.1.3 Paiement par catégories d'assurance, primes brutes (vie)								
Rentes	..	..	..	1 441	1 822	1 946	1 531	1 434
Unit linked	2 860	2 255	1 846	1 248	1 011	933	864	812
Autre assurance vie	4 578	4 644	4 588	3 738	3 852	3 812	3 646	3 488
Total Assurance Vie	7 438	6 899	6 434	6 427	6 685	6 692	6 041	5 735
***dont :** Contrats de retraite*	..	..	..	997	1 116	1 031	940	964
1.1.4 Paiement par catégories d'assurance, primes brutes (non-vie)								
L'assurance automobile	1 260	1 316	1 386	1 487	1 447	3 920	4 043	3 980
Les assurances transport (y compris maritime et aérien)	124	140	165	174	138	11	9	10
L'assurance de fret	..	..	..	..	..	155	148	137
L'assurance incendie et des dommages aux bien	973	978	1 008	1 081	1 058	3 153	3 178	3 013
L'assurance des pertes pécuniaires	220	237	167	174	183	178	176	166
L'assurance de la responsabilité civile générale	888	922	834	860	886	889	905	868
Les assurances accidents et maladie	2 572	2 873	3 024	3 150	3 143	3 257	3 391	3 473
***dont :** Maladie*	1 653	1 704	1 762	1 841	1 905	2 007	2 096	2 167
Autres assurances non-vie	5 193	5 517	5 672	5 517	5 340	742	749	739
Réassurance obligatoire	..	..	..	..	..	..	..	..
Total assurance non-vie	11 230	11 983	12 255	12 444	12 195	12 303	12 599	12 386
1.2 Paiements bruts des sinistres								
Vie								
Entreprises nationales	256	314	360	358	1 110	1 254	947	977
Entreprises sous contrôle étranger	0	0	145	140	714	837	920	959
Succursales d'entreprises étrangères	0	0	..	0	0	0	0	0
Ensemble des entreprises	256	314	360	358	1 110	1 254	947	977
Non-vie								
Entreprises nationales	3 019	2 290	2 675	1 107	1 632	2 072	2 203	1 939
Entreprises sous contrôle étranger	1 531	875	1 490	905	873	1 288	2 620	1 893
Succursales d'entreprises étrangères	5	5	5	4	3	2	3	3
Ensemble des entreprises	3 024	2 296	2 681	1 111	1 636	2 075	2 206	1 942
Mixtes								
Entreprises nationales	10 023	10 854	11 652	11 676	11 289	12 780	12 440	12 173
Entreprises sous contrôle étranger	3 565	3 751	3 829	3 846	3 026	3 760	10 479	9 813
Succursales d'entreprises étrangères	0	0	..	0	0	0	0	0
Ensemble des entreprises	10 023	10 854	11 652	11 676	11 289	12 780	12 440	12 173
dont :								
Vie	5 599	6 338	6 047	6 011	5 955	7 193	6 817	6 194
Entreprises nationales	5 599	6 338	6 047	6 011	5 955	7 193	6 817	6 194
Entreprises sous contrôle étranger	2 117	2 297	2 281	2 274	1 630	2 235	3 500	3 281
Succursales d'entreprises étrangères	0	0	..	0	0	0	0	0
Ensemble des entreprises	5 599	6 338	6 047	6 011	5 955	7 193	6 817	6 194
Non-vie	4 425	4 516	5 605	5 665	5 335	5 588	5 623	5 980
Entreprises nationales	4 425	4 516	5 605	5 665	5 335	5 588	5 623	5 980
Entreprises sous contrôle étranger	1 448	1 454	1 549	1 572	1 396	1 525	6 979	6 532
Succursales d'entreprises étrangères	0	0	..	0	0	0	0	0
Ensemble des entreprises	4 425	4 516	5 605	5 665	5 335	5 588	5 623	5 980
Total								
Entreprises nationales	13 298	13 458	14 687	13 141	14 032	16 107	15 590	15 089
Entreprises sous contrôle étranger	5 096	4 626	5 464	4 891	4 613	5 885	14 018	12 665
Succursales d'entreprises étrangères	5	5	5	4	3	2	3	3
Ensemble des entreprises	13 304	13 463	14 692	13 145	14 036	16 109	15 593	15 092

AUTRICHE

Tableau 1. Agrégats sélectionnés (suite)

Millions EUR

	2010	2011	2012	2013	2014	2015	2016	2017
1.3 Commissions								
Vie								
Entreprises nationales	129	138	75	99	98	98	80	73
Entreprises sous contrôle étranger	0	0	17	5	70	70	79	72
Succursales d'entreprises étrangères	0	0	..	0	0	0	0	0
Ensemble des entreprises	129	138	75	99	98	98	80	73
Non-vie								
Entreprises nationales	519	548	338	354	398	386	399	408
Entreprises sous contrôle étranger	295	302	309	319	329	341	348	352
Succursales d'entreprises étrangères	1	2	2	2	1	1	1	2
Ensemble des entreprises	521	549	340	356	399	387	400	410
Mixtes								
Entreprises nationales	1 916	1 962	2 309	2 285	2 279	2 354	2 392	2 365
Entreprises sous contrôle étranger	712	717	750	752	666	739	734	725
Succursales d'entreprises étrangères	0	0	..	0	0	0	0	0
Ensemble des entreprises	1 916	1 962	2 309	2 285	2 279	2 354	2 392	2 365
dont :								
Vie	688	669	692	644	624	623	579	538
Entreprises nationales	688	669	692	644	624	623	579	538
Entreprises sous contrôle étranger	256	255	253	238	163	188	163	149
Succursales d'entreprises étrangères	0	0	..	0	0	0	0	0
Ensemble des entreprises	688	669	692	644	624	623	579	538
Non-vie	1 228	1 292	1 616	1 641	1 655	1 731	1 812	1 827
Entreprises nationales	1 228	1 292	1 616	1 641	1 655	1 731	1 812	1 827
Entreprises sous contrôle étranger	456	462	497	514	503	551	571	576
Succursales d'entreprises étrangères	0	0	..	0	0	0	0	0
Ensemble des entreprises	1 228	1 292	1 616	1 641	1 655	1 731	1 812	1 827
Total								
Entreprises nationales	2 564	2 647	2 722	2 738	2 775	2 839	2 871	2 846
Entreprises sous contrôle étranger	1 008	1 019	1 077	1 076	1 065	1 150	1 161	1 149
Succursales d'entreprises étrangères	1	2	2	2	1	1	1	2
Ensemble des entreprises	2 565	2 649	2 724	2 740	2 776	2 840	2 872	2 848
1.4 Dépenses brutes d'exploitation								
Vie								
Entreprises nationales	146	157	95	120	43	40	37	42
Entreprises sous contrôle étranger	0	0	0	14	30	30	36	41
Succursales d'entreprises étrangères	0	0	..	0	0	0	0	0
Ensemble des entreprises	146	157	95	120	43	40	37	42
Non-vie								
Entreprises nationales	906	672	860	697	153	143	192	191
Entreprises sous contrôle étranger	443	263	447	414	116	92	111	105
Succursales d'entreprises étrangères	3	3	3	3	1	1	1	1
Ensemble des entreprises	909	675	863	700	154	144	193	192
Mixtes								
Entreprises nationales	2 115	2 054	1 918	2 306	623	678	702	696
Entreprises sous contrôle étranger	723	667	695	699	167	185	177	181
Succursales d'entreprises étrangères	0	0	..	0	0	0	0	0
Ensemble des entreprises	2 115	2 054	1 918	2 306	623	678	702	696
dont :								
Vie	908	879	513	848	194	202	223	224
Entreprises nationales	908	879	513	848	194	202	223	224
Entreprises sous contrôle étranger	341	344	339	323	61	68	63	58
Succursales d'entreprises étrangères	0	0	..	0	0	0	0	0
Ensemble des entreprises	908	879	513	848	194	202	223	224
Non-vie	1 208	1 175	1 405	1 458	428	476	479	472
Entreprises nationales	1 208	1 175	1 405	1 458	428	476	479	472
Entreprises sous contrôle étranger	382	323	356	376	106	117	114	123
Succursales d'entreprises étrangères	0	0	..	0	0	0	0	0
Ensemble des entreprises	1 208	1 175	1 405	1 458	428	476	479	472
Total								
Entreprises nationales	3 167	2 883	2 873	3 124	819	861	930	929
Entreprises sous contrôle étranger	1 166	930	1 143	1 128	313	308	324	328
Succursales d'entreprises étrangères	3	3	3	3	1	1	1	1
Ensemble des entreprises	3 170	2 885	2 876	3 127	820	862	931	930

AUTRICHE

Tableau 1. Agrégats sélectionnés (suite)

Millions EUR

	2010	2011	2012	2013	2014	2015	2016	2017
1.5 Opérations à l'étranger par succursale, primes brutes								
Vie								
Succursales et agences	139	174	72	157	22	19	13	11
Filiales	..	..	..	..	..	..	..	..
Total	139	174	72	157	22	19	13	11
Non-vie								
Succursales et agences	141	219	149	159	198	204	217	215
Filiales	..	..	..	..	..	..	..	..
Total	141	219	149	159	198	204	217	215
Mixtes								
Succursales et agences	539	480	557	480	368	284	251	275
Filiales	..	..	..	..	..	..	..	..
Total	539	480	557	480	368	284	251	275
dont :								
Vie	407	233	168	140	103	78	83	78
Succursales et agences	407	233	168	140	103	78	83	78
Filiales	..	..	..	..	..	..	..	..
Total	407	233	168	140	103	78	83	78
Non-vie	132	246	389	340	266	206	168	198
Succursales et agences	132	246	389	340	266	206	168	198
Filiales	..	..	..	..	..	..	..	..
Total	132	246	389	340	266	206	168	198
Total								
Succursales et agences	818	873	778	796	587	507	481	501
Filiales	..	..	..	..	..	..	..	..
Total	818	873	778	796	587	507	481	501

.. Non disponible

Note : Voir les métadonnées détaillées sur : *http://metalinks.oecd.org/ins/20190221/b5ba.*

Source : Statistiques de l'OCDE sur les assurances (base de données)

AUTRICHE

Tableau 2. Nombre d'entreprises et d'employés

	2010	2011	2012	2013	2014	2015	2016	2017
2.1 Nombre d'entreprises								
Vie								
Entreprises nationales	3	3	3	3	7	7	6	6
Entreprises sous contrôle étranger	0	0	1	1	3	3	4	4
Succursales d'entreprises étrangères	0	0	0	0	0	0	0	0
Ensemble des entreprises	3	3	3	3	7	7	6	6
Non-vie								
Entreprises nationales	17	17	14	14	12	12	12	12
Entreprises sous contrôle étranger	9	8	7	7	8	8	8	8
Succursales d'entreprises étrangères	1	1	1	1	1	1	1	1
Ensemble des entreprises	18	18	15	15	13	13	13	13
Mixtes								
Entreprises nationales	28	28	27	26	21	20	17	17
Entreprises sous contrôle étranger	10	10	10	9	6	5	4	4
Succursales d'entreprises étrangères	0	0	0	0	0	0	0	0
Ensemble des entreprises	28	28	27	26	21	20	17	17
Réassurance								
Entreprises nationales	3	3	3	3	3	2	3	2
Entreprises sous contrôle étranger	2	2	2	1	2	1	1	0
Succursales d'entreprises étrangères	0	0	0	0	0	0	0	0
Ensemble des entreprises	3	3	3	3	3	2	3	2
Total								
Entreprises nationales	51	51	47	46	43	41	38	37
Entreprises sous contrôle étranger	21	20	20	18	19	17	17	16
Succursales d'entreprises étrangères	1	1	1	1	1	1	1	1
Ensemble des entreprises	52	52	48	47	44	42	39	38
2.2 Nombre d'employés								
Entreprises d'assurance	27 755	27 671	27 430	27 738	27 791	27 911	28 336	28 367
Intermédiaires	9 872	9 839	9 255	..	..	..	..	..
Total	27 755	27 671	27 430	27 738	27 791	27 911	28 336	28 367

.. Non disponible

Note : Voir les métadonnées détaillées sur : *http://metalinks.oecd.org/ins/20190221/b5ba.*

Source : Statistiques de l'OCDE sur les assurances (base de données)

BELGIQUE

Tableau 1. Agrégats sélectionnés

Millions EUR

	2010	2011	2012	2013	2014	2015	2016	2017
1.1 Opérations d'assurance conclues dans le pays déclarant								
1.1.1 Opérations d'assurance, par intérêt								
Primes brutes								
Entreprises nationales	29 575	29 363	32 640	28 251	28 863	27 712	27 493	27 299
Entreprises sous contrôle étranger	..	..	..	..	..	..	..	..
Succursales d'entreprises étrangères	..	..	..	..	..	..	..	..
Ensemble des entreprises	29 575	29 363	32 640	28 251	28 863	27 712	27 493	27 299
Primes cédées								
Entreprises nationales	1 773	1 441	2 417	2 474	3 251	3 183	3 520	3 412
Entreprises sous contrôle étranger	..	..	..	..	..	..	..	..
Succursales d'entreprises étrangères	..	..	..	..	..	..	..	..
Ensemble des entreprises	1 773	1 441	2 417	2 474	3 251	3 183	3 520	3 412
Primes nettes émises								
Entreprises nationales	27 802	27 922	30 223	25 777	25 612	24 529	23 973	23 887
Entreprises sous contrôle étranger	..	..	..	..	..	..	..	..
Succursales d'entreprises étrangères	..	..	..	..	..	..	..	..
Ensemble des entreprises	27 802	27 922	30 223	25 777	25 612	24 529	23 973	23 887
1.1.2 Opérations d'assurance par risque à l'étranger, primes brutes								
Vie	..	..	31	25	15	24	20	17
Non-vie	..	..	242	268	563	436	515	553
Mixtes	..	..	230	218	223	321	331	331
dont :								
Vie	..	..	77	53	39	38	23	17
Non-vie	..	..	153	165	184	282	308	313
Total	..	..	502	511	801	781	866	901
1.1.3 Paiement par catégories d'assurance, primes brutes (vie)								
Rentes	..	..	..	..	..	..	..	..
Unit linked	2 049	2 142	4 844	2 743	2 524	3 008	2 221	3 182
Autre assurance vie	17 092	16 324	16 235	13 501	13 723	12 302	12 674	11 424
Total Assurance Vie	19 141	18 467	21 078	16 244	16 247	15 310	14 895	14 606
***dont :** Contrats de retraite*	..	..	..	..	..	..	..	..
1.1.4 Paiement par catégories d'assurance, primes brutes (non-vie)								
L'assurance automobile	..	..	3 459	3 487	3 542	3 585	..	..
Les assurances transport (y compris maritime et aérien)	..	..	78	71	69	81	..	..
L'assurance de fret	..	..	116	104	100	73	..	..
L'assurance incendie et des dommages aux bien	..	..	2 573	2 696	2 755	2 708	..	..
L'assurance des pertes pécuniaires	..	..	407	404	725	598	..	..
L'assurance de la responsabilité civile générale	..	..	780	770	785	762	..	..
Les assurances accidents et maladie	..	..	3 361	3 592	3 695	3 653	..	..
***dont :** Maladie*	..	..	1 517	1 618	1 708	1 849	..	..
Autres assurances non-vie	..	..	737	825	885	888	..	..
Réassurance obligatoire	..	..	7	..	..	..	..	..
Total assurance non-vie	..	..	11 516	11 949	12 556	12 349	12 532	12 652
1.2 Paiements bruts des sinistres								
Vie								
Entreprises nationales	514	547	592	528	626	469	642	521
Entreprises sous contrôle étranger	..	..	..	..	..	..	..	..
Succursales d'entreprises étrangères	..	..	..	..	..	..	..	..
Ensemble des entreprises	..	..	592	528	626	469	642	521
Non-vie								
Entreprises nationales	1 496	1 512	1 898	1 960	2 272	2 363	2 539	2 316
Entreprises sous contrôle étranger	..	..	..	..	..	..	..	..
Succursales d'entreprises étrangères	..	..	..	..	..	..	..	..
Ensemble des entreprises	..	..	1 898	1 960	2 272	2 363	2 539	2 316
Mixtes								
Entreprises nationales	17 461	20 798	23 438	23 890	24 323	25 926	25 229	24 184
Entreprises sous contrôle étranger	..	..	..	..	..	..	..	..
Succursales d'entreprises étrangères	..	..	..	..	..	..	..	..
Ensemble des entreprises	..	..	23 438	23 890	24 323	25 926	25 229	24 184
dont :								
Vie	..	..	17 427	17 746	17 418	19 244	18 328	17 466
Entreprises nationales	12 194	15 232	17 427	17 746	17 418	19 244	18 328	17 466
Entreprises sous contrôle étranger	..	..	..	..	..	..	..	..
Succursales d'entreprises étrangères	..	..	..	..	..	..	..	..
Ensemble des entreprises	..	..	17 427	17 746	17 418	19 244	18 328	17 466
Non-vie	..	..	6 010	6 144	6 905	6 682	6 901	6 717
Entreprises nationales	5 267	5 566	6 010	6 144	6 905	6 682	6 901	6 717
Entreprises sous contrôle étranger	..	..	..	..	..	..	..	..
Succursales d'entreprises étrangères	..	..	..	..	..	..	..	..
Ensemble des entreprises	..	..	6 010	6 144	6 905	6 682	6 901	6 717
Total								
Entreprises nationales	19 470	22 857	25 928	26 378	27 222	28 758	28 410	27 020
Entreprises sous contrôle étranger	..	..	..	..	..	..	..	..
Succursales d'entreprises étrangères	..	..	..	..	..	..	..	..
Ensemble des entreprises	..	..	25 928	26 378	27 222	28 758	28 410	27 020

BELGIQUE

Tableau 1. Agrégats sélectionnés (suite)

Millions EUR

	2010	2011	2012	2013	2014	2015	2016	2017
1.3 Commissions								
Vie								
Entreprises nationales	74	54	59	55	45	47	55	56
Entreprises sous contrôle étranger	..	..	..	..	..	..	..	..
Succursales d'entreprises étrangères	..	..	..	..	..	..	..	..
Ensemble des entreprises	..	..	59	55	45	47	55	56
Non-vie								
Entreprises nationales	340	318	394	391	450	550	616	607
Entreprises sous contrôle étranger	..	..	..	..	..	..	..	..
Succursales d'entreprises étrangères	..	..	..	..	..	..	..	..
Ensemble des entreprises	..	..	394	391	450	550	616	607
Mixtes								
Entreprises nationales	2 118	2 209	2 397	2 446	2 478	2 493	2 484	2 536
Entreprises sous contrôle étranger	..	..	..	..	..	..	..	..
Succursales d'entreprises étrangères	..	..	..	..	..	..	..	..
Ensemble des entreprises	..	..	2 397	2 446	2 478	2 493	2 484	2 536
dont :								
Vie	..	..	905	875	852	833	765	756
Entreprises nationales	808	826	905	875	852	833	765	756
Entreprises sous contrôle étranger	..	..	..	..	..	..	..	..
Succursales d'entreprises étrangères	..	..	..	..	..	..	..	..
Ensemble des entreprises	..	..	905	875	852	833	765	756
Non-vie	..	..	1 493	1 572	1 626	1 660	1 719	1 779
Entreprises nationales	1 310	1 382	1 493	1 572	1 626	1 660	1 719	1 779
Entreprises sous contrôle étranger	..	..	..	..	..	..	..	..
Succursales d'entreprises étrangères	..	..	..	..	..	..	..	..
Ensemble des entreprises	..	..	1 493	1 572	1 626	1 660	1 719	1 779
Total								
Entreprises nationales	2 531	2 581	2 851	2 892	2 973	3 090	3 155	3 198
Entreprises sous contrôle étranger	..	..	..	..	..	..	..	..
Succursales d'entreprises étrangères	..	..	..	..	..	..	..	..
Ensemble des entreprises	..	..	2 851	2 892	2 973	3 090	3 155	3 198
1.4 Dépenses brutes d'exploitation								
Vie								
Entreprises nationales	135	115	118	58	41	45	47	51
Entreprises sous contrôle étranger	..	..	..	..	..	..	..	..
Succursales d'entreprises étrangères	..	..	..	..	..	..	..	..
Ensemble des entreprises	..	..	118	58	41	45	47	51
Non-vie								
Entreprises nationales	648	621	806	386	643	618	641	678
Entreprises sous contrôle étranger	..	..	..	..	..	..	..	..
Succursales d'entreprises étrangères	..	..	..	..	..	..	..	..
Ensemble des entreprises	..	..	806	386	643	618	641	678
Mixtes								
Entreprises nationales	4 007	4 176	4 401	2 084	2 197	2 205	2 320	2 402
Entreprises sous contrôle étranger	..	..	..	..	..	..	..	..
Succursales d'entreprises étrangères	..	..	..	..	..	..	..	..
Ensemble des entreprises	..	..	4 401	2 084	2 197	2 205	2 320	2 402
dont :								
Vie	..	..	1 702	830	833	824	859	869
Entreprises nationales	1 560	1 597	1 702	830	833	824	859	869
Entreprises sous contrôle étranger	..	..	..	..	..	..	..	..
Succursales d'entreprises étrangères	..	..	..	..	..	..	..	..
Ensemble des entreprises	..	..	1 702	830	833	824	859	869
Non-vie	..	..	2 699	1 254	1 364	1 382	1 461	1 533
Entreprises nationales	2 446	2 579	2 699	1 254	1 364	1 382	1 461	1 533
Entreprises sous contrôle étranger	..	..	..	..	..	..	..	..
Succursales d'entreprises étrangères	..	..	..	..	..	..	..	..
Ensemble des entreprises	..	..	2 699	1 254	1 364	1 382	1 461	1 533
Total								
Entreprises nationales	4 790	4 912	5 325	2 528	2 881	2 868	3 008	3 130
Entreprises sous contrôle étranger	..	..	..	..	..	..	..	..
Succursales d'entreprises étrangères	..	..	..	..	..	..	..	..
Ensemble des entreprises	..	..	5 325	2 528	2 881	2 868	3 008	3 130

BELGIQUE

Tableau 1. Agrégats sélectionnés (suite)

Millions EUR

	2010	2011	2012	2013	2014	2015	2016	2017
1.5 Opérations à l'étranger par succursale, primes brutes								
Vie								
Succursales et agences	..	..	2	2	2	0	0	0
Filiales	..	..	..	..	..	..	..	..
Total	..	..	2	2	2	..	0	0
Non-vie								
Succursales et agences	..	..	698	727	1 572	1 931	1 854	1 843
Filiales	..	..	..	..	..	..	..	..
Total	..	..	698	727	1 572	1 931	1 854	1 843
Mixtes								
Succursales et agences	..	..	442	448	1 121	1 156	1 197	1 337
Filiales	..	..	..	..	..	..	..	..
Total	..	..	442	448	1 121	1 156	1 197	1 337
dont :								
Vie	..	..	32	28	16	16	14	61
Succursales et agences	..	..	32	28	16	16	14	61
Filiales	..	..	..	..	..	..	..	..
Total	..	..	32	28	16	16	14	61
Non-vie	..	..	409	421	1 105	1 141	1 183	1 276
Succursales et agences	..	..	409	421	1 105	1 141	1 183	1 276
Filiales	..	..	..	..	..	..	..	..
Total	..	..	409	421	1 105	1 141	1 183	1 276
Total								
Succursales et agences	..	..	1 142	1 178	2 696	3 087	3 051	3 181
Filiales	..	..	..	..	..	..	..	..
Total	..	..	1 142	1 178	2 696	3 087	3 051	3 181

.. Non disponible

Note : Voir les métadonnées détaillées sur : *http://metalinks.oecd.org/ins/20190221/adf1.*

Source : Statistiques de l'OCDE sur les assurances (base de données)

BELGIQUE

Tableau 2. Nombre d'entreprises et d'employés

	2010	2011	2012	2013	2014	2015	2016	2017
2.1 Nombre d'entreprises								
Vie								
Entreprises nationales	20	18	17	16	15	15	12	10
Entreprises sous contrôle étranger	..	..	..	..	..	..	..	..
Succursales d'entreprises étrangères	8	8	7	7	8	8	10	10
Ensemble des entreprises	28	26	24	23	23	23	22	20
Non-vie								
Entreprises nationales	54	53	49	44	42	41	38	34
Entreprises sous contrôle étranger	..	..	..	..	..	..	..	..
Succursales d'entreprises étrangères	40	44	36	36	36	32	32	33
Ensemble des entreprises	94	97	85	80	78	73	70	67
Mixtes								
Entreprises nationales	23	24	23	23	23	23	22	23
Entreprises sous contrôle étranger	..	..	..	..	..	..	..	..
Succursales d'entreprises étrangères	2	2	2	2	2	2	2	2
Ensemble des entreprises	25	26	25	25	25	25	24	25
Réassurance								
Entreprises nationales	2	2	1	1	1	1	1	1
Entreprises sous contrôle étranger	..	..	..	..	..	..	..	..
Succursales d'entreprises étrangères	0	0	1	1	1	1	1	1
Ensemble des entreprises	2	2	2	2	2	2	2	2
Total								
Entreprises nationales	99	97	90	84	81	80	73	68
Entreprises sous contrôle étranger	..	..	..	..	..	..	..	..
Succursales d'entreprises étrangères	50	54	46	46	47	43	45	46
Ensemble des entreprises	149	151	136	130	128	123	118	114
2.2 Nombre d'employés								
Entreprises d'assurance	23 833	25 083	..	..	..	..	..	..
Intermédiaires	18 075	..	..	..	..	..	..	..
Total	41 908	..	..	..	..	..	..	..

.. Non disponible

Note : Voir les métadonnées détaillées sur : *http://metalinks.oecd.org/ins/20190221/adf1*.

Source : Statistiques de l'OCDE sur les assurances (base de données)

CANADA

Tableau 1. Agrégats sélectionnés

Millions CAD

	2010	2011	2012	2013	2014	2015	2016	2017
1.1 Opérations d'assurance conclues dans le pays déclarant								
1.1.1 Opérations d'assurance, par intérêt								
Primes brutes								
Entreprises nationales	78 875	83 513	87 337	91 830	81 347	86 082	..	..
Entreprises sous contrôle étranger	11 288	11 273	11 465	11 237	18 957	17 321	..	..
Succursales d'entreprises étrangères	9 464	9 502	9 621	9 651	21 604	20 840	..	..
Ensemble des entreprises	88 339	93 014	96 958	101 481	102 951	106 922	..	..
Primes cédées								
Entreprises nationales	16 638	21 174	23 483	25 176	22 771	25 855	..	..
Entreprises sous contrôle étranger	2 465	2 550	2 413	2 504	5 070	4 912	..	..
Succursales d'entreprises étrangères	2 014	1 923	2 405	2 094	4 469	4 735	..	..
Ensemble des entreprises	18 651	23 097	25 888	27 270	27 240	30 590	..	..
Primes nettes émises								
Entreprises nationales	62 237	62 338	63 854	66 655	58 576	60 227	..	..
Entreprises sous contrôle étranger	8 823	8 723	9 052	8 733	13 888	12 410	..	..
Succursales d'entreprises étrangères	7 450	7 579	7 216	7 557	17 135	16 104	..	..
Ensemble des entreprises	69 687	69 917	71 070	74 212	75 710	76 331	..	..
1.1.2 Opérations d'assurance par risque à l'étranger, primes brutes								
Vie	..	..	..	..	..	..	..	..
Non-vie	..	..	..	..	..	..	..	..
Mixtes	..	..	..	..	..	..	..	..
dont :								
Vie	..	..	..	..	..	..	..	..
Non-vie	..	..	..	..	..	..	..	..
Total	..	..	..	..	..	..	..	..
1.1.3 Paiement par catégories d'assurance, primes brutes (vie)								
Rentes	7 815	6 457	5 276	6 263	5 562	5 539	..	..
Unit linked	70	..	..	..	..	..	..	..
Autre assurance vie	19 212	..	..	..	..	..	..	..
Total Assurance Vie	39 093	..	..	..	..	..	..	..
***dont :** Contrats de retraite*	1 598	..	..	..	..	..	..	..
1.1.4 Paiement par catégories d'assurance, primes brutes (non-vie)								
L'assurance automobile	18 191	20 277	21 805	22 857	21 007	21 426	..	..
Les assurances transport (y compris maritime et aérien)	650	656	672	630	773	716	..	..
L'assurance de fret	..	..	..	..	..	..	..	..
L'assurance incendie et des dommages aux bien	13 483	15 268	16 577	16 687	18 994	19 992	..	..
L'assurance des pertes pécuniaires	1 643	1 716	1 785	1 748	2 271	2 613	..	..
L'assurance de la responsabilité civile générale	4 797	5 054	5 197	5 267	5 830	6 289	..	..
Les assurances accidents et maladie	18 043	25 743	19 672	20 262	25 708	26 370	..	..
***dont :** Maladie*	..	..	..	..	..	..	..	..
Autres assurances non-vie	6	8	14	32	138	275	..	..
Réassurance obligatoire	..	..	..	..	..	..	..	..
Total assurance non-vie	56 813	68 723	65 723	67 482	74 721	77 682	..	..
1.2 Paiements bruts des sinistres								
Vie								
Entreprises nationales	0	0	0	0	0	0	..	..
Entreprises sous contrôle étranger	0	0	0	0	0	0	..	..
Succursales d'entreprises étrangères	25	27	28	36	41	13	..	..
Ensemble des entreprises	25	27	28	36	41	13	..	..
Non-vie								
Entreprises nationales	21 444	23 354	24 435	28 506	25 194	25 500	..	..
Entreprises sous contrôle étranger	4 666	5 150	4 939	5 566	8 332	8 552	..	..
Succursales d'entreprises étrangères	5 971	5 840	4 875	5 242	5 901	4 694	..	..
Ensemble des entreprises	27 415	29 193	29 310	33 748	31 095	30 193	..	..
Mixtes								
Entreprises nationales	13 016	10 525	10 851	11 227	9 477	10 030	..	..
Entreprises sous contrôle étranger	773	666	731	736	881	303	..	..
Succursales d'entreprises étrangères	220	160	163	159	7 182	7 161	..	..
Ensemble des entreprises	13 236	10 685	11 014	11 386	16 659	17 190	..	..
dont :								
Vie	5 224	4 599	4 749	4 969	5 480	5 747	..	..
Entreprises nationales	5 096	4 523	4 650	4 869	3 858	4 186	..	..
Entreprises sous contrôle étranger	301	190	189	190	344	188	..	..
Succursales d'entreprises étrangères	128	76	99	99	1 622	1 561	..	..
Ensemble des entreprises	5 224	4 599	4 749	4 969	5 480	5 747	..	..
Non-vie	8 012	6 085	6 264	6 417	11 179	11 444	..	..
Entreprises nationales	7 920	6 002	6 201	6 357	5 620	5 844	..	..
Entreprises sous contrôle étranger	472	475	542	546	537	115	..	..
Succursales d'entreprises étrangères	92	83	63	60	5 560	5 600	..	..
Ensemble des entreprises	8 012	6 085	6 264	6 417	11 179	11 444	..	..
Total								
Entreprises nationales	34 460	33 879	35 286	39 733	34 671	35 529	..	..
Entreprises sous contrôle étranger	5 440	5 816	5 670	6 301	9 213	8 854	..	..
Succursales d'entreprises étrangères	6 216	6 026	5 066	5 437	13 124	11 867	..	..
Ensemble des entreprises	40 676	39 905	40 351	45 170	47 795	47 396	..	..

CANADA

Tableau 1. Agrégats sélectionnés (suite)

Millions CAD

	2010	2011	2012	2013	2014	2015	2016	2017
1.3 Commissions								
Vie								
Entreprises nationales	0	0	0	0	..	0	..	..
Entreprises sous contrôle étranger	0	0	0	0	..	..	..	..
Succursales d'entreprises étrangères	11	10	12	10	..	0	..	..
Ensemble des entreprises	11	10	12	10	..	0	..	..
Non-vie								
Entreprises nationales	4 055	4 305	4 719	4 781	..	5 441	..	..
Entreprises sous contrôle étranger	932	91	1 115	1 092	..	1 882	..	..
Succursales d'entreprises étrangères	1 070	1 102	1 077	1 095	..	1 104	..	..
Ensemble des entreprises	5 125	5 407	5 796	5 876	..	6 545	..	..
Mixtes								
Entreprises nationales	5 232	5 539	5 505	5 558	..	4 787	..	..
Entreprises sous contrôle étranger	377	377	258	239	..	97	..	..
Succursales d'entreprises étrangères	169	158	147	145	..	193	..	..
Ensemble des entreprises	5 401	5 697	5 652	5 703	..	4 980	..	..
dont :								
Vie	4 026	4 212	4 239	4 291	..	3 572	..	..
Entreprises nationales	3 920	4 115	4 150	4 213	..	3 457	..	..
Entreprises sous contrôle étranger	273	285	172	173	..	65	..	..
Succursales d'entreprises étrangères	106	97	89	78	..	115	..	..
Ensemble des entreprises	4 026	4 212	4 239	4 291	..	3 572	..	..
Non-vie	1 375	1 485	1 413	1 412	..	1 408	..	..
Entreprises nationales	1 312	1 424	1 355	1 345	..	1 330	..	..
Entreprises sous contrôle étranger	104	91	86	66	..	32	..	..
Succursales d'entreprises étrangères	63	61	58	67	..	78	..	..
Ensemble des entreprises	1 375	1 485	1 413	1 412	..	1 408	..	..
Total								
Entreprises nationales	9 287	9 844	10 224	10 339	..	10 228	..	..
Entreprises sous contrôle étranger	1 309	467	1 373	1 331	..	1 979	..	..
Succursales d'entreprises étrangères	1 250	1 270	1 235	1 249	..	1 298	..	..
Ensemble des entreprises	10 537	11 114	11 460	11 588	..	11 526	..	..
1.4 Dépenses brutes d'exploitation								
Vie								
Entreprises nationales	18	20	22	23	24	22	..	..
Entreprises sous contrôle étranger	0	0	0	..	0	0	..	..
Succursales d'entreprises étrangères	27	29	32	27	28	15	..	..
Ensemble des entreprises	45	49	53	50	52	37	..	..
Non-vie								
Entreprises nationales	4 707	5 235	5 774	6 023	4 032	4 493	..	..
Entreprises sous contrôle étranger	1 310	1 385	1 465	1 409	1 385	1 488	..	..
Succursales d'entreprises étrangères	929	931	1 001	1 017	855	689	..	..
Ensemble des entreprises	5 636	6 166	6 775	7 040	4 887	5 182	..	..
Mixtes								
Entreprises nationales	13 129	10 675	12 274	13 728	12 612	14 400	..	..
Entreprises sous contrôle étranger	557	558	557	571	736	187	..	..
Succursales d'entreprises étrangères	124	119	110	117	206	272	..	..
Ensemble des entreprises	13 253	10 794	12 384	13 845	12 818	14 672	..	..
dont :								
Vie	..	..	..	..	..	..	..	..
Entreprises nationales	..	..	..	..	..	..	..	..
Entreprises sous contrôle étranger	..	..	..	..	..	..	..	..
Succursales d'entreprises étrangères	..	..	..	..	..	..	..	..
Ensemble des entreprises	..	..	..	..	..	..	..	..
Non-vie	..	..	..	..	..	..	..	..
Entreprises nationales	..	..	..	..	..	..	..	..
Entreprises sous contrôle étranger	..	..	..	..	..	..	..	..
Succursales d'entreprises étrangères	..	..	..	..	..	..	..	..
Ensemble des entreprises	..	..	..	..	..	..	..	..
Total								
Entreprises nationales	17 854	15 930	18 069	19 774	16 668	18 915	..	..
Entreprises sous contrôle étranger	1 868	1 943	2 021	1 981	2 121	1 675	..	..
Succursales d'entreprises étrangères	1 079	1 079	1 143	1 161	1 089	976	..	..
Ensemble des entreprises	18 933	17 009	19 212	20 934	17 757	19 891	..	..

CANADA

Tableau 1. Agrégats sélectionnés (suite)

Millions CAD

	2010	2011	2012	2013	2014	2015	2016	2017
1.5 Opérations à l'étranger par succursale, primes brutes								
Vie								
Succursales et agences	..	..	..	..	..	..	..	..
Filiales	..	..	..	..	..	..	..	..
Total	..	..	..	..	0	0	..	..
Non-vie								
Succursales et agences	..	..	..	..	..	..	..	..
Filiales	..	..	..	..	..	..	..	..
Total	250	545	548	1 018	1 320	1 500	..	..
Mixtes								
Succursales et agences	..	..	..	..	..	..	..	..
Filiales	..	..	..	..	..	..	..	..
Total	36 677	34 423	37 741	7 942	31 162	40 235	..	..
dont :								
Vie	..	..	..	..	27 224	..	..	..
Succursales et agences	..	..	..	..	..	..	..	..
Filiales	..	..	..	..	..	..	..	..
Total	..	..	..	..	27 224	..	..	..
Non-vie	..	..	..	..	3 939	..	..	..
Succursales et agences	..	..	..	..	..	..	..	..
Filiales	..	..	..	..	..	..	..	..
Total	..	..	..	..	3 939	..	..	..
Total								
Succursales et agences	..	..	..	..	..	..	..	..
Filiales	..	..	..	..	..	..	..	..
Total	36 927	34 968	38 289	8 959	32 482	41 736	..	..

.. Non disponible

Note : Voir les métadonnées détaillées sur : *http://metalinks.oecd.org/ins/20190221/4c54.*

Source : Statistiques de l'OCDE sur les assurances (base de données)

CANADA

Tableau 2. Nombre d'entreprises et d'employés

	2010	2011	2012	2013	2014	2015	2016	2017
2.1 Nombre d'entreprises								
Vie								
Entreprises nationales	1	1	1	1	1	1	..	..
Entreprises sous contrôle étranger	0	0	0	0	0	0	..	..
Succursales d'entreprises étrangères	7	5	5	5	5	5	..	..
Ensemble des entreprises	8	6	6	6	6	6	..	..
Non-vie								
Entreprises nationales	87	86	84	60	66	66	..	..
Entreprises sous contrôle étranger	23	23	23	22	28	28	..	..
Succursales d'entreprises étrangères	66	61	60	60	60	58	..	..
Ensemble des entreprises	153	147	144	120	126	124	..	..
Mixtes								
Entreprises nationales	44	43	43	34	34	33	..	..
Entreprises sous contrôle étranger	11	10	10	10	9	7	..	..
Succursales d'entreprises étrangères	26	26	21	26	23	22	..	..
Ensemble des entreprises	70	69	64	60	57	55	..	..
Réassurance								
Entreprises nationales	6	6	6	6	5	5	..	..
Entreprises sous contrôle étranger	5	6	6	6	5	5	..	..
Succursales d'entreprises étrangères	24	28	27	28	25	26	..	..
Ensemble des entreprises	30	34	33	34	30	31	..	..
Total								
Entreprises nationales	138	136	134	101	106	105	..	..
Entreprises sous contrôle étranger	39	39	39	38	42	40	..	..
Succursales d'entreprises étrangères	123	120	113	119	113	111	..	..
Ensemble des entreprises	261	256	247	220	219	216	..	..
2.2 Nombre d'employés								
Entreprises d'assurance	..	..	..	..	..	..	..	..
Intermédiaires	..	..	..	..	..	..	..	..
Total	..	..	..	..	..	..	..	..

.. Non disponible

Note : Voir les métadonnées détaillées sur : *http://metalinks.oecd.org/ins/20190221/4c54.*

Source : Statistiques de l'OCDE sur les assurances (base de données)

CHILI

Tableau 1. Agrégats sélectionnés

Millions CLP

	2010	2011	2012	2013	2014	2015	2016	2017
1.1 Opérations d'assurance conclues dans le pays déclarant								
1.1.1 Opérations d'assurance, par intérêt								
Primes brutes								
Entreprises nationales	4 239 694	4 691 200	5 496 223	5 832 221	6 260 019	7 465 743	8 394 971	8 344 320
Entreprises sous contrôle étranger	2 335 007	2 270 671	2 821 041	3 056 166	3 211 682	3 614 011	4 422 880	4 504 671
Succursales d'entreprises étrangères	0	..	..	..	..	..	..	..
Ensemble des entreprises	4 239 694	4 691 200	5 496 223	5 832 221	6 260 019	7 465 743	8 394 971	8 344 320
Primes cédées								
Entreprises nationales	..	911 543	930 906	906 942	998 507	1 135 872	1 310 392	1 382 346
Entreprises sous contrôle étranger	..	648 512	671 333	647 814	676 439	749 522	953 240	901 373
Succursales d'entreprises étrangères	..	..	..	..	..	..	..	..
Ensemble des entreprises	..	911 543	930 906	906 942	998 507	1 135 872	1 310 392	1 382 346
Primes nettes émises								
Entreprises nationales	..	3 779 657	4 565 317	4 925 279	5 261 513	6 329 871	7 084 578	6 961 974
Entreprises sous contrôle étranger	..	1 622 159	2 149 709	2 408 352	2 535 243	2 864 489	3 469 640	3 603 299
Succursales d'entreprises étrangères	..	..	..	..	..	..	..	..
Ensemble des entreprises	..	3 779 657	4 565 317	4 925 279	5 261 513	6 329 871	7 084 578	6 961 974
1.1.2 Opérations d'assurance par risque à l'étranger, primes brutes								
Vie	..	0	..	..	..	..	..	..
Non-vie	..	0	..	..	..	..	..	..
Mixtes total	..	..	..	..	..	..	..	..
Total	..	0	..	..	..	..	..	..
1.1.3 Paiement par catégories d'assurance, primes brutes (vie)								
Rentes	1 067 841	1 105 236	1 623 894	1 729 819	1 692 693	2 343 736	2 759 473	2 456 649
Unit linked	196 316	201 183	213 028	318 975	475 508	613 110	712 539	728 441
Autre assurance vie	1 531 021	1 625 966	1 761 476	1 827 419	1 948 628	2 123 123	2 373 130	2 560 094
Total assurance vie	2 795 177	2 932 385	3 598 399	3 876 213	4 116 829	5 079 969	5 845 142	5 745 185
***dont :** Contrats de retraite*	0	1 340 726	..	..	..	..	..	..
1.1.4 Paiement par catégories d'assurance, primes brutes (non-vie)								
L'assurance automobile	348 409	420 964	480 767	467 370	509 632	554 020	607 928	658 852
Les assurances transport (y compris maritime et aérien)	75 737	92 530	93 208	117 884	129 698	148 074	132 318	134 870
L'assurance de fret	0	0	0	0	0	0	0	0
L'assurance incendie et des dommages aux bien	539 516	663 739	726 707	711 066	788 536	901 636	926 988	899 548
L'assurance des pertes pécuniaires	49 420	58 737	62 661	55 877	62 708	73 291	81 763	83 750
L'assurance de la responsabilité civile générale	52 327	69 048	80 035	52 154	56 828	41 342	34 468	30 188
Les assurances accidents et maladie	123 267	115 563	117 127	25 789	30 296	46 180	53 105	66 796
***dont :** Maladie*	571	943	1 362	1 349	6 186	2 268	8 145	7 442
Autres assurances non-vie	252 717	336 427	335 850	524 059	561 863	602 569	651 596	675 973
Réassurance obligatoire	0	0	0	0	0	0	0	0
Total assurance non-vie	1 441 393	1 757 008	1 896 354	1 954 198	2 139 562	2 367 113	2 488 165	2 549 976
1.2 Paiements bruts des sinistres								
Vie								
Entreprises nationales	2 989 991	2 914 714	3 393 850	3 714 398	4 027 828	2 853 170	3 342 724	3 838 076
Entreprises sous contrôle étranger	1 103 085	989 305	1 353 122	1 551 286	1 580 430	1 020 903	1 219 666	1 524 203
Succursales d'entreprises étrangères	0	0	..	..	..	..	..	..
Ensemble des entreprises	2 989 991	2 914 714	3 393 850	3 714 398	4 027 828	2 853 170	3 342 724	3 838 076
Non-vie								
Entreprises nationales	4 196 890	658 815	874 913	896 672	260 092	1 421 296	1 491 740	1 515 015
Entreprises sous contrôle étranger	3 421 645	420 283	524 939	541 982	157 970	889 183	1 193 951	1 168 469
Succursales d'entreprises étrangères	0	0	..	..	..	..	..	..
Ensemble des entreprises	4 196 890	658 815	874 913	896 672	260 092	1 421 296	1 491 740	1 515 015
Mixtes, ensemble des entreprises	..	..	..	..	..	..	..	..
Total								
Entreprises nationales	7 186 881	3 573 529	4 268 763	4 611 070	4 287 920	4 274 466	4 834 464	5 353 090
Entreprises sous contrôle étranger	4 524 730	1 409 588	1 878 061	2 093 268	1 738 400	1 910 087	2 413 617	2 692 672
Succursales d'entreprises étrangères	0	0	..	..	..	..	..	..
Ensemble des entreprises	7 186 881	3 573 529	4 268 763	4 611 070	4 287 920	4 274 466	4 834 464	5 353 090
1.3 Commissions								
Vie								
Entreprises nationales	183 002	182 335	228 573	248 645	263 060	301 418	318 445	330 472
Entreprises sous contrôle étranger	97 836	86 321	118 560	131 550	139 650	164 172	159 299	171 055
Succursales d'entreprises étrangères	0	0	..	..	..	..	..	..
Ensemble des entreprises	183 002	182 335	228 573	248 645	263 060	301 418	318 445	330 472
Non-vie								
Entreprises nationales	171 903	205 222	224 665	230 945	260 092	287 918	312 001	322 793
Entreprises sous contrôle étranger	114 424	134 674	142 291	140 238	157 970	171 469	242 835	238 778
Succursales d'entreprises étrangères	0	0	..	..	..	..	..	..
Ensemble des entreprises	171 903	205 222	224 665	230 945	260 092	287 918	312 001	322 793
Mixtes, ensemble des entreprises	..	..	..	..	..	..	..	..
Total								
Entreprises nationales	354 905	387 557	453 238	479 590	523 153	589 336	630 445	653 265
Entreprises sous contrôle étranger	212 260	220 996	260 851	271 787	297 621	335 641	402 134	409 832
Succursales d'entreprises étrangères	0	0	..	..	..	..	..	..
Ensemble des entreprises	354 905	387 557	453 238	479 590	523 153	589 336	630 445	653 265

CHILI

Tableau 1. Agrégats sélectionnés (suite)

Millions CLP

	2010	2011	2012	2013	2014	2015	2016	2017
1.4 Dépenses brutes d'exploitation								
Vie								
Entreprises nationales	497 317	502 620	519 184	549 344	583 313	612 178	664 997	732 176
Entreprises sous contrôle étranger	271 689	242 660	250 271	268 515	284 692	308 320	316 103	364 993
Succursales d'entreprises étrangères	0	0	..	..	..	..	..	..
Ensemble des entreprises	497 317	502 620	519 184	549 344	583 313	612 178	664 997	732 176
Non-vie								
Entreprises nationales	290 845	331 560	339 044	359 066	382 886	412 676	457 861	501 804
Entreprises sous contrôle étranger	214 753	241 486	239 100	251 791	266 721	288 658	367 114	406 682
Succursales d'entreprises étrangères	0	0	..	..	..	..	..	..
Ensemble des entreprises	290 845	331 560	339 044	359 066	382 886	412 676	457 861	501 804
Mixtes, ensemble des entreprises	..	..	..	..	..	..	..	..
Total								
Entreprises nationales	788 162	834 180	858 228	908 410	966 199	1 024 854	1 122 857	1 233 980
Entreprises sous contrôle étranger	486 443	484 145	489 370	520 306	551 413	596 978	683 216	771 674
Succursales d'entreprises étrangères	0	0	..	..	..	..	..	..
Ensemble des entreprises	788 162	834 180	858 228	908 410	966 199	1 024 854	1 122 857	1 233 980
1.5 Opérations à l'étranger par succursale, primes brutes								
Vie								
Succursales et agences	..	0	..	..	..	..	..	..
Filiales	..	0	..	..	..	..	..	..
Total	..	0	..	..	..	..	..	..
Non-vie								
Succursales et agences	..	0	..	..	..	..	..	..
Filiales	..	0	..	..	..	..	..	..
Total	..	0	..	..	..	..	..	..
Mixtes total	..	..	..	..	..	..	..	..
Total								
Succursales et agences	..	0	..	..	..	..	..	..
Filiales	..	0	..	..	..	..	..	..
Total	..	0	..	..	..	..	..	..

.. Non disponible

Note : Voir les métadonnées détaillées sur : *http://metalinks.oecd.org/ins/20190221/cf38.*

Source : Statistiques de l'OCDE sur les assurances (base de données)

CHILI

Tableau 2. Nombre d'entreprises et d'employés

	2010	2011	2012	2013	2014	2015	2016	2017
2.1 Nombre d'entreprises								
Vie								
Entreprises nationales	31	30	32	33	34	36	36	36
Entreprises sous contrôle étranger	12	12	11	12	12	13	13	15
Succursales d'entreprises étrangères	0	0	..	..	..	..	0	..
Ensemble des entreprises	31	30	32	33	34	36	36	36
Non-vie								
Entreprises nationales	26	27	28	29	29	30	30	32
Entreprises sous contrôle étranger	15	16	16	18	17	18	11	19
Succursales d'entreprises étrangères	0	0	..	..	..	..	0	..
Ensemble des entreprises	26	27	28	29	29	30	30	32
Mixtes, ensemble des entreprises	**0**	**0**	**0**	**0**	**0**	**0**	**0**	..
Réassurance								
Entreprises nationales	1	1	1	1	1	1	1	1
Entreprises sous contrôle étranger	1	1	1	1	1	..	1	1
Succursales d'entreprises étrangères	0	0	..	..	..	..	0	..
Ensemble des entreprises	1	1	1	1	1	1	1	1
Total								
Entreprises nationales	58	58	61	63	64	67	67	69
Entreprises sous contrôle étranger	28	29	28	31	30	31	25	35
Succursales d'entreprises étrangères	0	0	..	..	..	..	0	..
Ensemble des entreprises	58	58	61	63	64	67	67	69
2.2 Nombre d'employés								
Entreprises d'assurance	13 554	14 366	16 304	16 686	17 039	15 368	16 414	16 859
Intermédiaires	6 828	7 211	6 828	7 046	6 959	7 499	7 599	7 663
Total	20 382	21 577	23 132	23 732	23 998	22 867	24 013	24 522

.. Non disponible
Note : Voir les métadonnées détaillées sur : *http://metalinks.oecd.org/ins/20190221/cf38.*
Source : Statistiques de l'OCDE sur les assurances (base de données)

RÉPUBLIQUE TCHÈQUE

Tableau 1. Agrégats sélectionnés

Millions CZK

	2010	2011	2012	2013	2014	2015	2016	2017
1.1 Opérations d'assurance conclues dans le pays déclarant								
1.1.1 Opérations d'assurance, par intérêt								
Primes brutes								
Entreprises nationales	147 259	146 494	145 572	147 955	148 755	140 688	135 581	138 186
Entreprises sous contrôle étranger	136 170	134 999	134 114	135 671	137 200	129 432	124 165	125 585
Succursales d'entreprises étrangères	8 723	8 598	8 026	8 567	9 164	11 159	11 102	11 459
Ensemble des entreprises	155 981	155 092	153 597	156 522	157 919	151 846	146 683	149 645
Primes cédées								
Entreprises nationales	26 327	27 642	27 730	29 333	29 915	29 857	28 913	30 449
Entreprises sous contrôle étranger	23 843	24 903	24 826	26 054	26 601	26 578	25 450	26 230
Succursales d'entreprises étrangères	1 174	1 120	984	1 016	1 250	1 561	1 993	1 484
Ensemble des entreprises	27 502	28 762	28 714	30 349	31 165	31 418	30 905	31 933
Primes nettes émises								
Entreprises nationales	120 931	118 852	117 842	118 623	118 839	110 831	106 669	107 737
Entreprises sous contrôle étranger	112 327	110 096	109 288	109 617	110 598	102 854	98 714	99 356
Succursales d'entreprises étrangères	7 548	7 478	7 041	7 550	7 914	9 598	9 109	9 976
Ensemble des entreprises	128 480	126 330	124 884	126 173	126 754	120 429	115 778	117 713
1.1.2 Opérations d'assurance par risque à l'étranger, primes brutes								
Vie	..	2	3	0	0	0	0	0
Non-vie	..	814	931	741	993	524	274	738
Mixtes	..	1 553	1 681	1 780	2 121	1 867	1 843	2 777
dont :								
Vie	..	1	0	37	360	4	0	1 805
Non-vie	..	1 553	1 681	1 742	1 761	1 863	1 843	972
Total	..	2 370	2 614	2 521	3 113	2 390	2 117	3 515
1.1.3 Paiement par catégories d'assurance, primes brutes (vie)								
Rentes	2 082	1 881	1 810	1 775	1 505	1 413	..	..
Unit linked	33 956	36 584	37 799	34 764	37 632	35 125	26 131	25 608
Autre assurance vie	35 710	33 543	32 437	35 030	32 042	25 876	33 110	31 425
Total Assurance Vie	71 748	72 008	72 046	71 569	71 179	62 414	59 240	57 033
dont : *Contrats de retraite*	..	..	..	..	..	..	..	0
1.1.4 Paiement par catégories d'assurance, primes brutes (non-vie)								
L'assurance automobile	38 467	35 827	34 350	35 804	37 855	39 633	38 212	40 533
Les assurances transport (y compris maritime et aérien)	289	274	243	214	294	331	912	1 073
L'assurance de fret	378	385	336	393	461	466	0	..
L'assurance incendie et des dommages aux bien	20 151	20 586	20 832	21 442	21 687	22 655	23 042	24 244
L'assurance des pertes pécuniaires	5 047	5 413	5 190	5 920	4 933	3 770	3 959	4 030
L'assurance de la responsabilité civile générale	12 128	12 416	12 420	12 869	13 164	13 810	13 609	14 559
Les assurances accidents et maladie	5 491	5 708	5 523	5 482	5 342	5 393	5 136	5 460
dont : *Maladie*	0	0	0	0	0	0	0	2 474
Autres assurances non-vie	2 284	2 477	2 656	2 825	3 002	3 374	2 223	2 364
Réassurance obligatoire	0	0	0	0	0	0	0	..
Total assurance non-vie	84 234	83 084	81 550	84 950	86 738	89 431	87 092	92 263
1.2 Paiements bruts des sinistres								
Vie								
Entreprises nationales	247 |	934	968	765	1 307	702	c	c
Entreprises sous contrôle étranger	247 |	934	968	765	1 307	702	c	c
Succursales d'entreprises étrangères	4 041	4 193	4 402	7 219	6 044	6 376	6 094	6 249
Ensemble des entreprises	4 287 |	5 127	5 370	7 984	7 352	7 077	6 456	6 567
Non-vie								
Entreprises nationales	3 939 |	2 981	3 594	5 208	6 045	2 285	2 103	2 172
Entreprises sous contrôle étranger	1 983 |	1 463	1 648	2 171	1 734	1 288	1 072	1 070
Succursales d'entreprises étrangères	1 001	922	746	1 184	1 353	1 216	1 674	1 764
Ensemble des entreprises	4 940 |	3 903	4 340	6 392	7 398	3 501	3 777	3 936
Mixtes								
Entreprises nationales	72 968 |	76 178	78 484	86 244	90 284	84 909	81 024	80 221
Entreprises sous contrôle étranger	69 071 |	72 105	74 012	81 355	84 712	79 681	75 835	75 301
Succursales d'entreprises étrangères	0	0	0	0	0	0	0	0
Ensemble des entreprises	72 968 |	76 178	78 484	86 244	90 284	84 909	81 024	80 221
dont :								
Vie	31 760 |	36 944	41 040	43 395	50 972	44 105	37 676	36 087
Entreprises nationales	31 760 |	36 944	41 040	43 395	50 972	44 105	37 676	36 087
Entreprises sous contrôle étranger	30 834 |	35 822	39 685	42 174	49 092	42 631	36 570	35 018
Succursales d'entreprises étrangères	0	0	0	0	0	0	0	0
Ensemble des entreprises	31 760 |	36 944	41 040	43 395	50 972	44 105	37 676	36 087
Non-vie	41 208 |	39 235	37 444	42 849	39 312	40 805	43 348	44 134
Entreprises nationales	41 208 |	39 235	37 444	42 849	39 312	40 805	43 348	44 134
Entreprises sous contrôle étranger	38 237 |	36 283	34 327	39 180	35 620	37 050	39 265	40 283
Succursales d'entreprises étrangères	0	0	0	0	0	0	0	0
Ensemble des entreprises	41 208 |	39 235	37 444	42 849	39 312	40 805	43 348	44 134
Total								
Entreprises nationales	77 154	80 094	83 046	92 217	97 636	87 896	83 490	82 712
Entreprises sous contrôle étranger	71 301	74 502	76 628	84 291	87 754	81 671	77 269	76 690
Succursales d'entreprises étrangères	5 041	5 116	5 148	8 403	7 397	7 592	7 767	8 012
Ensemble des entreprises	82 196	85 209	88 194	100 620	105 033	95 488	91 257	90 724

RÉPUBLIQUE TCHÈQUE

Tableau 1. Agrégats sélectionnés (suite)

Millions CZK

	2010	2011	2012	2013	2014	2015	2016	2017
1.3 Commissions								
Vie								
Entreprises nationales	9	628	..	..	..	..	..	..
Entreprises sous contrôle étranger	9	628	..	..	..	..	..	..
Succursales d'entreprises étrangères	0	486	..	..	..	..	..	..
Ensemble des entreprises	9	1 114	..	..	..	..	..	..
Non-vie								
Entreprises nationales	313	466	..	..	..	..	..	..
Entreprises sous contrôle étranger	257	273	..	..	..	..	..	..
Succursales d'entreprises étrangères	214	418	..	..	..	..	..	..
Ensemble des entreprises	528	884	..	..	..	..	..	..
Mixtes								
Entreprises nationales	5 035	12 386	..	..	..	..	..	..
Entreprises sous contrôle étranger	4 607	11 419	..	..	..	..	..	..
Succursales d'entreprises étrangères	0	0	..	..	..	..	..	..
Ensemble des entreprises	5 035	12 386	..	..	..	..	..	..
dont :								
Vie	414	7 407	..	..	..	..	..	..
Entreprises nationales	414	7 407	..	..	..	..	..	..
Entreprises sous contrôle étranger	414	7 243	..	..	..	..	..	..
Succursales d'entreprises étrangères	0	0	..	..	..	..	..	..
Ensemble des entreprises	414	7 407	..	..	..	..	..	..
Non-vie	4 620	4 980	..	..	..	..	..	..
Entreprises nationales	4 620	4 980	..	..	..	..	..	..
Entreprises sous contrôle étranger	4 193	4 176	..	..	..	..	..	..
Succursales d'entreprises étrangères	0	0	..	..	..	..	..	..
Ensemble des entreprises	4 620	4 980	..	..	..	..	..	..
Total								
Entreprises nationales	5 357	13 481	..	..	..	..	..	..
Entreprises sous contrôle étranger	4 873	12 320	..	..	..	..	..	..
Succursales d'entreprises étrangères	214	904	..	..	..	..	..	..
Ensemble des entreprises	5 572	14 384	..	..	..	..	..	..
1.4 Dépenses brutes d'exploitation								
Vie								
Entreprises nationales	1 060	1 085	1 132	748	759	739	c	c
Entreprises sous contrôle étranger	1 060	1 085	1 132	748	759	739	c	c
Succursales d'entreprises étrangères	1 440	1 617	1 659	1 587	1 459	2 036	2 015	1 894
Ensemble des entreprises	2 499	2 702	2 791	2 335	2 219	2 775	2 520	2 251
Non-vie								
Entreprises nationales	2 303	2 559	1 970	1 795	1 805	1 571	1 203	2 170
Entreprises sous contrôle étranger	1 446	1 509	1 152	987	937	883	622	979
Succursales d'entreprises étrangères	874	933	277	715	841	1 203	1 224	1 412
Ensemble des entreprises	3 177	3 491	2 247	2 510	2 646	2 773	2 427	3 582
Mixtes								
Entreprises nationales	31 688	33 219	21 405	21 863	22 207	20 341	21 319	36 095
Entreprises sous contrôle étranger	25 999	31 001	20 417	20 499	21 233	19 120	19 893	32 685
Succursales d'entreprises étrangères	0	0	0	0	0	0	0	0
Ensemble des entreprises	31 688	33 219	21 405	21 863	22 207	20 341	21 319	36 095
dont :								
Vie	12 087	13 363	12 009	11 670	11 475	9 613	9 217	11 707
Entreprises nationales	12 087	13 363	12 009	11 670	11 475	9 613	9 217	11 707
Entreprises sous contrôle étranger	11 605	12 861	11 604	11 231	11 050	9 059	8 637	10 795
Succursales d'entreprises étrangères	0	0	0	0	0	0	0	0
Ensemble des entreprises	12 087	13 363	12 009	11 670	11 475	9 613	9 217	11 707
Non-vie	19 601	19 856	9 396	10 193	10 733	10 728	12 102	24 388
Entreprises nationales	19 601	19 856	9 396	10 193	10 733	10 728	12 102	24 388
Entreprises sous contrôle étranger	17 994	18 140	8 814	9 268	10 184	10 061	11 256	21 890
Succursales d'entreprises étrangères	0	0	0	0	0	0	0	0
Ensemble des entreprises	19 601	19 856	9 396	10 193	10 733	10 728	12 102	24 388
Total								
Entreprises nationales	35 050	36 863	24 507	24 407	24 772	22 650	23 027	38 621
Entreprises sous contrôle étranger	28 505	33 595	22 701	22 234	22 929	20 742	21 020	34 020
Succursales d'entreprises étrangères	2 314	2 550	1 936	2 302	2 301	3 239	3 239	3 307
Ensemble des entreprises	37 364	39 413	26 443	26 708	27 072	25 889	26 266	41 928

RÉPUBLIQUE TCHÈQUE

Tableau 1. Agrégats sélectionnés (suite)

Millions CZK

	2010	2011	2012	2013	2014	2015	2016	2017
1.5 Opérations à l'étranger par succursale, primes brutes								
Vie								
Succursales et agences	0 |	0	0	0	0	0	0	0
Filiales	..	..	..	..	..	..	..	..
Total	0 |	0	0	0	0	0	..	0
Non-vie								
Succursales et agences	437 |	318	307	323	313	351	377	596
Filiales	..	..	..	..	..	..	..	..
Total	437 |	318	307	323	313	351	377	596
Mixtes								
Succursales et agences	1 264 |	1 294	1 359	3 714	4 528	5 164	1 697	1 805
Filiales	..	..	..	..	..	..	..	..
Total	1 264 |	1 294	1 359	3 714	4 528	5 164	1 697	1 805
dont :								
Vie	1 254 |	1 244	1 317	1 737	1 434	1 460	1 697	1 805
Succursales et agences	1 254 |	1 244	1 317	1 737	1 434	1 460	1 697	1 805
Filiales	..	..	..	..	..	..	..	..
Total	1 254 |	1 244	1 317	1 737	1 434	1 460	1 697	1 805
Non-vie	10 |	49	42	1 977	3 095	3 704	..	0
Succursales et agences	10 |	49	42	1 977	3 095	3 704	0	0
Filiales	..	..	..	..	..	..	..	..
Total	10 |	49	42	1 977	3 095	3 704	..	0
Total								
Succursales et agences	1 701	1 612	1 666	4 037	4 841	5 516	2 074	2 401
Filiales	..	..	..	..	..	..	..	..
Total	1 701	1 612	1 666	4 037	4 841	5 516	2 074	2 401

.. Non disponible ; c Donnée confidentielle ; | Rupture de série

Note : Voir les métadonnées détaillées sur : *http://metalinks.oecd.org/ins/20190221/6419.*

Source : Statistiques de l'OCDE sur les assurances (base de données)

RÉPUBLIQUE TCHÈQUE

Tableau 2. Nombre d'entreprises et d'employés

	2010	2011	2012	2013	2014	2015	2016	2017
2.1 Nombre d'entreprises								
Vie								
Entreprises nationales	3	3	3	2	2	2	1	1
Entreprises sous contrôle étranger	3	3	3	2	2	2	1	1
Succursales d'entreprises étrangères	4	4	3	3	4	5	5	5
Ensemble des entreprises	7	7	6	5	6	7	6	6
Non-vie								
Entreprises nationales	17	17	16	16	15	15	13	11
Entreprises sous contrôle étranger	9	9	8	8	7	5	4	3
Succursales d'entreprises étrangères	13	14	15	15	16	18	19	17
Ensemble des entreprises	30	31	31	31	31	33	32	28
Mixtes								
Entreprises nationales	15	15	15	15	15	14	14	14
Entreprises sous contrôle étranger	12	12	12	12	12	11	11	11
Succursales d'entreprises étrangères	0	0	0	0	0	0	0	0
Ensemble des entreprises	15	15	15	15	15	14	14	14
Réassurance								
Entreprises nationales	1	1	1	1	1	1	1	1
Entreprises sous contrôle étranger	1	1	1	1	1	1	1	1
Succursales d'entreprises étrangères	0	..	..	..	..	..	..	0
Ensemble des entreprises	1	1	1	1	1	1	1	1
Total								
Entreprises nationales	36	36	35	34	33	32	29	27
Entreprises sous contrôle étranger	25	25	24	23	22	19	17	16
Succursales d'entreprises étrangères	17	18	18	18	20	23	24	22
Ensemble des entreprises	53	54	53	52	53	55	53	49
2.2 Nombre d'employés								
Entreprises d'assurance	..	..	..	..	..	..	..	..
Intermédiaires	..	..	..	..	..	..	..	..
Total	..	..	..	..	..	..	..	..

.. Non disponible

Note : Voir les métadonnées détaillées sur : *http://metalinks.oecd.org/ins/20190221/6419.*

Source : Statistiques de l'OCDE sur les assurances (base de données)

DANEMARK

Tableau 1. Agrégats sélectionnés

Millions DKK

	2010	2011	2012	2013	2014	2015	2016	2017
1.1 Opérations d'assurance conclues dans le pays déclarant								
1.1.1 Opérations d'assurance, par intérêt								
Primes brutes								
Entreprises nationales	171 554	181 700	189 673	1 268 025	208 213	215 276	225 500	247 934
Entreprises sous contrôle étranger	27 763	34 560	34 996	39 736	46 022	46 192	49 042	53 373
Succursales d'entreprises étrangères	..	..	..	..	..	..	..	..
Ensemble des entreprises	..	181 700	189 673	1 268 025	208 213	215 276	225 500	247 934
Primes cédées								
Entreprises nationales	6 015	7 676	7 009	7 417	5 875	6 309	6 943	8 079
Entreprises sous contrôle étranger	1 456	3 427	3 293	3 199	2 080	2 462	2 355	2 024
Succursales d'entreprises étrangères	..	..	..	..	..	..	..	..
Ensemble des entreprises	..	7 676	7 009	7 417	5 875	6 309	6 943	8 079
Primes nettes émises								
Entreprises nationales	165 540	174 024	182 664	1 260 608	202 338	208 966	218 557	239 855
Entreprises sous contrôle étranger	26 307	31 132	31 703	36 537	43 942	43 730	46 687	51 349
Succursales d'entreprises étrangères	..	..	..	..	..	..	..	..
Ensemble des entreprises	..	174 024	182 664	1 260 608	202 338	208 966	218 557	239 855
1.1.2 Opérations d'assurance par risque à l'étranger, primes brutes								
Vie	..	3 099	3 530	1 125	631	631	..	..
Non-vie	..	13 950	14 359	14 611	23 099	22 611	..	..
Mixtes total	..	..	..	..	..	..	..	..
Total	..	17 050	17 889	15 737	23 730	23 242	..	..
1.1.3 Paiement par catégories d'assurance, primes brutes (vie)								
Rentes	..	..	..	..	..	..	..	..
Unit linked	..	..	..	..	..	..	..	..
Autre assurance vie	..	..	..	..	..	..	..	..
Total assurance vie	..	..	129 477	133 294	140 314	147 662	153 907	170 623
***dont :** Contrats de retraite*	..	..	..	..	..	..	..	..
1.1.4 Paiement par catégories d'assurance, primes brutes (non-vie)								
L'assurance automobile	..	16 520	16 511	16 304	19 310	19 146	21 247	23 487
Les assurances transport (y compris maritime et aérien)	..	1 328	1 397	1 263	1 174	1 105	1 857	1 844
L'assurance de fret	..	..	..	..	..	0	..	..
L'assurance incendie et des dommages aux bien	..	15 003	20 461	20 737	22 855	22 642	25 107	26 732
L'assurance des pertes pécuniaires	..	336	359	372	402	417	1 113	2 045
L'assurance de la responsabilité civile générale	..	1 857	2 023	2 061	2 377	2 314	3 203	3 411
Les assurances accidents et maladie	..	13 403	13 553	12 611	15 063	15 282	15 965	16 727
***dont :** Maladie*	..	900	1 013	1 051	1 265	1 337	4 498	4 657
Autres assurances non-vie	..	3 983	4 465	4 659	5 156	5 052	1 635	1 759
Réassurance obligatoire	..	451	638	653	867	937	538	616
Total assurance non-vie	..	52 882	59 407	58 661	67 204	66 895	70 665	76 621
1.2 Paiements bruts des sinistres								
Vie								
Entreprises nationales	77 577	86 498	92 230	111 119	124 323	98 376	115 270	112 996
Entreprises sous contrôle étranger	16 488	20 780	22 286	24 154	24 385	20 765	23 573	22 740
Succursales d'entreprises étrangères	..	..	..	..	..	..	..	..
Ensemble des entreprises	77 577	86 498	92 230	111 119	124 323	98 376	115 270	112 996
Non-vie								
Entreprises nationales	42 282	45 935	40 906	43 547	46 601	47 833	44 773	45 620
Entreprises sous contrôle étranger	6 002	7 484	6 308	6 731	13 007	13 316	11 816	11 605
Succursales d'entreprises étrangères	..	..	..	..	..	..	..	..
Ensemble des entreprises	42 282	45 935	40 906	43 547	46 601	47 833	44 773	45 620
Mixtes, ensemble des entreprises	..	..	..	..	..	..	..	..
Total								
Entreprises nationales	119 859	132 433	133 136	154 666	170 924	146 209	160 043	158 616
Entreprises sous contrôle étranger	22 490	28 264	28 594	30 885	37 392	34 081	35 389	34 345
Succursales d'entreprises étrangères	..	..	..	..	..	..	..	..
Ensemble des entreprises	119 859	132 433	133 136	154 666	170 924	146 209	160 043	158 616
1.3 Commissions								
Vie								
Entreprises nationales	226	235	194	182	195	199	175	207
Entreprises sous contrôle étranger	97	77	59	43	60	36	34	26
Succursales d'entreprises étrangères	..	..	..	..	..	..	..	..
Ensemble des entreprises	..	235	194	182	195	199	175	207
Non-vie								
Entreprises nationales	1 309	1 257	1 434	1 380	1 613	1 879	1 361	1 320
Entreprises sous contrôle étranger	292	257	367	361	579	891	494	463
Succursales d'entreprises étrangères	..	..	..	..	..	..	..	..
Ensemble des entreprises	..	1 257	1 434	1 380	1 613	1 879	1 361	1 320
Mixtes, ensemble des entreprises	..	..	..	..	..	..	..	..
Total								
Entreprises nationales	1 535	1 492	1 629	1 562	1 808	2 079	1 536	1 527
Entreprises sous contrôle étranger	389	334	426	405	639	927	528	489
Succursales d'entreprises étrangères	..	..	..	..	..	..	..	..
Ensemble des entreprises	..	1 492	1 629	1 562	1 808	2 079	1 536	1 527

DANEMARK

Tableau 1. Agrégats sélectionnés (suite)

Millions DKK

	2010	2011	2012	2013	2014	2015	2016	2017
1.4 Dépenses brutes d'exploitation								
Vie								
Entreprises nationales	4 685	5 136	5 088	4 954	4 887	4 570	4 788	4 971
Entreprises sous contrôle étranger	1 340	1 325	1 316	1 326	1 377	1 284	1 268	1 386
Succursales d'entreprises étrangères	..	..	..	..	..	..	..	..
Ensemble des entreprises	4 685	5 136	5 088	4 954	4 887	4 570	4 788	4 971
Non-vie								
Entreprises nationales	9 713	10 241	10 292	10 391	11 564	11 856	12 050	12 003
Entreprises sous contrôle étranger	1 577	1 940	2 124	2 200	3 867	4 065	3 780	3 542
Succursales d'entreprises étrangères	..	..	..	..	..	..	..	..
Ensemble des entreprises	9 713	10 241	10 292	10 391	11 564	11 856	12 050	12 003
Mixtes, ensemble des entreprises	..	..	..	..	..	..	..	..
Total								
Entreprises nationales	14 398	15 377	15 380	15 345	16 451	16 426	16 838	16 974
Entreprises sous contrôle étranger	2 917	3 265	3 440	3 526	5 244	5 349	5 048	4 928
Succursales d'entreprises étrangères	..	..	..	..	..	..	..	..
Ensemble des entreprises	14 398	15 377	15 380	15 345	16 451	16 426	16 838	16 974
1.5 Opérations à l'étranger par succursale, primes brutes								
Vie								
Succursales et agences	423	353	..	..	..	..	..	..
Filiales	..	..	..	..	..	..	..	..
Total	..	353	..	..	..	..	..	..
Non-vie								
Succursales et agences	8 805	9 995	10 646	10 031	9 286	8 607	19 043	19 072
Filiales	..	..	..	..	..	..	..	..
Total	..	9 995	10 646	10 031	9 286	8 607	19 043	19 072
Mixtes total	..	..	..	..	..	..	..	..
Total								
Succursales et agences	9 227	10 348	10 646	10 031	9 286	8 607	19 043	19 072
Filiales	..	..	..	..	..	..	..	..
Total	..	10 348	10 646	10 031	9 286	8 607	19 043	19 072

.. Non disponible

Note : Voir les métadonnées détaillées sur : *http://metalinks.oecd.org/ins/20190221/7303.*

Source : Statistiques de l'OCDE sur les assurances (base de données)

DANEMARK

Tableau 2. Nombre d'entreprises et d'employés

	2010	2011	2012	2013	2014	2015	2016	2017
2.1 Nombre d'entreprises								
Vie								
Entreprises nationales	55	55	47	39	37	33	33	33
Entreprises sous contrôle étranger	8	8	7	5	4	4	4	4
Succursales d'entreprises étrangères	4	6	6	1	1	1	1	2
Ensemble des entreprises	59	61	53	40	38	34	34	35
Non-vie								
Entreprises nationales	87	85	76	77	63	63	63	59
Entreprises sous contrôle étranger	8	8	6	6	6	6	6	6
Succursales d'entreprises étrangères	45	41	38	48	49	49	53	56
Ensemble des entreprises	132	126	114	125	112	112	116	115
Mixtes, ensemble des entreprises	**0**	**0**	**0**	**0**	**0**	**0**	**0**	..
Réassurance								
Entreprises nationales	9	9	9	7	7	7	5	6
Entreprises sous contrôle étranger	0	0	..	..	..	..	0	..
Succursales d'entreprises étrangères	..	..	..	..	..	..	..	..
Ensemble des entreprises	..	9	9	7	7	7	5	6
Total								
Entreprises nationales	..	149	132	123	107	103	101	98
Entreprises sous contrôle étranger	..	16	13	11	10	10	10	10
Succursales d'entreprises étrangères	..	47	44	49	50	50	54	58
Ensemble des entreprises	..	196	176	172	157	153	155	156
2.2 Nombre d'employés								
Entreprises d'assurance	16 051	16 130	15 835	15 377	17 057	16 472	16 112	13 640
Intermédiaires	..	..	..	..	..	..	..	..
Total	..	16 130	15 835	15 377	17 057	16 472	16 112	13 640

.. Non disponible

Note : Voir les métadonnées détaillées sur : *http://metalinks.oecd.org/ins/20190221/7303.*

Source : Statistiques de l'OCDE sur les assurances (base de données)

ESTONIE

Tableau 1. Agrégats sélectionnés

Millions EUR

	2010	2011	2012	2013	2014	2015	2016	2017
1.1 Opérations d'assurance conclues dans le pays déclarant								
1.1.1 Opérations d'assurance, par intérêt								
Primes brutes								
Entreprises nationales	427	403	430	523	561	619	654	721
Entreprises sous contrôle étranger	406	380	407	499	539	596	627	721
Succursales d'entreprises étrangères	0	0	51	60	70	70	82	97
Ensemble des entreprises	427	403	480	583	631	689	736	818
Primes cédées								
Entreprises nationales	20	20	..	27	28	29	31	31
Entreprises sous contrôle étranger	13	11	..	18	2	20	22	22
Succursales d'entreprises étrangères	0	0	..	..	..	..	..	..
Ensemble des entreprises	20	20	..	..	..	..	..	..
Primes nettes émises								
Entreprises nationales	406	383	..	496	534	590	624	690
Entreprises sous contrôle étranger	393	368	..	481	217	576	605	670
Succursales d'entreprises étrangères	0	0	..	..	..	..	..	..
Ensemble des entreprises	406	383	..	..	..	..	..	..
1.1.2 Opérations d'assurance par risque à l'étranger, primes brutes								
Vie	96	90	..	..	..	..	..	..
Non-vie	62	68	..	..	..	..	..	..
Mixtes	..	..	..	..	..	..	..	..
dont :								
Vie	..	..	..	..	..	..	..	..
Non-vie	..	..	..	..	..	..	..	..
Total	158	158	..	..	..	..	..	..
1.1.3 Paiement par catégories d'assurance, primes brutes (vie)								
Rentes	8	9	10	17	19	24	27	27
Unit linked	104	84	27	87	109	118	116	116
Autre assurance vie	61	67	30	66	63	72	80	80
Total Assurance Vie	173	160	68	171	191	215	221	223
***dont :** Contrats de retraite*	1	26	30	33	37	36	40	39
1.1.4 Paiement par catégories d'assurance, primes brutes (non-vie)								
L'assurance automobile	148	142	143	229	244	259	292	345
Les assurances transport (y compris maritime et aérien)	1	1	3	2	2	2	6	6
L'assurance de fret	2	2	..	3	4	4	..	..
L'assurance incendie et des dommages aux bien	63	63	59	99	107	115	127	140
L'assurance des pertes pécuniaires	4	5	5	8	9	9	12	17
L'assurance de la responsabilité civile générale	8	9	6	15	16	19	21	22
Les assurances accidents et maladie	28	30	15	40	42	42	54	43
***dont :** Maladie*	..	..	..	9	..	..	..	..
Autres assurances non-vie	1	1	1	9	16	23	4	7
Réassurance obligatoire	0	0	..	8	..	..	..	..
Total assurance non-vie	254	253	231	412	440	474	515	580
1.2 Paiements bruts des sinistres								
Vie								
Entreprises nationales	82	115	112	101	..	97	87	c
Entreprises sous contrôle étranger	82	115	112	101	..	97	87	c
Succursales d'entreprises étrangères	0	0	..	..	..	..	0	2
Ensemble des entreprises	82	115	112	101	..	97	87	93
Non-vie								
Entreprises nationales	153	154	147	197	..	230	243	270
Entreprises sous contrôle étranger	139	141	134	184	..	217	228	253
Succursales d'entreprises étrangères	0	0	..	33	..	40	43	49
Ensemble des entreprises	153	154	147	230	246	271	287	319
Mixtes								
Entreprises nationales	..	..	..	..	..	..	38	36
Entreprises sous contrôle étranger	..	..	..	..	..	..	38	36
Succursales d'entreprises étrangères	..	..	..	..	..	..	3	4
Ensemble des entreprises	..	..	..	..	..	..	42	40
dont :								
Vie	..	..	..	..	..	..	34	40
Entreprises nationales	..	..	..	..	..	..	31	36
Entreprises sous contrôle étranger	..	..	..	..	..	..	31	36
Succursales d'entreprises étrangères	..	..	..	..	..	..	3	4
Ensemble des entreprises	..	..	..	..	..	..	34	40
Non-vie	..	..	..	..	..	..	8	0
Entreprises nationales	..	..	..	..	..	..	8	0
Entreprises sous contrôle étranger	..	..	..	..	..	..	8	0
Succursales d'entreprises étrangères	..	..	..	..	..	..	0	0
Ensemble des entreprises	..	..	..	..	..	..	8	0
Total								
Entreprises nationales	235	270	259	298	..	328	369	397
Entreprises sous contrôle étranger	221	256	246	285	..	314	354	380
Succursales d'entreprises étrangères	0	0	..	33	..	40	47	55
Ensemble des entreprises	235	270	259	331	246	368	416	452

ESTONIE

Tableau 1. Agrégats sélectionnés (suite)

Millions EUR

	2010	2011	2012	2013	2014	2015	2016	2017
1.3 Commissions								
Vie								
Entreprises nationales	3	8	9	19	21	23	..	..
Entreprises sous contrôle étranger	3	8	9	19	21	23	..	..
Succursales d'entreprises étrangères	0	0	..	..	..	..	..	..
Ensemble des entreprises	3	8	9	19	..	23	..	..
Non-vie								
Entreprises nationales	17	17	4	72	73	78	..	..
Entreprises sous contrôle étranger	16	15	2	67	69	73	..	..
Succursales d'entreprises étrangères	0	0	..	..	..	..	..	..
Ensemble des entreprises	17	17	4	72	..	78	..	..
Mixtes								
Entreprises nationales	..	..	..	..	..	..	..	..
Entreprises sous contrôle étranger	..	..	..	..	..	..	..	..
Succursales d'entreprises étrangères	..	..	..	..	..	..	..	..
Ensemble des entreprises	..	..	..	..	..	..	..	..
dont :								
Vie	..	..	..	..	..	..	..	..
Entreprises nationales	..	..	..	..	..	..	..	..
Entreprises sous contrôle étranger	..	..	..	..	..	..	..	..
Succursales d'entreprises étrangères	..	..	..	..	..	..	..	..
Ensemble des entreprises	..	..	..	..	..	..	..	..
Non-vie	..	..	..	..	..	..	..	..
Entreprises nationales	..	..	..	..	..	..	..	..
Entreprises sous contrôle étranger	..	..	..	..	..	..	..	..
Succursales d'entreprises étrangères	..	..	..	..	..	..	..	..
Ensemble des entreprises	..	..	..	..	..	..	..	..
Total								
Entreprises nationales	20	25	13	90	94	101	..	..
Entreprises sous contrôle étranger	18	23	11	86	89	95	..	..
Succursales d'entreprises étrangères	0	0	..	..	..	..	..	..
Ensemble des entreprises	20	25	13	90	..	101	..	..
1.4 Dépenses brutes d'exploitation								
Vie								
Entreprises nationales	21	24	23	9	9	11	..	..
Entreprises sous contrôle étranger	21	24	23	9	9	11	..	..
Succursales d'entreprises étrangères	0	0	..	..	..	..	..	..
Ensemble des entreprises	21	24	23	9	..	11	..	..
Non-vie								
Entreprises nationales	71	74	73	27	30	27	115	137
Entreprises sous contrôle étranger	64	67	67	25	29	26	..	..
Succursales d'entreprises étrangères	0	0	..	..	..	..	..	..
Ensemble des entreprises	71	74	73	27	..	27	..	..
Mixtes								
Entreprises nationales	..	..	..	..	..	..	..	..
Entreprises sous contrôle étranger	..	..	..	..	..	..	..	..
Succursales d'entreprises étrangères	..	..	..	..	..	..	..	..
Ensemble des entreprises	..	..	..	..	..	..	..	..
dont :								
Vie	..	..	..	..	..	..	..	..
Entreprises nationales	..	..	..	..	..	..	..	..
Entreprises sous contrôle étranger	..	..	..	..	..	..	..	..
Succursales d'entreprises étrangères	..	..	..	..	..	..	..	..
Ensemble des entreprises	..	..	..	..	..	..	..	..
Non-vie	..	..	..	..	..	..	..	..
Entreprises nationales	..	..	..	..	..	..	..	..
Entreprises sous contrôle étranger	..	..	..	..	..	..	..	..
Succursales d'entreprises étrangères	..	..	..	..	..	..	..	..
Ensemble des entreprises	..	..	..	..	..	..	..	..
Total								
Entreprises nationales	92	98	96	37	40	38	115	137
Entreprises sous contrôle étranger	85	91	90	35	38	36	..	..
Succursales d'entreprises étrangères	0	0	..	..	..	..	..	..
Ensemble des entreprises	92	98	96	37	..	38	..	..

ESTONIE

Tableau 1. Agrégats sélectionnés (suite)

Millions EUR

	2010	2011	2012	2013	2014	2015	2016	2017
1.5 Opérations à l'étranger par succursale, primes brutes								
Vie								
Succursales et agences	96	90	85	94	114	130	96	..
Filiales	0	0	..	..	..	..	..	..
Total	96	90	85	94	114	130	96	..
Non-vie								
Succursales et agences	62	68	96	170	174	190	201	243
Filiales	0	0	..	..	..	..	..	..
Total	62	68	96	170	174	190	201	243
Mixtes								
Succursales et agences	..	..	..	..	..	..	52	..
Filiales	..	..	..	..	..	..	..	..
Total	..	..	..	..	..	..	52	..
dont :								
Vie	..	..	..	..	..	..	42	..
Succursales et agences	..	..	..	..	..	..	42	..
Filiales	..	..	..	..	..	..	..	..
Total	..	..	..	..	..	..	42	..
Non-vie	..	..	..	..	..	..	10	..
Succursales et agences	..	..	..	..	..	..	10	..
Filiales	..	..	..	..	..	..	..	..
Total	..	..	..	..	..	..	10	..
Total								
Succursales et agences	158	158	181	264	288	320	349	243
Filiales	0	0	..	..	..	..	..	..
Total	158	158	181	264	288	320	349	243

.. Non disponible ; c Donnée confidentielle

Note : Voir les métadonnées détaillées sur : *http://metalinks.oecd.org/ins/20190221/0229.*

Source : Statistiques de l'OCDE sur les assurances (base de données)

ESTONIE

Tableau 2. Nombre d'entreprises et d'employés

	2010	2011	2012	2013	2014	2015	2016	2017
2.1 Nombre d'entreprises								
Vie								
Entreprises nationales	5	4	4	4	4	4	2	1
Entreprises sous contrôle étranger	5	4	4	4	4	4	2	1
Succursales d'entreprises étrangères	0	0	1	1	1	1	0	1
Ensemble des entreprises	5	4	5	5	5	5	2	2
Non-vie								
Entreprises nationales	8	8	8	8	8	8	8	7
Entreprises sous contrôle étranger	5	5	5	5	5	5	5	4
Succursales d'entreprises étrangères	0	0	4	4	4	3	4	4
Ensemble des entreprises	8	8	12	12	12	11	12	11
Mixtes								
Entreprises nationales	0	0	0	0	0	0	2	2
Entreprises sous contrôle étranger	0	0	0	0	0	0	2	2
Succursales d'entreprises étrangères	0	0	0	0	0	0	1	1
Ensemble des entreprises	0	0	0	0	0	0	3	3
Réassurance								
Entreprises nationales	0	0	..	0	0	0	0	0
Entreprises sous contrôle étranger	0	0	..	0	0	0	0	..
Succursales d'entreprises étrangères	0	0	..	..	..	0	0	..
Ensemble des entreprises	0	0	..	..	..	0	0	..
Total								
Entreprises nationales	13	12	12	12	12	12	12	10
Entreprises sous contrôle étranger	10	9	9	9	9	9	9	7
Succursales d'entreprises étrangères	0	0	5	5	5	4	5	6
Ensemble des entreprises	13	12	17	17	17	16	17	16
2.2 Nombre d'employés								
Entreprises d'assurance	2 702	1 867	1 903	2 596	2 561	2 581	..	..
Intermédiaires	..	814	849	1 271	1 217	1 232	..	..
Total	..	2 681	2 752	3 867	3 778	3 813	..	..

.. Non disponible

Note : Voir les métadonnées détaillées sur : *http://metalinks.oecd.org/ins/20190221/0229.*

Source : Statistiques de l'OCDE sur les assurances (base de données)

FINLANDE

Tableau 1. Agrégats sélectionnés

Millions EUR

	2010	2011	2012	2013	2014	2015	2016	2017
1.1 Opérations d'assurance conclues dans le pays déclarant								
1.1.1 Opérations d'assurance, par intérêt								
Primes brutes								
Entreprises nationales	8 770	7 279	7 279	9 834	10 632	10 741	9 045	8 926
Entreprises sous contrôle étranger	..	..	2 317	3 357	3 698	6 892	..	..
Succursales d'entreprises étrangères	..	..	..	..	..	..	..	..
Ensemble des entreprises	8 770	7 279	7 279	9 834	10 632	10 741	9 045	8 926
Primes cédées								
Entreprises nationales	242	240	240	257	259	246	241	230
Entreprises sous contrôle étranger	..	..	20	19	15	217	..	..
Succursales d'entreprises étrangères	..	..	..	..	..	..	..	..
Ensemble des entreprises	242	240	240	257	259	246	241	230
Primes nettes émises								
Entreprises nationales	8 528	7 039	7 039	9 577	10 373	10 495	8 804	8 696
Entreprises sous contrôle étranger	..	..	2 297	3 338	3 683	6 675	..	..
Succursales d'entreprises étrangères	..	..	..	..	..	..	..	..
Ensemble des entreprises	8 528	7 039	7 039	9 577	10 373	10 495	8 804	8 696
1.1.2 Opérations d'assurance par risque à l'étranger, primes brutes								
Vie	..	..	..	..	..	..	..	..
Non-vie	..	..	..	..	..	..	..	..
Mixtes total	..	..	..	..	..	..	..	..
Total	..	..	..	..	..	..	..	..
1.1.3 Paiement par catégories d'assurance, primes brutes (vie)								
Rentes	2 798	1 988	1 988	2 458	2 544	2 287	694	621
Unit linked	1 297	1 255	1 255	2 509	2 929	3 224	2 446	2 265
Autre assurance vie	1 120	505	505	614	619	745	1 433	1 641
Total assurance vie	5 215	3 749	3 749	5 581	6 092	6 256	4 573	4 527
***dont :** Contrats de retraite*	1 491	828	828	819	756	597	675	2 265
1.1.4 Paiement par catégories d'assurance, primes brutes (non-vie)								
L'assurance automobile	1 282	1 389	1 474	1 520	1 591	1 639	1 639	1 586
Les assurances transport (y compris maritime et aérien)	60	64	68	70	70	68	73	69
L'assurance de fret	49	50	53	55	56	52	57	55
L'assurance incendie et des dommages aux bien	750	828	864	929	985	1 030	1 028	972
L'assurance des pertes pécuniaires	41	38	33	33	30	28	22	20
L'assurance de la responsabilité civile générale	169	191	191	239	392	385	234	218
Les assurances accidents et maladie	846	938	1 024	1 048	1 060	1 058	1 119	1 183
***dont :** Maladie*	191	218	245	264	299	290	368	395
Autres assurances non-vie	117	129	131	144	152	88	163	151
Réassurance obligatoire	122	132	149	149	135	135	136	144
Total assurance non-vie	3 435	3 759	3 986	4 187	4 471	4 483	4 471	4 398
1.2 Paiements bruts des sinistres								
Vie								
Entreprises nationales	3 919	3 592	3 917	3 927	3 871	3 957	4 324	4 233
Entreprises sous contrôle étranger	..	1 013	1 479	1 399	1 160	1 124	c	c
Succursales d'entreprises étrangères	..	..	..	..	..	..	..	..
Ensemble des entreprises	3 919	3 592	3 917	3 927	3 871	3 957	4 324	4 233
Non-vie								
Entreprises nationales	2 568	2 706	2 873	2 858	2 939	2 872	3 103	3 179
Entreprises sous contrôle étranger	..	676	696	741	724	2 872	c	c
Succursales d'entreprises étrangères	..	..	..	..	..	..	..	..
Ensemble des entreprises	2 568	2 706	2 873	2 858	2 939	2 872	3 103	3 179
Mixtes, ensemble des entreprises	..	..	..	..	..	..	..	..
Total								
Entreprises nationales	6 487	6 298	6 790	6 785	6 810	6 829	7 427	7 412
Entreprises sous contrôle étranger	..	1 689	2 175	2 140	1 884	3 996	..	..
Succursales d'entreprises étrangères	..	..	..	..	..	..	..	..
Ensemble des entreprises	6 487	6 298	6 790	6 785	6 810	6 829	7 427	7 412
1.3 Commissions								
Vie								
Entreprises nationales	64	81	68	90	-83	101	126	121
Entreprises sous contrôle étranger	..	7	6	9	-10	15	c	c
Succursales d'entreprises étrangères	..	..	..	..	..	..	..	..
Ensemble des entreprises	64	81	68	90	-83	101	126	121
Non-vie								
Entreprises nationales	99	90	102	58	-142	113	166	160
Entreprises sous contrôle étranger	..	13	16	21	-18	23	c	c
Succursales d'entreprises étrangères	..	..	..	..	..	..	..	..
Ensemble des entreprises	99	90	102	58	-142	113	166	160
Mixtes, ensemble des entreprises	..	..	..	..	..	..	..	..
Total								
Entreprises nationales	163	171	170	148	-225	214	292	281
Entreprises sous contrôle étranger	..	21	22	30	-28	38	..	..
Succursales d'entreprises étrangères	..	..	..	..	..	..	..	..
Ensemble des entreprises	163	171	170	148	-225	214	292	281

FINLANDE

Tableau 1. Agrégats sélectionnés (suite)

Millions EUR

	2010	2011	2012	2013	2014	2015	2016	2017
1.4 Dépenses brutes d'exploitation								
Vie								
Entreprises nationales	255	275	283	302	317	316	341	355
Entreprises sous contrôle étranger	..	39	36	34	36	34	c	c
Succursales d'entreprises étrangères	..	..	..	..	..	..	..	..
Ensemble des entreprises	255	275	283	302	317	316	341	355
Non-vie								
Entreprises nationales	699	738	778	827	844	847	876	884
Entreprises sous contrôle étranger	..	138	143	161	158	847	c	c
Succursales d'entreprises étrangères	..	..	..	..	..	..	..	..
Ensemble des entreprises	699	738	778	827	844	847	876	884
Mixtes, ensemble des entreprises	..	..	..	..	..	..	..	..
Total								
Entreprises nationales	954	1 013	1 061	1 129	1 161	1 163	1 217	1 239
Entreprises sous contrôle étranger	..	177	179	195	194	881	..	..
Succursales d'entreprises étrangères	..	..	..	..	..	..	..	..
Ensemble des entreprises	954	1 013	1 061	1 129	1 161	1 163	1 217	1 239
1.5 Opérations à l'étranger par succursale, primes brutes								
Vie								
Succursales et agences	598	614	203	162	107	17	..	..
Filiales	..	..	..	..	..	..	..	..
Total	598	614	203	162	107	17	..	..
Non-vie								
Succursales et agences	..	..	..	..	..	..	..	..
Filiales	..	..	..	..	..	..	..	..
Total	..	..	..	..	..	..	..	..
Mixtes total	..	..	..	..	..	..	..	..
Total								
Succursales et agences	598	614	203	162	107	17	..	..
Filiales	..	..	..	..	..	..	..	..
Total	598	614	203	162	107	17	..	..

.. Non disponible ; c Donnée confidentielle

Note : Voir les métadonnées détaillées sur : *http://metalinks.oecd.org/ins/20190221/47ef.*

Source : Statistiques de l'OCDE sur les assurances (base de données)

FINLANDE

Tableau 2. Nombre d'entreprises et d'employés

	2010	2011	2012	2013	2014	2015	2016	2017
2.1 Nombre d'entreprises								
Vie								
Entreprises nationales	11	11	13	13	13	13	11	10
Entreprises sous contrôle étranger	..	1	1	1	1	1	1	1
Succursales d'entreprises étrangères	..	..	..	..	..	..	..	..
Ensemble des entreprises	11	11	13	13	13	13	11	10
Non-vie								
Entreprises nationales	79	78	42	42	38	38	37	37
Entreprises sous contrôle étranger	..	1	1	1	1	1	2	2
Succursales d'entreprises étrangères	..	..	..	..	..	..	..	..
Ensemble des entreprises	79	78	42	42	38	38	37	37
Mixtes, ensemble des entreprises	..	..	..	..	..	..	..	..
Réassurance								
Entreprises nationales	2	2	..	..	..	..	..	..
Entreprises sous contrôle étranger	..	..	..	..	..	..	..	..
Succursales d'entreprises étrangères	..	..	..	..	..	..	..	..
Ensemble des entreprises	2	2	..	..	..	..	..	..
Total								
Entreprises nationales	92	91	55	55	51	51	48	47
Entreprises sous contrôle étranger	..	2	2	2	2	2	3	3
Succursales d'entreprises étrangères	..	..	..	..	..	..	..	..
Ensemble des entreprises	92	91	55	55	51	51	48	47
2.2 Nombre d'employés								
Entreprises d'assurance	9 221	9 321	9 321	9 231	8 980	8 750	8 815	7 751
Intermédiaires	331	338	342	203	216	221	244	265
Total	9 552	9 659	9 663	9 434	9 196	8 971	9 059	8 016

.. Non disponible

Note : Voir les métadonnées détaillées sur : *http://metalinks.oecd.org/ins/20190221/47ef.*

Source : Statistiques de l'OCDE sur les assurances (base de données)

FRANCE

Tableau 1. Agrégats sélectionnés

Millions EUR

	2010	2011	2012	2013	2014	2015	2016	2017
1.1 Opérations d'assurance conclues dans le pays déclarant								
1.1.1 Opérations d'assurance, par intérêt								
Primes brutes								
Entreprises nationales	224 190	207 586	201 207	207 521	221 223	226 000	..	..
Entreprises sous contrôle étranger	..	..	..	..	..	..	..	..
Succursales d'entreprises étrangères	84	95	104	103	103	111	..	..
Ensemble des entreprises	224 274	207 680	201 310	207 624	221 327	226 111	283 901	278 237
Primes cédées								
Entreprises nationales	19 192	20 994	21 638	22 115	19 932	25 840	..	..
Entreprises sous contrôle étranger	..	..	..	..	..	..	..	..
Succursales d'entreprises étrangères	18	19	18	19	22	21	..	..
Ensemble des entreprises	19 210	21 013	21 657	22 135	19 954	25 861	43 153	33 277
Primes nettes émises								
Entreprises nationales	204 998	186 592	179 568	185 406	201 291	200 160	..	..
Entreprises sous contrôle étranger	..	..	..	..	..	..	..	..
Succursales d'entreprises étrangères	66	76	85	84	82	90	..	..
Ensemble des entreprises	205 064	186 668	179 654	185 490	201 373	200 250	240 747	244 960
1.1.2 Opérations d'assurance par risque à l'étranger, primes brutes								
Vie	429	107	83	259	73	60	..	..
Non-vie	391	1 592	1 589	1 735	1 876	2 188	..	..
Mixtes	..	227	206	636	468	485	..	..
dont :								
Vie	..	226	206	167	456	482	..	..
Non-vie	..	1	1	469	12	3	..	..
Total	821	1 926	1 879	2 631	2 416	2 734	..	..
1.1.3 Paiement par catégories d'assurance, primes brutes (vie)								
Rentes	..	..	..	..	..	..	..	..
Unit linked	220 612	..	..	..	..	..	28 208	38 135
Autre assurance vie	..	..	..	..	..	..	111 059	102 007
Total Assurance Vie	..	..	..	..	..	..	139 267	140 142
***dont :** Contrats de retraite*	..	..	..	..	..	..	..	..
1.1.4 Paiement par catégories d'assurance, primes brutes (non-vie)								
L'assurance automobile	..	..	..	..	..	..	..	..
Les assurances transport (y compris maritime et aérien)	..	..	..	..	..	..	..	..
L'assurance de fret	..	..	..	..	..	..	..	..
L'assurance incendie et des dommages aux bien	..	..	..	..	..	..	..	..
L'assurance des pertes pécuniaires	..	..	..	..	..	..	..	..
L'assurance de la responsabilité civile générale	..	..	..	..	..	..	..	..
Les assurances accidents et maladie	..	..	..	..	..	..	..	..
***dont :** Maladie*	..	..	..	..	..	..	..	..
Autres assurances non-vie	..	..	..	..	..	..	..	..
Réassurance obligatoire	..	..	..	..	..	..	..	..
Total assurance non-vie	71 329	71 324	76 295	..	..	..	119 104	124 560
1.2 Paiements bruts des sinistres								
Vie								
Entreprises nationales	22 766	30 961	31 131	25 663	26 144	26 794	..	..
Entreprises sous contrôle étranger	..	..	..	..	..	..	..	..
Succursales d'entreprises étrangères	..	..	..	..	..	..	..	..
Ensemble des entreprises	22 766	30 961	31 131	25 663	26 144	26 794	133 135	145 577
Non-vie								
Entreprises nationales	49 368	48 584	50 472	45 317	61 895	63 029	..	..
Entreprises sous contrôle étranger	..	..	..	..	..	..	..	..
Succursales d'entreprises étrangères	44	51	59	59	52	51	..	..
Ensemble des entreprises	49 412	48 635	50 531	45 376	61 947	63 080	95 217	101 007
Mixtes								
Entreprises nationales	73 529	93 502	98 016	97 287	86 518	91 862	..	..
Entreprises sous contrôle étranger	..	..	..	..	..	..	..	..
Succursales d'entreprises étrangères	..	..	..	..	..	..	..	..
Ensemble des entreprises	73 529	93 502	98 016	97 287	86 518	91 862	..	..
dont :								
Vie	..	..	..	88 620	..	..	..	..
Entreprises nationales	..	..	..	88 620	..	..	..	..
Entreprises sous contrôle étranger	..	..	..	..	..	..	..	..
Succursales d'entreprises étrangères	..	..	..	..	..	..	..	..
Ensemble des entreprises	..	..	..	88 620	..	..	..	..
Non-vie	..	..	..	8 667	..	..	..	..
Entreprises nationales	..	..	..	8 667	..	..	..	..
Entreprises sous contrôle étranger	..	..	..	..	..	..	..	..
Succursales d'entreprises étrangères	..	..	..	..	..	..	..	..
Ensemble des entreprises	..	..	..	8 667	..	..	..	..
Total								
Entreprises nationales	145 663	173 047	179 619	168 267	174 557	181 685	..	..
Entreprises sous contrôle étranger	..	..	..	..	..	..	..	..
Succursales d'entreprises étrangères	44	51	59	59	52	51	..	..
Ensemble des entreprises	145 707	173 098	179 678	168 326	174 608	181 736	228 352	246 584

FRANCE

Tableau 1. Agrégats sélectionnés (suite)

Millions EUR

	2010	2011	2012	2013	2014	2015	2016	2017
1.3 Commissions								
Vie								
Entreprises nationales	1 323 |	1 682	1 705	..	..	..	..	..
Entreprises sous contrôle étranger	..	..	..	..	..	..	..	..
Succursales d'entreprises étrangères	..	..	..	..	..	..	..	..
Ensemble des entreprises	1 323 |	1 682	1 705	..	..	..	..	..
Non-vie								
Entreprises nationales	10 198 |	10 449	10 610	..	..	..	..	..
Entreprises sous contrôle étranger	..	..	..	..	..	..	..	..
Succursales d'entreprises étrangères	18	19	22	..	..	..	..	..
Ensemble des entreprises	10 215 |	10 468	10 633	..	..	..	..	..
Mixtes								
Entreprises nationales	5 201 |	5 915	5 717	..	..	..	..	..
Entreprises sous contrôle étranger	..	..	..	..	..	..	..	..
Succursales d'entreprises étrangères	..	..	..	..	..	..	..	..
Ensemble des entreprises	5 201 |	5 915	5 717	..	..	..	..	..
dont :								
Vie	|..	4 985	4 677	..	..	..	..	..
Entreprises nationales	|..	4 985	4 677	..	..	..	..	..
Entreprises sous contrôle étranger	..	..	..	..	..	..	..	..
Succursales d'entreprises étrangères	..	..	..	..	..	..	..	..
Ensemble des entreprises	|..	4 985	4 677	..	..	..	..	..
Non-vie	|..	930	1 041	..	..	..	..	..
Entreprises nationales	|..	930	1 041	..	..	..	..	..
Entreprises sous contrôle étranger	..	..	..	..	..	..	..	..
Succursales d'entreprises étrangères	..	..	..	..	..	..	..	..
Ensemble des entreprises	|..	930	1 041	..	..	..	..	..
Total								
Entreprises nationales	16 722	18 046	18 033	..	..	..	..	..
Entreprises sous contrôle étranger	..	..	..	..	..	..	..	..
Succursales d'entreprises étrangères	18	19	22	..	..	..	..	..
Ensemble des entreprises	16 739	18 065	18 055	..	..	..	..	..
1.4 Dépenses brutes d'exploitation								
Vie								
Entreprises nationales	719	842	2 982	2 828	2 893	2 914	..	..
Entreprises sous contrôle étranger	..	..	..	..	..	..	..	..
Succursales d'entreprises étrangères	..	..	..	..	..	..	..	..
Ensemble des entreprises	719	842	2 982	2 828	2 893	2 914	15 848	16 123
Non-vie								
Entreprises nationales	5 842	5 487	15 726	15 969	16 156	15 936	..	..
Entreprises sous contrôle étranger	..	..	..	..	..	..	..	..
Succursales d'entreprises étrangères	8	10	9	..	8	..	..	..
Ensemble des entreprises	5 849	5 497	15 726	15 969	16 164	15 936	27 415	27 948
Mixtes								
Entreprises nationales	4 505	4 937	12 392	12 957	13 439	14 727	..	..
Entreprises sous contrôle étranger	..	..	..	..	..	..	..	..
Succursales d'entreprises étrangères	..	..	..	..	..	..	..	..
Ensemble des entreprises	4 505	4 937	12 392	12 957	13 439	14 727	..	..
dont :								
Vie	..	..	..	10 533	10 808	11 414	..	..
Entreprises nationales	..	..	..	10 533	..	..	..	..
Entreprises sous contrôle étranger	..	..	..	..	..	..	..	..
Succursales d'entreprises étrangères	..	..	..	..	..	..	..	..
Ensemble des entreprises	..	..	..	10 533	10 808	11 414	..	..
Non-vie	..	..	..	2 424	2 631	3 313	..	..
Entreprises nationales	..	..	..	2 424	..	..	..	..
Entreprises sous contrôle étranger	..	..	..	..	..	..	..	..
Succursales d'entreprises étrangères	..	..	..	..	..	..	..	..
Ensemble des entreprises	..	..	..	2 424	2 631	3 313	..	..
Total								
Entreprises nationales	11 066	11 266	31 100	31 754	32 488	33 578	..	..
Entreprises sous contrôle étranger	..	..	..	..	..	..	..	..
Succursales d'entreprises étrangères	8	10	9	..	8	..	..	..
Ensemble des entreprises	11 074	11 276	31 100	31 754	32 497	33 578	43 263	44 071

FRANCE

Tableau 1. Agrégats sélectionnés (suite)

Millions EUR

	2010	2011	2012	2013	2014	2015	2016	2017
1.5 Opérations à l'étranger par succursale, primes brutes								
Vie								
Succursales et agences	1 761	1 929	1 895	2 691	2 860	3 373	4 393	5 050
Filiales	..	..	..	..	..	..	..	..
Total	1 761	1 929	1 895	2 691	2 860	3 373	4 393	5 050
Non-vie								
Succursales et agences	5 111	5 592	4 107	4 176	4 960	5 460	8 837	9 719
Filiales	..	..	..	..	..	..	..	..
Total	5 111	5 592	4 107	4 176	4 960	5 460	8 837	9 719
Mixtes								
Succursales et agences	..	..	..	..	..	..	..	..
Filiales	..	..	..	..	..	..	..	..
Total	..	..	..	..	..	..	..	..
dont :								
Vie	..	..	..	..	..	..	..	..
Succursales et agences	..	..	..	..	..	..	..	..
Filiales	..	..	..	..	..	..	..	..
Total	..	..	..	..	..	..	..	..
Non-vie	..	..	..	..	..	..	..	..
Succursales et agences	..	..	..	..	..	..	..	..
Filiales	..	..	..	..	..	..	..	..
Total	..	..	..	..	..	..	..	..
Total								
Succursales et agences	6 872	7 521	6 001	6 867	7 820	8 834	13 230	14 769
Filiales	..	..	..	..	..	..	..	..
Total	6 872	7 521	6 001	6 867	7 820	8 834	13 230	14 769

.. Non disponible ; | Rupture de série

Note : Voir les métadonnées détaillées sur : *http://metalinks.oecd.org/ins/20190221/cd37.*

Source : Statistiques de l'OCDE sur les assurances (base de données)

FRANCE

Tableau 2. Nombre d'entreprises et d'employés

	2010	2011	2012	2013	2014	2015	2016	2017
2.1 Nombre d'entreprises								
Vie								
Entreprises nationales	61	61	62	59	55	51	..	..
Entreprises sous contrôle étranger	..	..	..	..	..	..	..	..
Succursales d'entreprises étrangères	..	..	..	..	..	..	..	..
Ensemble des entreprises	61	61	62	59	55	51	..	..
Non-vie								
Entreprises nationales	257	250	221	212	206	191	..	..
Entreprises sous contrôle étranger	8	7	5	..	..	..	..	..
Succursales d'entreprises étrangères	..	..	..	4	4	4	..	..
Ensemble des entreprises	257	250	221	216	210	195	394	381
Mixtes								
Entreprises nationales	39	40	40	38	38	39	..	..
Entreprises sous contrôle étranger	..	..	..	..	..	..	..	..
Succursales d'entreprises étrangères	..	..	..	..	..	..	..	..
Ensemble des entreprises	39	40	40	38	38	39	239	236
Réassurance								
Entreprises nationales	24	20	16	16	15	16	..	..
Entreprises sous contrôle étranger	..	..	..	..	..	..	..	..
Succursales d'entreprises étrangères	..	..	..	..	..	..	..	..
Ensemble des entreprises	24	20	16	16	15	16	14	14
Total								
Entreprises nationales	381	371	339	325	314	297	..	..
Entreprises sous contrôle étranger	..	7	5	..	..	..	..	..
Succursales d'entreprises étrangères	..	..	..	4	4	4	..	..
Ensemble des entreprises	381	371	339	329	318	301	647	631
2.2 Nombre d'employés								
Entreprises d'assurance	..	..	..	..	..	..	..	..
Intermédiaires	..	..	..	..	..	..	..	..
Total	..	..	..	..	..	..	..	..

.. Non disponible
Note : Voir les métadonnées détaillées sur : *http://metalinks.oecd.org/ins/20190221/cd37.*
Source : Statistiques de l'OCDE sur les assurances (base de données)

ALLEMAGNE

Tableau 1. Agrégats sélectionnés

Millions EUR

	2010	2011	2012	2013	2014	2015	2016	2017
1.1 Opérations d'assurance conclues dans le pays déclarant								
1.1.1 Opérations d'assurance, par intérêt								
Primes brutes								
Entreprises nationales	180 083	178 145	233 661	243 304	246 201	254 407	257 208	264 933
Entreprises sous contrôle étranger	37 912	35 602	37 194	39 396	38 694	39 170	36 978	36 644
Succursales d'entreprises étrangères	1 744	5 560	8 062	7 963	8 796	9 751	8 994	10 550
Ensemble des entreprises	181 828	183 705	235 634	251 267	254 997	264 158	266 203	275 483
Primes cédées								
Entreprises nationales	14 656	15 996	23 045	25 709	27 853	32 499	31 990	34 336
Entreprises sous contrôle étranger	3 414	3 905	3 947	4 645	4 615	4 593	4 041	4 046
Succursales d'entreprises étrangères	..	..	100	108	103	114	112	132
Ensemble des entreprises	..	..	23 145	25 817	27 956	32 613	32 102	34 469
Primes nettes émises								
Entreprises nationales	165 427	162 149	210 616	217 596	218 348	221 907	225 218	230 596
Entreprises sous contrôle étranger	34 499	31 696	33 247	34 751	34 078	34 577	32 937	32 598
Succursales d'entreprises étrangères	..	..	1 873	7 854	8 693	9 637	8 882	10 418
Ensemble des entreprises	..	..	212 489	225 450	227 041	231 545	234 100	241 014
1.1.2 Opérations d'assurance par risque à l'étranger, primes brutes								
Vie	..	..	..	..	..	..	..	..
Non-vie	..	..	..	..	..	..	..	..
Mixtes total	..	..	..	..	..	..	..	..
Total	..	..	..	..	..	..	..	..
1.1.3 Paiement par catégories d'assurance, primes brutes (vie)								
Rentes	27 898	27 237	29 443	32 863	34 019	31 782	31 215	30 000
Unit linked	13 466	12 808	12 721	12 919	13 863	13 863	15 351	15 994
Autre assurance vie	44 734	40 660	40 822	41 934	40 891	41 214	38 845	41 612
Total assurance vie	86 098	80 705	82 986	87 716	88 774	86 859	85 411	87 606
***dont :** Contrats de retraite*	..	..	..	..	..	..	..	..
1.1.4 Paiement par catégories d'assurance, primes brutes (non-vie)								
L'assurance automobile	24 680	26 350	27 577	28 592	31 425	32 589	36 521	40 579
Les assurances transport (y compris maritime et aérien)	4 535	4 156	4 537	4 476	4 379	5 116	4 749	4 933
L'assurance de fret	..	..	..	..	..	..	..	..
L'assurance incendie et des dommages aux bien	33 154	36 611	34 420	36 832	35 422	38 830	42 499	46 541
L'assurance des pertes pécuniaires	2 910	2 979	2 754	2 815	2 088	2 197	2 376	3 872
L'assurance de la responsabilité civile générale	11 648	12 321	12 623	13 265	14 213	15 425	16 126	17 517
Les assurances accidents et maladie	45 055	47 235	48 823	49 395	48 811	49 176	49 721	52 572
***dont :** Maladie*	37 290	39 555	41 036	41 747	40 924	41 627	37 178	39 328
Autres assurances non-vie	4 195	4 316	4 794	4 841	4 865	31 030	25 991	21 153
Réassurance obligatoire	..	..	..	..	..	..	..	..
Total assurance non-vie	126 177	133 968	135 526	140 215	141 203	174 363	177 983	187 167
1.2 Paiements bruts des sinistres								
Vie								
Entreprises nationales	71 181	85 244	66 288	69 267	74 625	73 307	78 596	69 073
Entreprises sous contrôle étranger	..	..	15 284	17 017	17 510	17 929	17 942	16 501
Succursales d'entreprises étrangères	..	..	..	..	..	..	..	..
Ensemble des entreprises	71 181	85 244	66 288	69 267	74 625	73 307	78 596	69 073
Non-vie								
Entreprises nationales	84 864	93 574	101 839	113 293	72 709	77 667	78 086	84 787
Entreprises sous contrôle étranger	..	..	12 192	12 402	8 955	3 653	9 227	9 500
Succursales d'entreprises étrangères	..	..	..	..	..	..	..	..
Ensemble des entreprises	84 864	93 574	101 839	113 293	72 709	77 667	78 086	84 787
Mixtes, ensemble des entreprises	..	..	..	..	..	..	..	..
Total								
Entreprises nationales	156 045	178 818	168 127	182 560	147 334	150 974	156 682	153 859
Entreprises sous contrôle étranger	..	..	27 475	29 419	26 465	21 581	27 169	26 001
Succursales d'entreprises étrangères	..	..	..	..	..	..	..	..
Ensemble des entreprises	156 045	178 818	168 127	182 560	147 334	150 974	156 682	153 859
1.3 Commissions								
Vie								
Entreprises nationales	5 875	6 312	6 005	5 367	5 583	5 069	4 987	4 794
Entreprises sous contrôle étranger	..	..	1 771	1 604	1 533	1 488	1 238	1 138
Succursales d'entreprises étrangères	..	..	..	..	..	..	..	..
Ensemble des entreprises	5 875	6 312	6 005	5 367	5 583	5 069	4 987	4 794
Non-vie								
Entreprises nationales	9 627	9 908	10 069	10 048	10 221	10 740	11 105	12 173
Entreprises sous contrôle étranger	..	..	1 985	1 720	1 626	257	1 594	1 623
Succursales d'entreprises étrangères	..	..	..	..	..	..	..	..
Ensemble des entreprises	9 627	9 908	10 069	10 048	10 221	10 740	11 105	12 173
Mixtes, ensemble des entreprises	..	..	..	..	..	..	..	..
Total								
Entreprises nationales	15 502	16 220	16 074	15 416	15 805	15 810	16 092	16 967
Entreprises sous contrôle étranger	..	..	3 756	3 323	3 159	1 745	2 832	2 760
Succursales d'entreprises étrangères	..	..	..	..	..	..	..	..
Ensemble des entreprises	15 502	16 220	16 074	15 416	15 805	15 810	16 092	16 967

ALLEMAGNE

Tableau 1. Agrégats sélectionnés (suite)

Millions EUR

	2010	2011	2012	2013	2014	2015	2016	2017
1.4 Dépenses brutes d'exploitation								
Vie								
Entreprises nationales	14 203	14 545	4 051	3 954	3 963	4 008	3 902	3 907
Entreprises sous contrôle étranger	..	..	925	921	894	1 036	938	952
Succursales d'entreprises étrangères	..	..	..	..	..	..	..	..
Ensemble des entreprises	14 203	14 545	4 051	3 954	3 963	4 008	3 902	3 907
Non-vie								
Entreprises nationales	27 565	28 382	11 593	11 599	10 296	10 627	10 807	11 161
Entreprises sous contrôle étranger	..	..	1 528	1 400	1 187	324	1 183	1 210
Succursales d'entreprises étrangères	..	..	..	..	..	..	..	..
Ensemble des entreprises	27 565	28 382	11 593	11 599	10 296	10 627	10 807	11 161
Mixtes, ensemble des entreprises	..	..	..	..	..	..	..	..
Total								
Entreprises nationales	41 768	42 927	15 644	15 553	14 259	14 635	14 709	15 068
Entreprises sous contrôle étranger	..	..	2 453	2 321	2 081	1 361	2 121	2 163
Succursales d'entreprises étrangères	..	..	..	..	..	..	..	..
Ensemble des entreprises	41 768	42 927	15 644	15 553	14 259	14 635	14 709	15 068
1.5 Opérations à l'étranger par succursale, primes brutes								
Vie								
Succursales et agences	..	..	..	..	..	..	..	..
Filiales	..	..	..	..	..	..	..	..
Total	..	..	..	..	..	..	..	..
Non-vie								
Succursales et agences	..	..	..	..	..	..	..	..
Filiales	..	..	..	..	..	..	..	..
Total	..	..	..	..	..	..	..	..
Mixtes total	..	..	..	..	..	..	..	..
Total								
Succursales et agences	..	..	..	..	..	..	..	..
Filiales	..	..	..	..	..	..	..	..
Total	..	..	..	..	..	..	..	..

.. Non disponible

Note : Voir les métadonnées détaillées sur : *http://metalinks.oecd.org/ins/20190221/e8b8.*

Source : Statistiques de l'OCDE sur les assurances (base de données)

Tableau 2. Nombre d'entreprises et d'employés

	2010	2011	2012	2013	2014	2015	2016	2017
2.1 Nombre d'entreprises								
Vie								
Entreprises nationales	96	95	90	91	91	85	85	86
Entreprises sous contrôle étranger	19	20	19	17	17	14	14	15
Succursales d'entreprises étrangères	21	20	19	2	2	2	2	1
Ensemble des entreprises	117	115	109	93	93	87	87	87
Non-vie								
Entreprises nationales	261	265	256	259	255	257	252	251
Entreprises sous contrôle étranger	25	25	25	23	21	22	18	17
Succursales d'entreprises étrangères	72	69	62	3	3	3	2	2
Ensemble des entreprises	333	334	318	262	258	260	254	253
Mixtes, ensemble des entreprises	**0**	**0**	**0**	**0**	**0**	**0**	**0**	..
Réassurance								
Entreprises nationales	35	33	30	29	27	27	27	27
Entreprises sous contrôle étranger	5	5	6	4	3	3	3	3
Succursales d'entreprises étrangères	7	7	7	1	1	1	1	1
Ensemble des entreprises	42	40	37	30	28	28	28	28
Total								
Entreprises nationales	392	393	376	379	373	369	364	364
Entreprises sous contrôle étranger	49	50	50	44	41	39	35	35
Succursales d'entreprises étrangères	100	96	88	6	6	6	5	4
Ensemble des entreprises	492	489	464	385	379	375	369	368
2.2 Nombre d'employés								
Entreprises d'assurance	123 595	125 783	126 625	128 755	126 755	128 784	..	..
Intermédiaires	27 927	27 952	27 407	27 331	26 982	25 917	..	..
Total	151 522	153 735	154 032	156 086	153 737	154 701	156 675	154 262

.. Non disponible

Note : Voir les métadonnées détaillées sur : *http://metalinks.oecd.org/ins/20190221/e8b8.*

Source : Statistiques de l'OCDE sur les assurances (base de données)

GRÈCE

Tableau 1. Agrégats sélectionnés

Millions EUR

	2010	2011	2012	2013	2014	2015	2016	2017
1.1 Opérations d'assurance conclues dans le pays déclarant								
1.1.1 Opérations d'assurance, par intérêt								
Primes brutes								
Entreprises nationales	4 818	4 691	4 289	4 071	3 806	3 573	3 531	3 729
Entreprises sous contrôle étranger	1 877	2 130	2 071	1 730	1 696	1 766	2 350	2 450
Succursales d'entreprises étrangères	427	261	211	0	0	0	0	0
Ensemble des entreprises	5 246	4 952	4 499	4 071	3 806	3 573	3 531	3 729
Primes cédées								
Entreprises nationales	523	737	534	824	471	459	396	402
Entreprises sous contrôle étranger	226	439	235	214	206	201	244	260
Succursales d'entreprises étrangères	96	90	0	0	0	0	0	0
Ensemble des entreprises	619	827	534	824	471	459	396	402
Primes nettes émises								
Entreprises nationales	4 295	3 954	3 754	3 247	3 334	3 114	3 135	3 328
Entreprises sous contrôle étranger	1 651	1 691	1 836	1 516	1 490	1 565	2 106	2 190
Succursales d'entreprises étrangères	332	171	211	0	0	0	0	0
Ensemble des entreprises	4 627	4 125	3 965	3 247	3 335	3 114	3 135	3 328
1.1.2 Opérations d'assurance par risque à l'étranger, primes brutes								
Vie	..	..	..	..	..	..	..	..
Non-vie	..	..	..	..	..	..	..	..
Mixtes	..	..	..	..	..	..	..	..
dont :								
Vie	..	..	..	..	..	..	..	..
Non-vie	..	..	..	..	..	..	..	..
Total	..	..	..	..	..	..	..	..
1.1.3 Paiement par catégories d'assurance, primes brutes (vie)								
Rentes	..	..	165	142	129	125	0	0
Unit linked	..	..	368	240	396	326	250	347
Autre assurance vie	..	..	1 406	1 299	1 353	1 348	1 416	1 533
Total Assurance Vie	..	..	1 939	1 681	1 879	1 799	1 666	1 881
***dont :** Contrats de retraite*	..	..	205	143	151	156	..	..
1.1.4 Paiement par catégories d'assurance, primes brutes (non-vie)								
L'assurance automobile	1 965	1 840	1 569	1 417	1 154	1 006	911	938
Les assurances transport (y compris maritime et aérien)	28	25	21	19	19	20	32	34
L'assurance de fret	33	27	24	24	21	21	..	0
L'assurance incendie et des dommages aux bien	576	529	538	529	448	440	410	398
L'assurance des pertes pécuniaires	65	69	78	69	30	30	40	28
L'assurance de la responsabilité civile générale	81	73	78	76	67	68	65	63
Les assurances accidents et maladie	76	76	68	64	57	57	300	242
***dont :** Maladie*	18	19	20	0	0	..	..	0
Autres assurances non-vie	153	146	179	188	128	129	137	146
Réassurance obligatoire	0	0	0	0	0	..	..	0
Total assurance non-vie	2 995	2 786	2 556	2 386	1 924	1 770	1 896	1 848
1.2 Paiements bruts des sinistres								
Vie								
Entreprises nationales	692	822	1 300	1 072	900	744	..	..
Entreprises sous contrôle étranger	506	591	1 017	707	1	502	..	..
Succursales d'entreprises étrangères	269	263	0	0	0	0	..	..
Ensemble des entreprises	961	1 085	1 300	1 072	900	744	..	..
Non-vie								
Entreprises nationales	550	501	431	373	355	314	..	..
Entreprises sous contrôle étranger	144	146	142	121	224	109	..	..
Succursales d'entreprises étrangères	35	47	0	1	1	0	..	..
Ensemble des entreprises	586	549	431	375	356	314	..	..
Mixtes								
Entreprises nationales	1 317	1 408	1 291	1 096	1 018	931	..	..
Entreprises sous contrôle étranger	422	430	441	364	412	347	..	..
Succursales d'entreprises étrangères	0	0	0	0	0	0	..	..
Ensemble des entreprises	1 317	1 408	1 291	1 096	1 018	931	..	..
dont :								
Vie	703	866	791	669	613	573	..	..
Entreprises nationales	703	866	791	669	613	573	..	..
Entreprises sous contrôle étranger	255	285	282	226	7	220	..	..
Succursales d'entreprises étrangères	0	0	0	0	0	0	..	..
Ensemble des entreprises	703	866	791	669	613	573	..	..
Non-vie	614	541	501	426	405	358	..	..
Entreprises nationales	614	541	501	426	405	358	..	..
Entreprises sous contrôle étranger	166	145	159	138	405	126	..	..
Succursales d'entreprises étrangères	0	0	0	0	0	0	..	..
Ensemble des entreprises	614	541	501	426	405	358	..	..
Total								
Entreprises nationales	2 559	2 731	3 022	2 541	2 273	1 989	..	..
Entreprises sous contrôle étranger	1 072	1 167	1 600	1 192	637	957	..	..
Succursales d'entreprises étrangères	304	310	0	1	1	0	..	..
Ensemble des entreprises	2 864	3 042	3 022	2 542	2 274	1 989	..	..

GRÈCE

Tableau 1. Agrégats sélectionnés (suite)

Millions EUR

	2010	2011	2012	2013	2014	2015	2016	2017
1.3 Commissions								
Vie								
Entreprises nationales	..	..	..	..	95	91	..	..
Entreprises sous contrôle étranger	..	..	..	..	70	70	..	..
Succursales d'entreprises étrangères	..	..	..	..	0	0	..	..
Ensemble des entreprises	..	..	..	..	95	91	..	..
Non-vie								
Entreprises nationales	..	..	..	..	161	158	..	..
Entreprises sous contrôle étranger	..	..	..	..	63	66	..	..
Succursales d'entreprises étrangères	..	..	..	..	0	0	..	..
Ensemble des entreprises	..	..	..	..	162	158	..	..
Mixtes								
Entreprises nationales	..	..	..	..	276	709	..	..
Entreprises sous contrôle étranger	..	..	..	..	115	115	..	..
Succursales d'entreprises étrangères	..	..	..	..	0	0	..	..
Ensemble des entreprises	..	..	..	..	276	709	..	..
dont :								
Vie	..	..	..	..	102	544	..	..
Entreprises nationales	..	..	..	..	102	544	..	..
Entreprises sous contrôle étranger	..	..	..	..	39	40	..	..
Succursales d'entreprises étrangères	..	..	..	..	0	0	..	..
Ensemble des entreprises	..	..	..	..	102	544	..	..
Non-vie	..	..	..	..	174	164	..	..
Entreprises nationales	..	..	..	..	174	164	..	..
Entreprises sous contrôle étranger	..	..	..	..	76	75	..	..
Succursales d'entreprises étrangères	..	..	..	..	0	0	..	..
Ensemble des entreprises	..	..	..	..	174	164	..	..
Total								
Entreprises nationales	..	..	..	..	532	957	..	..
Entreprises sous contrôle étranger	..	..	..	..	248	251	..	..
Succursales d'entreprises étrangères	..	..	..	..	0	0	..	..
Ensemble des entreprises	..	..	..	..	532	957	..	..
1.4 Dépenses brutes d'exploitation								
Vie								
Entreprises nationales	177	182	82	79	176	163	35	38
Entreprises sous contrôle étranger	137	139	75	66	141	132	32	35
Succursales d'entreprises étrangères	59	57	0	0	0	..	0	0
Ensemble des entreprises	236	239	82	79	176	163	35	38
Non-vie								
Entreprises nationales	395	373	104	124	264	247	248	301
Entreprises sous contrôle étranger	135	137	59	61	115	116	145	168
Succursales d'entreprises étrangères	53	60	1	0	0	0	0	0
Ensemble des entreprises	448	432	106	124	264	247	248	301
Mixtes								
Entreprises nationales	608	543	67	169	404	371	700	701
Entreprises sous contrôle étranger	189	191	16	57	154	150	448	438
Succursales d'entreprises étrangères	0	0	0	0	0	..	0	0
Ensemble des entreprises	608	543	67	169	404	371	700	701
dont :								
Vie	195	176	36	53	144	145	315	322
Entreprises nationales	195	176	36	53	144	145	315	322
Entreprises sous contrôle étranger	70	69	11	21	53	52	231	223
Succursales d'entreprises étrangères	0	0	0	0	0	..	0	0
Ensemble des entreprises	195	176	36	53	144	145	315	322
Non-vie	413	368	31	116	260	226	385	379
Entreprises nationales	413	368	31	116	260	226	385	379
Entreprises sous contrôle étranger	119	122	4	36	101	98	217	215
Succursales d'entreprises étrangères	0	0	0	0	0	..	0	0
Ensemble des entreprises	413	368	31	116	260	226	385	379
Total								
Entreprises nationales	1 179	1 098	253	372	844	781	983	1 041
Entreprises sous contrôle étranger	461	467	150	184	410	398	625	641
Succursales d'entreprises étrangères	112	117	1	0	0	0	0	0
Ensemble des entreprises	1 291	1 215	254	372	844	781	983	1 041

Tableau 1. Agrégats sélectionnés (suite)

Millions EUR

	2010	2011	2012	2013	2014	2015	2016	2017
1.5 Opérations à l'étranger par succursale, primes brutes								
Vie								
Succursales et agences	16	0	..	..	..	..	..	0
Filiales	..	..	..	..	..	..	..	0
Total	16	0	..	..	..	..	..	0
Non-vie								
Succursales et agences	14	0	..	..	..	..	..	1
Filiales	..	..	..	..	..	..	..	0
Total	14	0	..	..	..	..	..	1
Mixtes								
Succursales et agences	..	..	..	..	..	..	..	0
Filiales	..	..	..	..	..	..	..	0
Total	..	..	..	..	..	..	..	0
dont :								
Vie	..	..	..	..	..	..	..	0
Succursales et agences	..	..	..	..	..	..	..	0
Filiales	..	..	..	..	..	..	..	0
Total	..	..	..	..	..	..	..	0
Non-vie	..	..	..	..	..	..	..	0
Succursales et agences	..	..	..	..	..	..	..	0
Filiales	..	..	..	..	..	..	..	0
Total	..	..	..	..	..	..	..	0
Total								
Succursales et agences	30	0	..	..	..	..	..	1
Filiales	..	..	..	..	..	..	..	0
Total	30	0	..	..	..	..	..	1

.. Non disponible

Note : Voir les métadonnées détaillées sur : *http://metalinks.oecd.org/ins/20190221/f2ff.*

Source : Statistiques de l'OCDE sur les assurances (base de données)

GRÈCE

Tableau 2. Nombre d'entreprises et d'employés

	2010	2011	2012	2013	2014	2015	2016	2017
2.1 Nombre d'entreprises								
Vie								
Entreprises nationales	11	10	11	11	11	11	4	3
Entreprises sous contrôle étranger	6	6	7	7	7	7	2	2
Succursales d'entreprises étrangères	1	1	0	0	0	0	0	0
Ensemble des entreprises	12	11	11	11	11	11	4	3
Non-vie								
Entreprises nationales	32	31	31	28	24	24	24	22
Entreprises sous contrôle étranger	7	7	7	7	6	5	7	6
Succursales d'entreprises étrangères	2	2	2	2	2	2	0	0
Ensemble des entreprises	34	33	33	30	26	26	24	22
Mixtes								
Entreprises nationales	12	11	11	11	11	11	17	17
Entreprises sous contrôle étranger	4	4	4	4	4	4	10	10
Succursales d'entreprises étrangères	0	0	0	0	0	0	0	0
Ensemble des entreprises	12	11	11	11	11	11	17	17
Réassurance								
Entreprises nationales	0	0	0	0	0	0	0	0
Entreprises sous contrôle étranger	0	0	0	0	0	0	0	0
Succursales d'entreprises étrangères	0	0	0	0	0	0	0	0
Ensemble des entreprises	0	0	0	0	0	0	0	0
Total								
Entreprises nationales	55	52	53	50	46	46	45	42
Entreprises sous contrôle étranger	17	17	18	18	17	16	19	18
Succursales d'entreprises étrangères	3	3	2	2	2	2	0	0
Ensemble des entreprises	58	55	55	52	48	48	45	42
2.2 Nombre d'employés								
Entreprises d'assurance	..	..	..	..	..	..	..	..
Intermédiaires	..	..	..	..	..	..	..	..
Total	..	..	..	..	..	..	..	..

.. Non disponible

Note : Voir les métadonnées détaillées sur : *http://metalinks.oecd.org/ins/20190221/f2ff.*

Source : Statistiques de l'OCDE sur les assurances (base de données)

HONGRIE

Tableau 1. Agrégats sélectionnés

Millions HUF

	2010	2011	2012	2013	2014	2015	2016	2017
1.1 Opérations d'assurance conclues dans le pays déclarant								
1.1.1 Opérations d'assurance, par intérêt								
Primes brutes								
Entreprises nationales	842 781	815 038	760 249	801 210	833 664	835 428	885 781	956 006
Entreprises sous contrôle étranger	802 202	770 794	718 932	763 286	796 332	788 248	835 272	897 699
Succursales d'entreprises étrangères	..	..	..	..	..	..	..	..
Ensemble des entreprises	842 781	815 038	760 249	801 210	833 664	835 428	885 781	956 006
Primes cédées								
Entreprises nationales	134 572	131 231	127 261	111 755	116 117	115 801	118 081	120 524
Entreprises sous contrôle étranger	123 702	120 088	118 373	104 254	108 557	104 464	107 021	106 729
Succursales d'entreprises étrangères	..	..	..	..	..	..	..	..
Ensemble des entreprises	134 572	131 231	127 261	111 755	116 117	115 801	118 081	120 524
Primes nettes émises								
Entreprises nationales	708 209	683 807	632 989	689 455	717 547	719 627	767 700	835 482
Entreprises sous contrôle étranger	678 500	650 706	600 559	659 032	687 774	683 784	728 251	790 970
Succursales d'entreprises étrangères	..	..	..	..	..	..	..	..
Ensemble des entreprises	708 209	683 807	632 989	689 455	717 547	719 627	767 700	835 482
1.1.2 Opérations d'assurance par risque à l'étranger, primes brutes								
Vie	2 501	30 145	3 284	3 358	3 533	4 234	4 317	4 630
Non-vie	1 568	2 165	1 257	1 840	1 923	1 052	2 308	2 657
Mixtes	5 030	5 326	7 943	4 500	2 829	4 368	8 142	9 004
dont :								
Vie	64	80	279	781	228	216	177	172
Non-vie	4 965	5 246	7 665	3 719	2 602	4 152	7 965	8 832
Total	9 099	37 636	12 484	9 698	8 285	9 654	14 767	16 291
1.1.3 Paiement par catégories d'assurance, primes brutes (vie)								
Rentes	4 459	4 247	3 529	2 975	3 147	3 479	..	..
Unit linked	295 752	298 106	261 098	286 919	282 059	266 857	..	..
Autre assurance vie	147 947	142 599	138 251	146 439	171 738	156 617	..	..
Total Assurance Vie	448 159	444 952	402 878	436 333	456 944	426 953	438 718	460 791
***dont :** Contrats de retraite*	51	37	..	19	..	10	..	..
1.1.4 Paiement par catégories d'assurance, primes brutes (non-vie)								
L'assurance automobile	200 559	164 432	147 428	144 515	152 283	175 045	203 396	232 622
Les assurances transport (y compris maritime et aérien)	1 098	933	663	661	793	879	142	172
L'assurance de fret	2 798	3 082	2 405	2 552	2 856	3 165	5 733	6 143
L'assurance incendie et des dommages aux bien	140 943	147 551	152 904	159 562	158 219	161 160	168 736	179 697
L'assurance des pertes pécuniaires	3 829	4 922	2 930	3 739	3 672	4 822	5 430	5 027
L'assurance de la responsabilité civile générale	17 560	17 956	18 856	20 074	21 904	23 585	21 274	24 525
Les assurances accidents et maladie	20 323	22 596	23 361	25 922	28 358	29 859	22 389	24 898
***dont :** Maladie*	7 599	5 929	7 128	8 559	9 558	8 668	4 250	5 557
Autres assurances non-vie	7 479	8 811	8 758	7 781	8 557	9 909	19 916	22 112
Réassurance obligatoire	..	..	..	..	..	..	..	..
Total assurance non-vie	394 588	370 284	357 305	364 806	376 641	408 424	447 017	495 197
1.2 Paiements bruts des sinistres								
Vie								
Entreprises nationales	142 272	170 016	153 649	139 994	130 633	150 198	155 047	172 359
Entreprises sous contrôle étranger	131 643	158 484	150 320	129 594	121 318	139 595	147 047	160 787
Succursales d'entreprises étrangères	..	..	..	..	..	..	..	..
Ensemble des entreprises	142 272	170 016	153 649	139 994	130 633	150 198	155 047	172 359
Non-vie								
Entreprises nationales	19 173	18 824	22 516	25 692	27 416	30 571	34 112	32 258
Entreprises sous contrôle étranger	12 193	11 865	11 387	12 611	13 973	14 605	16 056	12 917
Succursales d'entreprises étrangères	..	..	..	..	..	..	..	..
Ensemble des entreprises	19 173	18 824	22 516	25 692	27 416	30 571	34 112	32 258
Mixtes								
Entreprises nationales	441 811	411 093	413 298	422 789	379 879	356 926	361 448	389 622
Entreprises sous contrôle étranger	441 811	411 093	413 298	422 789	379 879	356 926	361 448	389 622
Succursales d'entreprises étrangères	..	..	..	..	..	..	..	..
Ensemble des entreprises	441 811	411 093	413 298	422 789	379 879	356 926	361 448	389 622
dont :								
Vie	228 884	236 953	240 059	242 802	212 244	180 098	176 820	185 216
Entreprises nationales	228 884	236 953	240 059	242 802	212 244	180 098	176 820	185 216
Entreprises sous contrôle étranger	228 884	236 953	240 059	242 802	212 244	180 098	176 820	185 216
Succursales d'entreprises étrangères	..	..	..	..	..	..	..	..
Ensemble des entreprises	228 884	236 953	240 059	242 802	212 244	180 098	176 820	185 216
Non-vie	212 928	174 139	173 240	179 988	167 635	176 829	184 628	204 406
Entreprises nationales	212 928	174 139	173 240	179 988	167 635	176 829	184 628	204 406
Entreprises sous contrôle étranger	212 928	174 139	173 240	179 988	167 635	176 829	184 628	204 406
Succursales d'entreprises étrangères	..	..	..	..	..	..	..	..
Ensemble des entreprises	212 928	174 139	173 240	179 988	167 635	176 829	184 628	204 406
Total								
Entreprises nationales	603 256	599 932	589 464	588 475	537 928	537 695	550 607	594 239
Entreprises sous contrôle étranger	585 648	581 441	575 006	564 995	515 171	511 127	524 551	563 326
Succursales d'entreprises étrangères	..	..	..	..	..	..	..	..
Ensemble des entreprises	603 256	599 932	589 464	588 475	537 928	537 695	550 607	594 239

HONGRIE

Tableau 1. Agrégats sélectionnés (suite)

Millions HUF

	2010	2011	2012	2013	2014	2015	2016	2017
1.3 Commissions								
Vie								
Entreprises nationales	23 836	23 907	20 760	14 900	14 024	13 526	16 531	17 513
Entreprises sous contrôle étranger	13 107	13 391	14 215	11 559	11 559	11 089	14 360	15 017
Succursales d'entreprises étrangères	..	..	..	..	..	..	..	..
Ensemble des entreprises	23 836	23 907	20 760	14 900	14 024	13 526	16 531	17 513
Non-vie								
Entreprises nationales	5 722	6 479	6 319	7 349	7 243	9 161	10 325	13 383
Entreprises sous contrôle étranger	5 088	5 335	4 457	4 813	4 948	5 986	5 650	6 550
Succursales d'entreprises étrangères	..	..	..	..	..	..	..	..
Ensemble des entreprises	5 722	6 479	6 319	7 349	7 243	9 161	10 325	13 383
Mixtes								
Entreprises nationales	74 369	74 891	69 058	75 007	72 592	79 086	108 207	114 286
Entreprises sous contrôle étranger	74 369	74 891	69 058	75 007	72 592	79 086	108 207	114 286
Succursales d'entreprises étrangères	..	..	..	..	..	..	..	..
Ensemble des entreprises	74 369	74 891	69 058	75 007	72 592	79 086	108 207	114 286
dont :								
Vie	28 121	30 426	26 909	29 847	30 235	29 116	39 083	38 017
Entreprises nationales	28 121	30 426	26 909	29 847	30 235	29 116	39 083	38 017
Entreprises sous contrôle étranger	28 121	30 426	26 909	29 847	30 235	29 116	39 083	38 017
Succursales d'entreprises étrangères	..	..	..	..	..	..	..	..
Ensemble des entreprises	28 121	30 426	26 909	29 847	30 235	29 116	39 083	38 017
Non-vie	46 248	44 465	42 148	45 160	42 357	49 970	69 124	76 269
Entreprises nationales	46 248	44 465	42 148	45 160	42 357	49 970	69 124	76 269
Entreprises sous contrôle étranger	46 248	44 465	42 148	45 160	42 357	49 970	69 124	76 269
Succursales d'entreprises étrangères	..	..	..	..	..	..	..	..
Ensemble des entreprises	46 248	44 465	42 148	45 160	42 357	49 970	69 124	76 269
Total								
Entreprises nationales	103 927	105 277	96 136	97 256	93 859	101 773	135 063	145 182
Entreprises sous contrôle étranger	92 564	93 617	87 729	91 380	89 099	96 162	128 218	135 853
Succursales d'entreprises étrangères	..	..	..	..	..	..	..	..
Ensemble des entreprises	103 927	105 277	96 136	97 256	93 859	101 773	135 063	145 182
1.4 Dépenses brutes d'exploitation								
Vie								
Entreprises nationales	56 566	52 633	37 846	32 595	35 399	32 897	34 946	34 955
Entreprises sous contrôle étranger	37 256	36 587	32 963	27 473	30 053	29 279	31 818	30 865
Succursales d'entreprises étrangères	..	..	..	..	..	..	..	..
Ensemble des entreprises	56 566	52 633	37 846	32 595	35 399	32 897	34 946	34 955
Non-vie								
Entreprises nationales	15 324	17 229	16 277	17 413	17 638	20 337	21 977	21 528
Entreprises sous contrôle étranger	11 678	12 859	10 465	11 126	11 890	14 690	13 298	10 965
Succursales d'entreprises étrangères	..	..	..	..	..	..	..	..
Ensemble des entreprises	15 324	17 229	16 277	17 413	17 638	20 337	21 977	21 528
Mixtes								
Entreprises nationales	175 554	170 062	155 577	172 680	181 142	167 842	176 431	185 944
Entreprises sous contrôle étranger	175 554	170 062	155 577	172 680	181 142	167 842	176 431	185 944
Succursales d'entreprises étrangères	..	..	..	..	..	..	..	..
Ensemble des entreprises	175 554	170 062	155 577	172 680	181 142	167 842	176 431	185 944
dont :								
Vie	65 371	68 791	55 125	56 633	70 675	55 349	56 859	50 779
Entreprises nationales	65 371	68 791	55 125	56 633	70 675	55 349	56 859	50 779
Entreprises sous contrôle étranger	65 371	68 791	55 125	56 633	70 675	55 349	56 859	50 779
Succursales d'entreprises étrangères	..	..	..	..	..	..	..	..
Ensemble des entreprises	65 371	68 791	55 125	56 633	70 675	55 349	56 859	50 779
Non-vie	110 183	101 271	100 451	116 047	110 467	112 493	119 571	135 165
Entreprises nationales	110 183	101 271	100 451	116 047	110 467	112 493	119 571	135 165
Entreprises sous contrôle étranger	110 183	101 271	100 451	116 047	110 467	112 493	119 571	135 165
Succursales d'entreprises étrangères	..	..	..	..	..	..	..	..
Ensemble des entreprises	110 183	101 271	100 451	116 047	110 467	112 493	119 571	135 165
Total								
Entreprises nationales	247 444	239 924	209 699	222 687	234 179	221 076	233 354	242 427
Entreprises sous contrôle étranger	224 487	219 509	199 004	211 279	223 085	211 811	221 547	227 774
Succursales d'entreprises étrangères	..	..	..	..	..	..	..	..
Ensemble des entreprises	247 444	239 924	209 699	222 687	234 179	221 076	233 354	242 427

HONGRIE

Tableau 1. Agrégats sélectionnés (suite)

Millions HUF

	2010	2011	2012	2013	2014	2015	2016	2017
1.5 Opérations à l'étranger par succursale, primes brutes								
Vie								
Succursales et agences	..	..	..	..	..	..	..	..
Filiales	..	..	..	..	..	..	..	..
Total	..	..	..	..	..	..	..	..
Non-vie								
Succursales et agences	..	..	..	..	..	..	..	..
Filiales	..	..	..	..	..	..	..	..
Total	..	..	..	..	..	..	..	..
Mixtes								
Succursales et agences	..	..	..	..	..	..	..	..
Filiales	..	..	..	..	..	..	..	..
Total	..	..	..	..	..	..	..	..
dont :								
Vie	..	..	..	..	..	..	..	..
Succursales et agences	..	..	..	..	..	..	..	..
Filiales	..	..	..	..	..	..	..	..
Total	..	..	..	..	..	..	..	..
Non-vie	..	..	..	..	..	..	..	..
Succursales et agences	..	..	..	..	..	..	..	..
Filiales	..	..	..	..	..	..	..	..
Total	..	..	..	..	..	..	..	..
Total								
Succursales et agences	..	..	..	..	..	..	..	..
Filiales	..	..	..	..	..	..	..	..
Total	..	..	..	..	..	..	..	..

.. Non disponible

Note : Voir les métadonnées détaillées sur : *http://metalinks.oecd.org/ins/20190221/6386.*

Source : Statistiques de l'OCDE sur les assurances (base de données)

HONGRIE

Tableau 2. Nombre d'entreprises et d'employés

	2010	2011	2012	2013	2014	2015	2016	2017
2.1 Nombre d'entreprises								
Vie								
Entreprises nationales	12	12	12	10	10	10	8	7
Entreprises sous contrôle étranger	9	9	9	7	7	7	7	6
Succursales d'entreprises étrangères	0	..	..	..	..	0	0	0
Ensemble des entreprises	12	12	12	10	10	10	8	7
Non-vie								
Entreprises nationales	15	15	13	12	12	11	10	9
Entreprises sous contrôle étranger	9	9	7	6	6	6	6	5
Succursales d'entreprises étrangères	14	12	14	14	14	13	14	13
Ensemble des entreprises	29	27	27	26	26	24	24	22
Mixtes								
Entreprises nationales	10	10	10	10	10	9	9	9
Entreprises sous contrôle étranger	10	10	10	10	10	9	9	9
Succursales d'entreprises étrangères	0	1	1	1	1	2	2	2
Ensemble des entreprises	10	11	11	11	11	11	11	11
Réassurance								
Entreprises nationales	..	..	..	..	..	..	..	..
Entreprises sous contrôle étranger	..	..	..	..	..	..	..	..
Succursales d'entreprises étrangères	..	..	..	..	..	..	..	..
Ensemble des entreprises	..	..	..	..	..	..	..	..
Total								
Entreprises nationales	37	37	35	32	32	30	27	25
Entreprises sous contrôle étranger	28	28	26	23	23	22	22	20
Succursales d'entreprises étrangères	14	13	15	15	15	15	16	15
Ensemble des entreprises	51	50	50	47	47	45	43	40
2.2 Nombre d'employés								
Entreprises d'assurance	10 547	9 580	9 701	9 363	9 229	8 728	8 542	8 133
Intermédiaires	17 067	16 950	13 572	13 083	12 768	11 392	9 822	12 287
Total	27 615	26 530	23 273	22 445	21 997	20 121	18 364	20 420

.. Non disponible

Note : Voir les métadonnées détaillées sur : *http://metalinks.oecd.org/ins/20190221/6386.*

Source : Statistiques de l'OCDE sur les assurances (base de données)

ISLANDE

Tableau 1. Agrégats sélectionnés

Millions ISK

	2010	2011	2012	2013	2014	2015	2016	2017
1.1 Opérations d'assurance conclues dans le pays déclarant								
1.1.1 Opérations d'assurance, par intérêt								
Primes brutes								
Entreprises nationales	46 636	48 117	50 490	51 142	51 849	55 346	58 777	65 274
Entreprises sous contrôle étranger	4 082	4 464	4 788	5 088	5 401	6 010	..	..
Succursales d'entreprises étrangères	0	0	..	..	..	..	..	..
Ensemble des entreprises	46 636	48 117	50 490	51 142	51 849	55 346	58 777	65 274
Primes cédées								
Entreprises nationales	3 621	3 425	3 371	3 136	2 918	2 882	2 725	2 613
Entreprises sous contrôle étranger	476	328	318	310	310	272	..	..
Succursales d'entreprises étrangères	0	0	..	..	..	..	..	..
Ensemble des entreprises	3 621	3 425	3 371	3 136	2 918	2 882	2 725	2 613
Primes nettes émises								
Entreprises nationales	43 015	44 692	47 118	48 005	48 931	52 465	56 052	62 662
Entreprises sous contrôle étranger	3 606	4 136	4 470	4 779	5 091	5 737	..	..
Succursales d'entreprises étrangères	0	0	..	..	..	..	..	..
Ensemble des entreprises	43 015	44 692	47 118	48 005	48 931	52 465	56 052	62 662
1.1.2 Opérations d'assurance par risque à l'étranger, primes brutes								
Vie	3 510	0	0	0	0	0	0	0
Non-vie	43 506	2 528	2 632	2 156	2 563	3 018	1 010	1 737
Mixtes total	..	..	..	..	..	..	..	..
Total	47 016	2 528	2 632	2 156	2 563	3 018	1 010	1 737
1.1.3 Paiement par catégories d'assurance, primes brutes (vie)								
Rentes	65	57	61	61	111	473	..	..
Unit linked	104	110	87	86	87	91	20	32
Autre assurance vie	3 216	3 227	3 532	3 913	4 042	4 087	5 141	5 789
Total assurance vie	3 385	3 395	3 680	4 061	4 240	4 651	5 161	5 821
***dont** : Contrats de retraite*	0	0	0	0	0	0	0	0
1.1.4 Paiement par catégories d'assurance, primes brutes (non-vie)								
L'assurance automobile	20 479	20 205	21 226	21 522	22 084	23 952	28 398	33 127
Les assurances transport (y compris maritime et aérien)	2 483	2 629	2 746	3 372	3 419	3 690	3 631	3 139
L'assurance de fret	602	632	667	638	646	751	0	0
L'assurance incendie et des dommages aux bien	12 193	12 838	14 028	13 816	13 903	13 911	12 484	13 048
L'assurance des pertes pécuniaires	77	100	77	45	23	27	33	26
L'assurance de la responsabilité civile générale	2 372	2 782	2 932	2 556	2 565	2 672	3 078	3 561
Les assurances accidents et maladie	5 012	5 318	5 108	5 102	4 947	5 646	5 960	6 509
***dont** : Maladie*	..	..	..	..	..	..	..	..
Autres assurances non-vie	12	27	27	30	22	42	32	42
Réassurance obligatoire	0	0	0	0	0	0	0	0
Total assurance non-vie	43 230	44 530	46 809	47 081	47 608	50 690	53 616	59 453
1.2 Paiements bruts des sinistres								
Vie								
Entreprises nationales	882	1 139	1 434	1 381	1 529	1 325	1 690	1 755
Entreprises sous contrôle étranger	15	21	56	47	30	58	..	..
Succursales d'entreprises étrangères	0	..	..	..	..	..	..	..
Ensemble des entreprises	882	1 139	1 434	1 381	1 529	1 325	1 690	1 755
Non-vie								
Entreprises nationales	27 092	28 721	30 190	31 417	32 554	36 082	41 655	43 781
Entreprises sous contrôle étranger	2 859	3 132	2 931	3 412	3 520	4 169	..	..
Succursales d'entreprises étrangères	0	..	..	..	..	..	..	..
Ensemble des entreprises	27 092	28 721	30 190	31 417	32 554	36 082	41 655	43 781
Mixtes, ensemble des entreprises	..	..	..	..	..	..	..	..
Total								
Entreprises nationales	27 974	29 861	31 624	32 798	34 083	37 407	43 345	45 536
Entreprises sous contrôle étranger	2 874	3 152	2 987	3 459	3 550	4 227	..	..
Succursales d'entreprises étrangères	0	..	..	..	..	..	..	..
Ensemble des entreprises	27 974	29 861	31 624	32 798	34 083	37 407	43 345	45 536
1.3 Commissions								
Vie								
Entreprises nationales	41	74	71	66	118	90	..	..
Entreprises sous contrôle étranger	6	4	12	20	42	3	..	..
Succursales d'entreprises étrangères	0	..	..	..	..	..	..	..
Ensemble des entreprises	41	74	71	66	118	90	..	..
Non-vie								
Entreprises nationales	121	101	122	102	39	36	..	..
Entreprises sous contrôle étranger	0	0	0	0	0	0	..	..
Succursales d'entreprises étrangères	0	..	..	..	..	..	..	..
Ensemble des entreprises	121	101	122	102	39	36	..	..
Mixtes, ensemble des entreprises	..	..	..	..	..	..	..	..
Total								
Entreprises nationales	162	175	193	168	157	126	..	..
Entreprises sous contrôle étranger	6	4	12	20	42	3	..	..
Succursales d'entreprises étrangères	0	..	..	..	..	..	..	..
Ensemble des entreprises	162	175	193	168	157	126	..	..

ISLANDE

Tableau 1. Agrégats sélectionnés (suite)

Millions ISK

	2010	2011	2012	2013	2014	2015	2016	2017
1.4 Dépenses brutes d'exploitation								
Vie								
Entreprises nationales	851	945	1 119	1 384	1 098	1 498	1 231	1 528
Entreprises sous contrôle étranger	52	57	77	90	18	161	..	..
Succursales d'entreprises étrangères	0	..	..	..	..	..	..	..
Ensemble des entreprises	851	945	1 119	1 384	1 098	1 498	1 231	1 528
Non-vie								
Entreprises nationales	8 563	9 081	9 987	9 860	9 680	4 314	6 931	7 422
Entreprises sous contrôle étranger	859	965	996	1 084	1 086	1 225	..	..
Succursales d'entreprises étrangères	0	..	..	..	..	..	..	..
Ensemble des entreprises	8 563	9 081	9 987	9 860	9 680	4 314	6 931	7 422
Mixtes, ensemble des entreprises	..	..	..	..	..	..	..	..
Total								
Entreprises nationales	9 414	10 027	11 106	11 244	10 778	5 812	8 162	8 950
Entreprises sous contrôle étranger	911	1 022	1 072	1 173	1 104	1 387	..	..
Succursales d'entreprises étrangères	0	..	..	..	..	..	..	..
Ensemble des entreprises	9 414	10 027	11 106	11 244	10 778	5 812	8 162	8 950
1.5 Opérations à l'étranger par succursale, primes brutes								
Vie								
Succursales et agences	0	0	0	..	..	..	..	..
Filiales	0	0	0	..	..	..	..	..
Total	0	0	0	..	..	..	..	..
Non-vie								
Succursales et agences	277	551	914	..	..	..	..	..
Filiales	0	0	0	..	..	..	..	..
Total	277	551	914	..	..	..	..	..
Mixtes total	..	..	..	..	..	..	..	..
Total								
Succursales et agences	277	551	914	..	..	..	..	..
Filiales	0	0	0	..	..	..	..	..
Total	277	551	914	..	..	..	..	..

.. Non disponible

Note : Voir les métadonnées détaillées sur : *http://metalinks.oecd.org/ins/20190221/f5bf.*

Source : Statistiques de l'OCDE sur les assurances (base de données)

ISLANDE

Tableau 2. Nombre d'entreprises et d'employés

	2010	2011	2012	2013	2014	2015	2016	2017
2.1 Nombre d'entreprises								
Vie								
Entreprises nationales	5	5	5	5	5	5	4	4
Entreprises sous contrôle étranger	1	1	1	1	1	1	..	..
Succursales d'entreprises étrangères	0	0	1	1	1	1	..	..
Ensemble des entreprises	5	5	6	6	6	6	4	4
Non-vie								
Entreprises nationales	6	6	6	5	5	5	4	4
Entreprises sous contrôle étranger	1	1	1	1	1	1	..	..
Succursales d'entreprises étrangères	0	0	1	1	1	1	..	..
Ensemble des entreprises	6	6	7	6	6	6	4	4
Mixtes, ensemble des entreprises	**0**	**0**	**0**	**0**	**0**	**0**	**0**	**0**
Réassurance								
Entreprises nationales	2	2	2	2	2	2	0	0
Entreprises sous contrôle étranger	0	0	0	..	..	..	..	..
Succursales d'entreprises étrangères	0	0	0	..	..	..	..	..
Ensemble des entreprises	2	2	2	2	2	2	0	0
Total								
Entreprises nationales	13	13	13	12	12	12	8	8
Entreprises sous contrôle étranger	2	2	2	2	2	2	0	0
Succursales d'entreprises étrangères	0	0	2	2	2	2	0	0
Ensemble des entreprises	13	13	15	14	14	14	8	8
2.2 Nombre d'employés								
Entreprises d'assurance	617	652	641	614	..	582	..	..
Intermédiaires	..	0	..	..	592	..	..	..
Total	617	652	..	614	592	582	..	..

.. Non disponible

Note : Voir les métadonnées détaillées sur : *http://metalinks.oecd.org/ins/20190221/f5bf.*

Source : Statistiques de l'OCDE sur les assurances (base de données)

IRLANDE

Tableau 1. Agrégats sélectionnés

Millions EUR

	2010	2011	2012	2013	2014	2015	2016	2017
1.1 Opérations d'assurance conclues dans le pays déclarant								
1.1.1 Opérations d'assurance, par intérêt								
Primes brutes								
Entreprises nationales	31 340	30 304	33 133	31 818	36 377	40 340	48 949	40 281
Entreprises sous contrôle étranger	0	..	..	..	..	..	..	..
Succursales d'entreprises étrangères	2 840	1 731	2 348	2 301	3 184	3 645	..	..
Ensemble des entreprises	34 180	32 035	35 481	34 119	39 561	43 985	48 949	40 281
Primes cédées								
Entreprises nationales	2 950	3 478	3 755	3 908	3 891	4 933	9 985	..
Entreprises sous contrôle étranger	0	..	..	..	..	..	..	..
Succursales d'entreprises étrangères	800	772	356	268	371	359	..	..
Ensemble des entreprises	3 750	4 250	4 111	4 176	4 262	5 292	9 985	..
Primes nettes émises								
Entreprises nationales	28 390	26 826	29 379	27 910	32 486	35 407	38 964	..
Entreprises sous contrôle étranger	0	..	..	..	..	..	..	..
Succursales d'entreprises étrangères	2 040	960	1 992	2 033	2 813	3 286	..	..
Ensemble des entreprises	30 430	27 786	31 371	29 943	35 299	38 693	38 964	..
1.1.2 Opérations d'assurance par risque à l'étranger, primes brutes								
Vie	15 779	15 627	15 038	16 125	21 410	23 192	..	19 765
Non-vie	3 016	3 195	3 676	3 826	3 960	4 263	..	1 927
Mixtes	..	..	..	..	..	..	..	..
dont :								
Vie	..	..	..	..	..	..	..	..
Non-vie	..	..	..	..	..	..	..	..
Total	18 796	18 821	18 714	19 951	25 370	27 455	..	21 692
1.1.3 Paiement par catégories d'assurance, primes brutes (vie)								
Rentes	..	..	..	..	..	..	0	0
Unit linked	..	..	..	..	..	..	28 838	29 365
Autre assurance vie	..	..	..	..	..	..	4 477	3 804
Total Assurance Vie	..	..	28 140	27 207	32 171	34 587	33 315	33 169
***dont :** Contrats de retraite*	..	..	..	..	..	..	..	..
1.1.4 Paiement par catégories d'assurance, primes brutes (non-vie)								
L'assurance automobile	1 649	1 423	1 486	1 435	1 599	1 795	3 905	1 770
Les assurances transport (y compris maritime et aérien)	204	237	243	183	143	163	421	143
L'assurance de fret	..	0	..	..	..	..	0	0
L'assurance incendie et des dommages aux bien	1 785	1 728	1 906	1 763	1 758	1 768	4 023	1 159
L'assurance des pertes pécuniaires	47	67	..	105	124	92	332	479
L'assurance de la responsabilité civile générale	1 108	1 072	1 147	1 127	1 301	1 400	2 887	965
Les assurances accidents et maladie	1 267	1 432	1 288	1 171	1 235	2 750	1 935	2 322
***dont :** Maladie*	..	..	..	..	..	..	..	..
Autres assurances non-vie	518	485	563	504	494	585	1 159	4
Réassurance obligatoire	168	284	374	330	373	414	746	217
Total assurance non-vie	6 745	6 729	7 007	6 618	7 027	8 967	15 408	7 059
1.2 Paiements bruts des sinistres								
Vie								
Entreprises nationales	21 393	..	27 921	28 263	27 434	28 474	32 280	26 726
Entreprises sous contrôle étranger	0	..	..	..	..	..	..	..
Succursales d'entreprises étrangères	626	..	..	1 235	1 114	1 356	..	..
Ensemble des entreprises	22 019	..	27 921	29 498	28 548	29 830	32 280	26 726
Non-vie								
Entreprises nationales	4 438	4 938	4 842	4 369	3 853	5 343	15 941	8 482
Entreprises sous contrôle étranger	0	..	..	..	..	..	..	..
Succursales d'entreprises étrangères	474	1 023	983	677	1 177	1 179	..	..
Ensemble des entreprises	4 912	5 961	5 825	5 046	5 030	6 522	15 941	8 482
Mixtes								
Entreprises nationales	..	..	..	..	..	..	..	..
Entreprises sous contrôle étranger	..	..	..	..	..	..	..	..
Succursales d'entreprises étrangères	..	..	..	..	..	..	..	..
Ensemble des entreprises	..	..	..	..	..	..	..	..
dont :								
Vie	..	..	..	..	..	..	..	..
Entreprises nationales	..	..	..	..	..	..	..	..
Entreprises sous contrôle étranger	..	..	..	..	..	..	..	..
Succursales d'entreprises étrangères	..	..	..	..	..	..	..	..
Ensemble des entreprises	..	..	..	..	..	..	..	..
Non-vie	..	..	..	..	..	..	..	..
Entreprises nationales	..	..	..	..	..	..	..	..
Entreprises sous contrôle étranger	..	..	..	..	..	..	..	..
Succursales d'entreprises étrangères	..	..	..	..	..	..	..	..
Ensemble des entreprises	..	..	..	..	..	..	..	..
Total								
Entreprises nationales	25 831	4 938	32 763	32 632	31 287	33 817	48 221	35 208
Entreprises sous contrôle étranger	0	..	..	..	..	..	..	..
Succursales d'entreprises étrangères	1 099	1 023	983	1 912	2 291	2 535	..	..
Ensemble des entreprises	26 931	5 961	33 746	34 544	33 578	36 352	48 221	35 208

Tableau 1. Agrégats sélectionnés (suite)

Millions EUR

	2010	2011	2012	2013	2014	2015	2016	2017
1.3 Commissions								
Vie								
Entreprises nationales	1 310	..	1 593	1 844	2 051	2 281	2 198	1 517
Entreprises sous contrôle étranger	0	..	..	..	..	..	..	..
Succursales d'entreprises étrangères	25	..	..	43	64	59	..	..
Ensemble des entreprises	1 335	..	1 593	1 887	2 115	2 340	2 198	1 517
Non-vie								
Entreprises nationales	767	764	657	737	764	896	2 292	957
Entreprises sous contrôle étranger	0	..	..	..	..	..	..	..
Succursales d'entreprises étrangères	130	104	171	130	248	299	..	..
Ensemble des entreprises	897	868	828	867	1 012	1 195	2 292	957
Mixtes								
Entreprises nationales	..	..	..	..	..	..	..	..
Entreprises sous contrôle étranger	..	..	..	..	..	..	..	..
Succursales d'entreprises étrangères	..	..	..	..	..	..	..	..
Ensemble des entreprises	..	..	..	..	..	..	..	..
dont :								
Vie	..	..	..	..	..	..	..	..
Entreprises nationales	..	..	..	..	..	..	..	0
Entreprises sous contrôle étranger	..	..	..	..	..	..	..	..
Succursales d'entreprises étrangères	..	..	..	..	..	..	..	..
Ensemble des entreprises	..	..	..	..	..	..	..	..
Non-vie	..	..	..	..	..	..	..	..
Entreprises nationales	..	..	..	..	..	..	..	..
Entreprises sous contrôle étranger	..	..	..	..	..	..	..	..
Succursales d'entreprises étrangères	..	..	..	..	..	..	..	..
Ensemble des entreprises	..	..	..	..	..	..	..	..
Total								
Entreprises nationales	2 077	764	2 250	2 581	2 815	3 177	4 490	2 474
Entreprises sous contrôle étranger	0	..	..	..	..	..	..	..
Succursales d'entreprises étrangères	155	104	171	173	312	358	..	..
Ensemble des entreprises	2 232	868	2 420	2 754	3 127	3 535	4 490	2 474
1.4 Dépenses brutes d'exploitation								
Vie								
Entreprises nationales	1 127	..	1 268	1 346	1 429	1 437	1 319	444
Entreprises sous contrôle étranger	0	..	..	..	..	..	..	..
Succursales d'entreprises étrangères	68	..	..	154	657	158	..	..
Ensemble des entreprises	1 195	..	1 268	1 500	2 086	1 595	1 319	444
Non-vie								
Entreprises nationales	726	688	622	650	589	484	1 873	932
Entreprises sous contrôle étranger	0	..	..	..	..	..	..	..
Succursales d'entreprises étrangères	79	186	295	159	223	224	..	..
Ensemble des entreprises	805	874	917	809	812	708	1 873	932
Mixtes								
Entreprises nationales	..	..	..	..	..	..	..	..
Entreprises sous contrôle étranger	..	..	..	..	..	..	..	..
Succursales d'entreprises étrangères	..	..	..	..	..	..	..	..
Ensemble des entreprises	..	..	..	..	..	..	..	..
dont :								
Vie	..	..	..	..	..	..	..	..
Entreprises nationales	..	..	..	..	..	..	..	..
Entreprises sous contrôle étranger	..	..	..	..	..	..	..	..
Succursales d'entreprises étrangères	..	..	..	..	..	..	..	..
Ensemble des entreprises	..	..	..	..	..	..	..	..
Non-vie	..	..	..	..	..	..	..	..
Entreprises nationales	..	..	..	..	..	..	..	..
Entreprises sous contrôle étranger	..	..	..	..	..	..	..	..
Succursales d'entreprises étrangères	..	..	..	..	..	..	..	..
Ensemble des entreprises	..	..	..	..	..	..	..	..
Total								
Entreprises nationales	1 853	688	1 891	1 996	2 018	1 921	3 192	1 376
Entreprises sous contrôle étranger	0	..	..	..	..	..	..	..
Succursales d'entreprises étrangères	147	186	295	313	880	382	..	..
Ensemble des entreprises	2 000	874	2 185	2 309	2 898	2 303	3 192	1 376

IRLANDE

Tableau 1. Agrégats sélectionnés (suite)

Millions EUR

	2010	2011	2012	2013	2014	2015	2016	2017
1.5 Opérations à l'étranger par succursale, primes brutes								
Vie								
Succursales et agences	3 701	2 434	3 422	5 563	5 970	6 234	..	6 438
Filiales	0	..	..	..	..	..	..	..
Total	3 701	2 434	3 422	5 563	5 970	6 234	..	6 438
Non-vie								
Succursales et agences	8 628	9 626	9 599	9 228	9 640	9 835	..	8 739
Filiales	0	..	..	..	..	..	..	..
Total	8 628	9 626	9 599	9 228	9 640	9 835	..	8 739
Mixtes								
Succursales et agences	..	..	..	..	..	..	..	..
Filiales	..	..	..	..	..	..	..	..
Total	..	..	..	..	..	..	..	..
dont :								
Vie	..	..	..	..	..	..	..	..
Succursales et agences	..	..	..	..	..	..	..	..
Filiales	..	..	..	..	..	..	..	..
Total	..	..	..	..	..	..	..	..
Non-vie	..	..	..	..	..	..	..	..
Succursales et agences	..	..	..	..	..	..	..	..
Filiales	..	..	..	..	..	..	..	..
Total	..	..	..	..	..	..	..	..
Total								
Succursales et agences	12 329	12 060	13 021	14 791	15 610	16 069	..	15 177
Filiales	0	..	..	..	..	..	..	..
Total	12 329	12 060	13 021	14 791	15 610	16 069	..	15 177

.. Non disponible
Note : Voir les métadonnées détaillées sur : *http://metalinks.oecd.org/ins/20190221/8ae4.*
Source : Statistiques de l'OCDE sur les assurances (base de données)

IRLANDE

Tableau 2. Nombre d'entreprises et d'employés

	2010	2011	2012	2013	2014	2015	2016	2017
2.1 Nombre d'entreprises								
Vie								
Entreprises nationales	61	62	55	53	51	48	44	45
Entreprises sous contrôle étranger	0	0	0	..	..	..	0	0
Succursales d'entreprises étrangères	10	9	8	8	8	11	11	12
Ensemble des entreprises	71	71	63	61	59	59	55	57
Non-vie								
Entreprises nationales	123	121	111	104	102	101	90	99
Entreprises sous contrôle étranger	0	0	0	..	..	..	0	0
Succursales d'entreprises étrangères	30	28	28	27	30	32	31	30
Ensemble des entreprises	153	149	139	131	132	133	121	129
Mixtes								
Entreprises nationales	0	0	0	0	0	0	0	1
Entreprises sous contrôle étranger	0	0	0	0	0	0	0	0
Succursales d'entreprises étrangères	0	0	0	0	0	0	0	0
Ensemble des entreprises	0	0	0	0	0	0	0	1
Réassurance								
Entreprises nationales	115	102	87	77	75	67	61	64
Entreprises sous contrôle étranger	0	0	0	..	..	..	0	0
Succursales d'entreprises étrangères	3	0	0	0	0	0	0	0
Ensemble des entreprises	118	102	87	77	75	67	61	64
Total								
Entreprises nationales	299	285	253	234	228	216	196	209
Entreprises sous contrôle étranger	0	..	..	..	..	..	0	0
Succursales d'entreprises étrangères	43	37	36	35	38	43	42	42
Ensemble des entreprises	342	322	289	269	266	259	238	251
2.2 Nombre d'employés								
Entreprises d'assurance	10 626	9 696	8 682	8 887	8 095	9 404	..	..
Intermédiaires	..	..	..	..	..	..	..	..
Total	..	9 696	8 682	8 887	..	..	..	..

.. Non disponible

Note : Voir les métadonnées détaillées sur : *http://metalinks.oecd.org/ins/20190221/8ae4.*

Source : Statistiques de l'OCDE sur les assurances (base de données)

ISRAËL

Tableau 1. Agrégats sélectionnés

Millions ILS

	2010	2011	2012	2013	2014	2015	2016	2017
1.1 Opérations d'assurance conclues dans le pays déclarant								
1.1.1 Opérations d'assurance, par intérêt								
Primes brutes								
Entreprises nationales	42 003	45 317	48 086	50 339	51 400	54 869	58 153	62 730
Entreprises sous contrôle étranger	8 903	9 663	840	889	953	1 135	1 165	1 234
Succursales d'entreprises étrangères	0	..	..	..	..	..	..	..
Ensemble des entreprises	42 003	45 317	48 086	50 339	51 400	54 869	58 153	62 730
Primes cédées								
Entreprises nationales	5 868	6 529	6 877	6 418	5 934	6 356	8 756	8 468
Entreprises sous contrôle étranger	816	894	185	164	162	232	225	228
Succursales d'entreprises étrangères	..	..	..	..	..	..	..	..
Ensemble des entreprises	5 868	6 529	6 877	6 418	5 934	6 356	8 756	8 468
Primes nettes émises								
Entreprises nationales	36 135	38 788	41 209	43 921	45 466	48 512	49 398	54 263
Entreprises sous contrôle étranger	8 087	8 769	656	726	791	903	940	1 006
Succursales d'entreprises étrangères	..	..	..	..	..	..	..	..
Ensemble des entreprises	36 135	38 788	41 209	43 921	45 466	48 512	49 398	54 263
1.1.2 Opérations d'assurance par risque à l'étranger, primes brutes								
Vie	..	..	..	..	..	..	..	..
Non-vie	..	..	..	..	..	..	..	..
Mixtes	..	3	..	..	..	..	..	..
dont :								
Vie	..	..	..	..	..	..	..	..
Non-vie	..	3	..	..	..	..	..	..
Total	..	3	..	..	..	..	..	..
1.1.3 Paiement par catégories d'assurance, primes brutes (vie)								
Rentes	1 772	1 593	1 542	1 361	1 194	1 084	1 273	1 125
Unit linked	14 974	16 662	17 673	18 557	18 236	20 266	20 897	23 867
Autre assurance vie	4 911	5 654	6 242	6 709	7 141	8 066	8 492	8 730
Total Assurance Vie	21 656	23 909	25 458	26 627	26 571	29 416	30 662	33 722
***dont :** Contrats de retraite*	14 762	..	..	..	..	..	..	..
1.1.4 Paiement par catégories d'assurance, primes brutes (non-vie)								
L'assurance automobile	9 867	10 358	10 673	11 040	11 439	11 775	13 053	13 396
Les assurances transport (y compris maritime et aérien)	43	41	41	38	38	39	38	36
L'assurance de fret	160	173	180	169	170	174	176	187
L'assurance incendie et des dommages aux bien	3 326	3 475	4 082	4 283	4 292	4 238	4 375	4 481
L'assurance des pertes pécuniaires	226	0	277	284	278	307	335	348
L'assurance de la responsabilité civile générale	2 353	2 354	2 487	2 575	2 697	2 814	2 917	3 094
Les assurances accidents et maladie	3 607	3 950	4 396	4 869	5 425	5 678	6 086	6 961
***dont :** Maladie*	3 066	..	3 580	3 859	4 189	4 203	4 448	5 144
Autres assurances non-vie	766	1 056	492	452	492	426	502	506
Réassurance obligatoire	0	..	..	..	0	0	0	..
Total assurance non-vie	20 347	21 408	22 628	23 712	24 830	25 452	27 483	29 009
1.2 Paiements bruts des sinistres								
Vie								
Entreprises nationales	..	..	..	0	3	6	8	c
Entreprises sous contrôle étranger	0	..	..	..	..	..	0	c
Succursales d'entreprises étrangères	..	..	..	..	..	..	..	..
Ensemble des entreprises	0	..	..	0	3	6	8	c
Non-vie								
Entreprises nationales	1 138	1 303	1 395	2 013	2 470	2 589	2 180	2 124
Entreprises sous contrôle étranger	0	..	..	..	..	39	72	22
Succursales d'entreprises étrangères	..	..	..	..	..	..	..	..
Ensemble des entreprises	1 138	1 303	1 395	2 013	2 470	2 589	2 180	2 124
Mixtes								
Entreprises nationales	22 199	24 636	25 830	24 594	27 644	30 828	31 879	35 461
Entreprises sous contrôle étranger	4 398	5 004	393	280	462	640	538	0
Succursales d'entreprises étrangères	..	..	..	..	..	..	..	..
Ensemble des entreprises	22 199	24 636	25 830	24 594	27 644	30 828	31 879	35 461
dont :								
Vie	10 349	11 651	12 472	12 644	13 825	15 363	16 243	18 411
Entreprises nationales	10 349	11 651	12 472	12 644	13 825	15 363	16 243	18 411
Entreprises sous contrôle étranger	3 054	3 564	27	18	26	39	36	42
Succursales d'entreprises étrangères	..	..	..	..	..	..	..	..
Ensemble des entreprises	10 349	11 651	12 472	12 644	13 825	15 363	16 243	18 411
Non-vie	11 849	12 985	13 358	11 949	13 819	15 465	15 636	17 051
Entreprises nationales	11 849	12 985	13 358	11 949	13 819	15 465	15 636	17 051
Entreprises sous contrôle étranger	1 344	1 440	366	262	436	600	502	575
Succursales d'entreprises étrangères	..	..	..	..	..	..	..	..
Ensemble des entreprises	11 849	12 985	13 358	11 949	13 819	15 465	15 636	17 051
Total								
Entreprises nationales	23 337	25 939	27 225	26 607	30 117	33 422	34 067	37 598
Entreprises sous contrôle étranger	4 398	5 004	393	280	462	679	609	22
Succursales d'entreprises étrangères	..	..	..	..	..	..	..	..
Ensemble des entreprises	23 337	25 939	27 225	26 607	30 117	33 422	34 067	37 598

ISRAËL

Tableau 1. Agrégats sélectionnés (suite)

Millions ILS

	2010	2011	2012	2013	2014	2015	2016	2017
1.3 Commissions								
Vie								
Entreprises nationales	0	..	..	0	6	15	19	c
Entreprises sous contrôle étranger	0	..	..	..	..	..	0	..
Succursales d'entreprises étrangères	..	..	..	..	..	..	..	..
Ensemble des entreprises	0	..	..	0	6	15	19	c
Non-vie								
Entreprises nationales	1 138	159	175	248	281	317	291	341
Entreprises sous contrôle étranger	0	..	..	..	..	0	0	0
Succursales d'entreprises étrangères	..	..	..	..	..	..	..	..
Ensemble des entreprises	1 138	159	175	248	281	317	291	341
Mixtes								
Entreprises nationales	4 783	5 070	5 512	5 688	5 940	6 296	6 709	7 109
Entreprises sous contrôle étranger	897	947	41	39	..	42	40	..
Succursales d'entreprises étrangères	..	..	..	..	..	..	..	..
Ensemble des entreprises	4 783	5 070	5 512	5 688	5 940	6 296	6 709	7 109
dont :								
Vie	2 201	2 328	2 577	2 571	2 639	2 912	3 097	3 215
Entreprises nationales	2 201	2 328	2 577	2 571	2 639	2 912	3 097	3 215
Entreprises sous contrôle étranger	614	635	1	1	1	1	1	1
Succursales d'entreprises étrangères	..	..	..	..	..	..	..	..
Ensemble des entreprises	2 201	2 328	2 577	2 571	2 639	2 912	3 097	3 215
Non-vie	2 583	2 742	2 936	3 118	3 300	3 384	3 612	3 893
Entreprises nationales	2 583	2 742	2 936	3 118	3 300	3 384	3 612	3 893
Entreprises sous contrôle étranger	283	312	40	38	38	41	39	37
Succursales d'entreprises étrangères	..	..	..	..	..	..	..	..
Ensemble des entreprises	2 583	2 742	2 936	3 118	3 300	3 384	3 612	3 893
Total								
Entreprises nationales	5 921	5 229	5 688	5 936	6 226	6 628	7 019	7 464
Entreprises sous contrôle étranger	897	947	41	39	..	42	40	0
Succursales d'entreprises étrangères	..	..	..	..	..	..	..	..
Ensemble des entreprises	5 921	5 229	5 688	5 936	6 226	6 628	7 019	7 464
1.4 Dépenses brutes d'exploitation								
Vie								
Entreprises nationales	0	..	..	1	10	32	32	c
Entreprises sous contrôle étranger	0	..	..	..	..	..	0	..
Succursales d'entreprises étrangères	..	..	..	..	..	..	..	..
Ensemble des entreprises	0	..	..	1	10	32	32	c
Non-vie								
Entreprises nationales	184	306	305	449	322	402	380	417
Entreprises sous contrôle étranger	0	..	..	..	..	30	29	33
Succursales d'entreprises étrangères	..	..	..	..	..	..	..	..
Ensemble des entreprises	184	306	305	449	322	402	380	417
Mixtes								
Entreprises nationales	4 136	5 198	5 270	5 285	5 169	5 719	6 033	6 504
Entreprises sous contrôle étranger	881	1 158	260	272	276	282	275	278
Succursales d'entreprises étrangères	..	..	..	..	..	..	..	..
Ensemble des entreprises	4 136	5 198	5 270	5 285	5 169	5 719	6 033	6 504
dont :								
Vie	1 965	2 104	2 323	2 542	2 608	2 790	2 707	2 849
Entreprises nationales	1 965	2 104	2 323	2 542	2 608	2 790	2 707	2 849
Entreprises sous contrôle étranger	521	565	53	61	56	54	55	51
Succursales d'entreprises étrangères	..	..	..	..	..	..	..	..
Ensemble des entreprises	1 965	2 104	2 323	2 542	2 608	2 790	2 707	2 849
Non-vie	2 172	2 445	2 373	2 502	2 561	2 721	2 785	3 002
Entreprises nationales	2 172	2 445	2 373	2 502	2 561	2 721	2 785	3 002
Entreprises sous contrôle étranger	360	368	208	212	220	228	220	227
Succursales d'entreprises étrangères	..	..	..	..	..	..	..	..
Ensemble des entreprises	2 172	2 445	2 373	2 502	2 561	2 721	2 785	3 002
Total								
Entreprises nationales	4 321	5 504	5 574	5 736	5 501	6 153	6 445	6 940
Entreprises sous contrôle étranger	881	1 158	260	272	276	312	304	311
Succursales d'entreprises étrangères	..	..	..	..	..	..	..	..
Ensemble des entreprises	4 321	5 504	5 574	5 736	5 501	6 153	6 445	6 940

ISRAËL

Tableau 1. Agrégats sélectionnés (suite)

Millions ILS

	2010	2011	2012	2013	2014	2015	2016	2017
1.5 Opérations à l'étranger par succursale, primes brutes								
Vie								
Succursales et agences	..	..	..	..	..	..	..	..
Filiales	..	..	..	..	..	..	..	..
Total	..	..	..	..	..	..	..	..
Non-vie								
Succursales et agences	..	..	..	..	..	..	..	..
Filiales	..	..	..	..	..	..	..	..
Total	..	..	..	..	..	..	..	..
Mixtes								
Succursales et agences	..	..	..	..	..	..	..	..
Filiales	..	..	..	..	..	..	..	..
Total	..	..	..	..	..	..	..	..
dont :								
Vie	..	..	..	..	..	..	..	..
Succursales et agences	..	..	..	..	..	..	..	..
Filiales	..	..	..	..	..	..	..	..
Total	..	..	..	..	..	..	..	..
Non-vie	..	..	..	..	..	..	..	..
Succursales et agences	..	..	..	..	..	..	..	..
Filiales	..	..	..	..	..	..	..	..
Total	..	..	..	..	..	..	..	..
Total								
Succursales et agences	..	..	..	..	..	..	..	..
Filiales	..	..	..	..	..	..	..	..
Total	..	..	..	..	..	..	..	..

.. Non disponible ; c Donnée confidentielle

Note : Voir les métadonnées détaillées sur : *http://metalinks.oecd.org/ins/20190221/5c86..*

Les données statistiques concernant Israël sont fournies par et sous la responsabilité des autorités israéliennes compétentes. L'utilisation de ces données par l'OCDE est sans préjudice du statut des hauteurs du Golan, de Jérusalem Est et des colonies de peuplement israéliennes en Cisjordanie aux termes du droit international.

Source : Statistiques de l'OCDE sur les assurances (base de données)

ISRAËL

Tableau 2. Nombre d'entreprises et d'employés

	2010	2011	2012	2013	2014	2015	2016	2017
2.1 Nombre d'entreprises								
Vie								
Entreprises nationales	..	..	..	1	1	2	2	1
Entreprises sous contrôle étranger	..	..	..	..	..	0	..	..
Succursales d'entreprises étrangères	..	..	..	..	..	0	..	..
Ensemble des entreprises	0	..	..	1	1	2	2	1
Non-vie								
Entreprises nationales	11	10	10	12	12	10	10	10
Entreprises sous contrôle étranger	..	..	..	..	..	1	1	1
Succursales d'entreprises étrangères	2	..	2	2	3	3	3	3
Ensemble des entreprises	13	10	12	14	15	13	13	13
Mixtes								
Entreprises nationales	13	13	13	10	10	11	10	10
Entreprises sous contrôle étranger	3	2	1	1	1	1	1	1
Succursales d'entreprises étrangères	..	2	..	..	..	0	..	..
Ensemble des entreprises	13	15	13	10	10	11	10	10
Réassurance								
Entreprises nationales	0	..	..	..	..	0	..	..
Entreprises sous contrôle étranger	..	..	..	..	..	0	..	..
Succursales d'entreprises étrangères	..	..	..	..	..	0	..	..
Ensemble des entreprises	0	..	..	..	0	0	0	..
Total								
Entreprises nationales	24	23	23	23	23	23	22	21
Entreprises sous contrôle étranger	3	2	1	1	1	2	..	2
Succursales d'entreprises étrangères	2	2	2	2	3	3	3	3
Ensemble des entreprises	26	25	25	25	26	26	25	24
2.2 Nombre d'employés								
Entreprises d'assurance	..	..	..	..	..	..	..	..
Intermédiaires	..	..	..	..	..	..	..	..
Total	..	..	..	..	..	..	..	..

.. Non disponible

Note : Voir les métadonnées détaillées sur : *http://metalinks.oecd.org/ins/20190221/5c86..*

Les données statistiques concernant Israël sont fournies par et sous la responsabilité des autorités israéliennes compétentes. L'utilisation de ces données par l'OCDE est sans préjudice du statut des hauteurs du Golan, de Jérusalem Est et des colonies de peuplement israéliennes en Cisjordanie aux termes du droit international.

Source : Statistiques de l'OCDE sur les assurances (base de données)

ITALIE

Tableau 1. Agrégats sélectionnés

Millions EUR

	2010	2011	2012	2013	2014	2015	2016	2017
1.1 Opérations d'assurance conclues dans le pays déclarant								
1.1.1 Opérations d'assurance, par intérêt								
Primes brutes								
Entreprises nationales	127 810	112 362	107 192	120 973	145 244	149 011	136 278	132 924
Entreprises sous contrôle étranger	37 340	32 577	29 138	34 302	44 419	45 694	44 287	41 990
Succursales d'entreprises étrangères	355	416	399	373	375	473	521	504
Ensemble des entreprises	128 165	112 778	107 591	121 345	145 619	149 484	136 799	133 429
Primes cédées								
Entreprises nationales	5 257	5 043	5 178	4 513	4 203	4 079	4 914	4 939
Entreprises sous contrôle étranger	1 624	1 166	1 392	1 116	991	983	1 822	1 829
Succursales d'entreprises étrangères	52	57	45	49	58	53	62	57
Ensemble des entreprises	5 308	5 099	5 223	4 563	4 262	4 132	4 976	4 996
Primes nettes émises								
Entreprises nationales	122 553	107 319	102 014	116 459	141 041	144 932	131 364	127 986
Entreprises sous contrôle étranger	35 715	31 411	27 746	33 186	43 428	44 711	42 465	40 160
Succursales d'entreprises étrangères	304	359	354	323	317	420	459	447
Ensemble des entreprises	122 857	107 678	102 368	116 782	141 358	145 352	131 823	128 433
1.1.2 Opérations d'assurance par risque à l'étranger, primes brutes								
Vie	6	1	0	1	1	1	1	1
Non-vie	88	60	50	53	59	54	59	57
Mixtes	1 554	1 608	1 935	2 044	1 904	2 016	2 070	2 037
dont :								
Vie	1 216	1 213	1 327	1 232	1 073	1 166	1 255	1 252
Non-vie	339	395	607	811	831	849	814	784
Total	1 648	1 670	1 984	2 098	1 963	2 071	2 130	2 095
1.1.3 Paiement par catégories d'assurance, primes brutes (vie)								
Rentes	1 077	1 309	1 243	1 012	956	737	710	716
Unit linked	15 409	12 496	13 800	15 497	21 829	31 884	23 848	31 305
Autre assurance vie	73 627	60 064	54 597	68 501	87 639	82 220	77 596	66 709
Total Assurance Vie	90 114	73 869	69 639	85 010	110 424	114 842	102 154	98 730
***dont :** Contrats de retraite*	4 026	4 116	4 296	3 825	4 873	5 492	5 848	6 308
1.1.4 Paiement par catégories d'assurance, primes brutes (non-vie)								
L'assurance automobile	19 886	20 815	20 247	18 661	17 468	16 590	16 260	16 097
Les assurances transport (y compris maritime et aérien)	461	432	366	327	334	326	417	387
L'assurance de fret	225	234	227	208	212	204	198	202
L'assurance incendie et des dommages aux bien	5 090	5 127	5 056	5 269	5 611	5 544	5 863	5 851
L'assurance des pertes pécuniaires	1 319	1 223	961	967	1 018	1 034	1 119	1 204
L'assurance de la responsabilité civile générale	3 006	2 979	2 972	2 905	2 879	2 952	3 073	3 094
Les assurances accidents et maladie	5 281	5 306	5 151	5 144	5 221	5 415	5 868	6 200
***dont :** Maladie*	2 210	2 229	2 150	2 114	2 149	2 323	2 655	2 909
Autres assurances non-vie	897	944	698	1 163	988	1 082	1 217	1 293
Réassurance obligatoire	240	275	417	0	0	0	0	0
Total assurance non-vie	36 405	37 333	36 095	34 646	33 730	33 147	34 015	34 326
1.2 Paiements bruts des sinistres								
Vie								
Entreprises nationales	28 862	31 179	29 764	23 754	22 852	22 955	21 169	21 166
Entreprises sous contrôle étranger	9 213	14 849	14 078	11 058	10 413	12 229	10 866	10 142
Succursales d'entreprises étrangères	0	0	0	0	0	0	0	0
Ensemble des entreprises	28 862	31 179	29 764	23 754	22 852	22 955	21 169	21 166
Non-vie								
Entreprises nationales	5 907	5 191	5 084	5 061	5 016	4 931	4 776	5 209
Entreprises sous contrôle étranger	1 767	1 748	1 802	1 758	1 853	2 005	2 008	2 021
Succursales d'entreprises étrangères	217	249	257	231	257	308	369	364
Ensemble des entreprises	6 124	5 440	5 341	5 292	5 273	5 240	5 144	5 574
Mixtes								
Entreprises nationales	59 344	66 523	67 451	64 138	61 204	65 892	59 690	68 163
Entreprises sous contrôle étranger	16 318	17 536	16 282	16 899	14 972	16 842	16 097	17 146
Succursales d'entreprises étrangères	0	0	0	0	0	0	0	0
Ensemble des entreprises	59 344	66 523	67 451	64 138	61 204	65 892	59 690	68 163
dont :								
Vie	37 621	45 192	47 143	44 754	43 279	48 546	43 755	52 096
Entreprises nationales	37 621	45 192	47 143	44 754	43 279	48 546	43 755	52 096
Entreprises sous contrôle étranger	11 065	12 633	11 858	12 685	11 217	12 693	12 061	13 358
Succursales d'entreprises étrangères	0	0	0	0	0	0	0	0
Ensemble des entreprises	37 621	45 192	47 143	44 754	43 279	48 546	43 755	52 096
Non-vie	21 723	21 330	20 308	19 384	17 925	17 346	15 935	16 067
Entreprises nationales	21 723	21 330	20 308	19 384	17 925	17 346	15 935	16 067
Entreprises sous contrôle étranger	217	4 903	4 424	4 215	3 754	4 149	4 037	3 788
Succursales d'entreprises étrangères	0	0	0	0	0	0	0	0
Ensemble des entreprises	21 723	21 330	20 308	19 384	17 925	17 346	15 935	16 067
Total								
Entreprises nationales	94 113	102 893	102 298	92 953	89 071	93 778	85 635	94 539
Entreprises sous contrôle étranger	27 298	34 132	32 162	29 715	27 238	31 075	28 972	29 309
Succursales d'entreprises étrangères	217	249	257	231	257	308	369	364
Ensemble des entreprises	94 331	103 141	102 555	93 185	89 328	94 087	86 003	94 904

ITALIE

Tableau 1. Agrégats sélectionnés (suite)

Millions EUR

	2010	2011	2012	2013	2014	2015	2016	2017
1.3 Commissions								
Vie								
Entreprises nationales	988	727	601	576	650	641	626	620
Entreprises sous contrôle étranger	607	532	405	384	430	436	449	434
Succursales d'entreprises étrangères	0	0	0	0	0	0	0	0
Ensemble des entreprises	988	727	601	576	650	641	626	620
Non-vie								
Entreprises nationales	1 932	1 721	1 620	1 576	1 656	1 706	1 748	1 829
Entreprises sous contrôle étranger	655	629	560	548	608	734	767	752
Succursales d'entreprises étrangères	72	82	78	73	72	93	107	108
Ensemble des entreprises	2 004	1 803	1 698	1 649	1 729	1 799	1 855	1 937
Mixtes								
Entreprises nationales	7 578	7 516	7 101	7 278	7 573	7 699	7 571	7 600
Entreprises sous contrôle étranger	2 041	1 916	1 778	1 830	1 978	2 106	2 006	2 073
Succursales d'entreprises étrangères	0	0	0	0	0	0	0	0
Ensemble des entreprises	7 578	7 516	7 101	7 278	7 573	7 699	7 571	7 600
dont :								
Vie	2 384	2 187	1 868	2 088	2 273	2 447	2 306	2 317
Entreprises nationales	2 384	2 187	1 868	2 088	2 273	2 447	2 306	2 317
Entreprises sous contrôle étranger	696	560	413	450	510	542	504	550
Succursales d'entreprises étrangères	0	0	0	0	0	0	0	0
Ensemble des entreprises	2 384	2 187	1 868	2 088	2 273	2 447	2 306	2 317
Non-vie	5 194	5 329	5 232	5 190	5 300	5 251	5 265	5 283
Entreprises nationales	5 194	5 329	5 232	5 190	5 300	5 251	5 265	5 283
Entreprises sous contrôle étranger	1 346	1 356	1 366	1 380	1 468	1 564	1 502	1 523
Succursales d'entreprises étrangères	0	0	0	0	0	0	0	0
Ensemble des entreprises	5 194	5 329	5 232	5 190	5 300	5 251	5 265	5 283
Total								
Entreprises nationales	10 498	9 964	9 322	9 431	9 879	10 046	9 945	10 049
Entreprises sous contrôle étranger	3 304	3 078	2 743	2 763	3 015	3 277	3 222	3 259
Succursales d'entreprises étrangères	72	82	78	73	72	93	107	108
Ensemble des entreprises	10 570	10 046	9 399	9 504	9 952	10 139	10 052	10 157
1.4 Dépenses brutes d'exploitation								
Vie								
Entreprises nationales	1 310	1 033	912	876	953	948	963	970
Entreprises sous contrôle étranger	778	734	600	570	622	634	673	658
Succursales d'entreprises étrangères	0	0	0	0	0	0	0	0
Ensemble des entreprises	1 310	1 033	912	876	953	948	963	970
Non-vie								
Entreprises nationales	2 443	2 324	2 168	2 154	2 252	2 332	2 390	2 501
Entreprises sous contrôle étranger	884	873	750	794	818	968	1 012	992
Succursales d'entreprises étrangères	109	119	115	112	110	144	176	174
Ensemble des entreprises	2 552	2 442	2 283	2 266	2 362	2 476	2 565	2 676
Mixtes								
Entreprises nationales	9 367	9 381	9 321	9 490	9 686	9 829	9 860	9 929
Entreprises sous contrôle étranger	2 485	2 363	2 304	2 294	2 443	2 632	2 566	2 658
Succursales d'entreprises étrangères	0	0	0	0	0	0	0	0
Ensemble des entreprises	9 367	9 381	9 321	9 490	9 686	9 829	9 860	9 929
dont :								
Vie	3 069	2 867	2 788	2 970	3 109	3 292	3 196	3 223
Entreprises nationales	3 069	2 867	2 788	2 970	3 109	3 292	3 196	3 223
Entreprises sous contrôle étranger	857	724	635	628	696	743	708	773
Succursales d'entreprises étrangères	0	0	0	0	0	0	0	0
Ensemble des entreprises	3 069	2 867	2 788	2 970	3 109	3 292	3 196	3 223
Non-vie	6 299	6 514	6 532	6 520	6 577	6 537	6 664	6 706
Entreprises nationales	6 299	6 514	6 532	6 520	6 577	6 537	6 664	6 706
Entreprises sous contrôle étranger	1 628	1 639	1 669	1 667	1 747	1 889	1 858	1 885
Succursales d'entreprises étrangères	0	0	0	0	0	0	0	0
Ensemble des entreprises	6 299	6 514	6 532	6 520	6 577	6 537	6 664	6 706
Total								
Entreprises nationales	13 121	12 737	12 401	12 520	12 891	13 109	13 213	13 400
Entreprises sous contrôle étranger	4 147	3 971	3 653	3 658	3 883	4 234	4 251	4 307
Succursales d'entreprises étrangères	109	119	115	112	110	144	176	174
Ensemble des entreprises	13 229	12 856	12 516	12 633	13 001	13 253	13 388	13 574

ITALIE

Tableau 1. Agrégats sélectionnés (suite)

Millions EUR

	2010	2011	2012	2013	2014	2015	2016	2017
1.5 Opérations à l'étranger par succursale, primes brutes								
Vie								
Succursales et agences	0	0	0	0	1	1	3	1
Filiales	1 327	1 938	2 813	3 333	3 469	4 224	1 339	1 712
Total	1 327	1 938	2 813	3 333	3 469	4 226	1 342	1 713
Non-vie								
Succursales et agences	22	24	9	12	12	9	10	13
Filiales	29	0	0	0	0	0	0	0
Total	51	24	9	12	12	9	10	13
Mixtes								
Succursales et agences	667	717	762	823	892	868	1 376	1 114
Filiales	58 418	56 657	57 155	56 340	54 902	58 541	57 863	60 367
Total	59 085	57 375	57 917	57 163	55 795	59 409	59 239	61 482
dont :								
Vie	41 238	38 781	39 265	39 445	39 878	42 059	41 554	43 469
Succursales et agences	88	106	127	154	175	235	477	215
Filiales	41 151	38 675	39 138	39 291	39 703	41 824	41 077	43 254
Total	41 238	38 781	39 265	39 445	39 878	42 059	41 554	43 469
Non-vie	17 847	18 593	18 652	17 718	15 917	17 350	17 685	18 012
Succursales et agences	579	611	634	668	718	633	899	899
Filiales	17 268	17 982	18 018	17 049	15 199	16 717	16 785	17 113
Total	17 847	18 593	18 652	17 718	15 917	17 350	17 685	18 012
Total								
Succursales et agences	689	741	771	835	905	878	1 390	1 128
Filiales	59 775	58 596	59 968	59 673	58 371	62 765	59 202	62 079
Total	60 464	59 337	60 739	60 508	59 276	63 643	60 592	63 207

Note : Voir les métadonnées détaillées sur : *http://metalinks.oecd.org/ins/20190221/5fbb.*
Source : Statistiques de l'OCDE sur les assurances (base de données)

Tableau 2. Nombre d'entreprises et d'employés

	2010	2011	2012	2013	2014	2015	2016	2017
2.1 Nombre d'entreprises								
Vie								
Entreprises nationales	45	43	41	41	38	35	32	30
Entreprises sous contrôle étranger	23	24	23	23	20	19	17	13
Succursales d'entreprises étrangères	20	21	20	17	19	20	22	19
Ensemble des entreprises	65	64	61	58	57	55	54	49
Non-vie								
Entreprises nationales	76	71	69	67	63	58	54	50
Entreprises sous contrôle étranger	25	24	21	20	18	19	18	16
Succursales d'entreprises étrangères	55	59	61	65	60	65	65	73
Ensemble des entreprises	131	130	130	132	123	123	119	123
Mixtes								
Entreprises nationales	30	28	25	23	21	21	21	20
Entreprises sous contrôle étranger	10	11	9	8	8	9	10	9
Succursales d'entreprises étrangères	9	9	12	13	14	14	13	14
Ensemble des entreprises	39	37	37	36	35	35	34	34
Réassurance								
Entreprises nationales	0	0	0	0	0	0	0	0
Entreprises sous contrôle étranger	0	0	0	0	0	0	0	0
Succursales d'entreprises étrangères	7	8	7	7	7	7	7	7
Ensemble des entreprises	7	8	7	7	7	7	7	7
Total								
Entreprises nationales	151	142	135	131	122	114	107	100
Entreprises sous contrôle étranger	58	59	53	51	46	47	45	38
Succursales d'entreprises étrangères	91	97	100	102	100	106	107	113
Ensemble des entreprises	242	239	235	233	222	220	214	213
2.2 Nombre d'employés								
Entreprises d'assurance	41 234	40 817	40 798	39 887	40 259	40 588	40 872	40 386
Intermédiaires	221 417	226 235	220 130	227 444	220 288	220 850	212 596	..
Total	262 651	267 052	260 928	267 331	260 547	261 438	253 468	..

.. Non disponible

Note : Voir les métadonnées détaillées sur : *http://metalinks.oecd.org/ins/20190221/5fbb.*

Source : Statistiques de l'OCDE sur les assurances (base de données)

JAPON

Tableau 1. Agrégats sélectionnés

Millions JPY

	2010	2011	2012	2013	2014	2015	2016	2017
1.1 Opérations d'assurance conclues dans le pays déclarant								
1.1.1 Opérations d'assurance, par intérêt								
Primes brutes								
Entreprises nationales	40 592 027	41 906 428	44 184 695	42 971 395	46 031 579	46 908 456	42 615 488	41 452 663
Entreprises sous contrôle étranger	3 937 600	4 089 357	6 746 278	6 184 716	6 724 592	7 046 820	6 617 836	6 432 494
Succursales d'entreprises étrangères	3 184 939	4 051 225	2 028 538	1 699 621	1 548 143	1 537 624	1 703 444	1 739 958
Ensemble des entreprises	43 776 966	45 360 413	37 140 563	34 738 150	37 222 352	37 748 110	44 318 932	43 192 621
Primes cédées								
Entreprises nationales	2 211 394	2 596 877	3 820 152	3 823 919	4 207 229	4 127 260	4 449 638	4 176 204
Entreprises sous contrôle étranger	827 426	1 012 341	2 083 368	1 802 239	2 084 233	1 890 218	2 143 727	1 733 566
Succursales d'entreprises étrangères	381 244	554 339	20 507	38 391	47 768	75 917	214 477	239 041
Ensemble des entreprises	2 592 633	3 041 779	2 188 965	1 780 848	2 129 106	2 022 086	4 664 115	4 415 245
Primes nettes émises								
Entreprises nationales	38 380 635	39 309 551	40 364 544	39 147 476	41 824 350	42 781 196	38 165 836	37 276 448
Entreprises sous contrôle étranger	3 080 177	3 077 014	4 662 910	4 382 477	4 640 359	5 156 602	4 474 105	4 698 925
Succursales d'entreprises étrangères	2 804 409	3 500 605	2 008 031	1 661 230	1 500 375	1 461 707	1 488 976	1 499 865
Ensemble des entreprises	41 185 044	42 322 354	34 951 598	32 957 302	35 093 246	35 726 024	39 654 812	38 776 313
1.1.2 Opérations d'assurance par risque à l'étranger, primes brutes								
Vie	..	..	..	..	..	..	..	..
Non-vie	..	..	..	..	..	..	..	..
Mixtes total	..	..	..	..	..	..	..	..
Total	..	..	..	..	..	..	..	..
1.1.3 Paiement par catégories d'assurance, primes brutes (vie)								
Rentes	..	..	4 374 166	4 312 468	5 154 122	4 729 892	4 340 846	3 607 407
Unit linked	..	..	..	..	..	..	..	..
Autre assurance vie	..	..	29 076 673	27 864 772	30 015 418	31 464 495	27 968 949	27 990 703
Total assurance vie	34 454 319	35 863 385	33 450 839	32 177 240	35 169 540	36 194 387	32 309 795	31 598 110
***dont :** Contrats de retraite*	..	..	3 683 892	3 851 878	4 175 622	4 562 867	3 057 696	2 953 431
1.1.4 Paiement par catégories d'assurance, primes brutes (non-vie)								
L'assurance automobile	3 541 931	3 650 671	5 268 338	5 632 807	5 786 949	5 916 489	6 026 253	5 814 388
Les assurances transport (y compris maritime et aérien)	305 343	305 977	149 531	170 502	170 115	186 542	159 142	152 632
L'assurance de fret	64 556	67 288	217 090	242 939	248 817	242 488	230 397	239 546
L'assurance incendie et des dommages aux bien	1 619 666	1 762 054	1 787 943	1 983 049	2 104 111	2 228 178	..	..
L'assurance des pertes pécuniaires	..	..	216 797	266 835	299 082	342 570	..	..
L'assurance de la responsabilité civile générale	521 081	535 395	519 985	584 318	598 945	615 167	633 290	657 637
Les assurances accidents et maladie	1 211 200	1 262 653	780 078	897 507	979 477	982 614	..	..
***dont :** Maladie*	..	..	-216	76	214	-152	..	..
Autres assurances non-vie	..	2 096 987	132 908	154 909	169 874	183 922	..	..
Réassurance obligatoire	..	..	..	..	..	..	..	..
Total assurance non-vie	7 263 777	9 730 581	9 072 670	9 932 866	10 357 370	10 697 970	10 859 799	10 750 127
1.2 Paiements bruts des sinistres								
Vie								
Entreprises nationales	30 677 277	29 178 265	31 012 138	33 069 327	34 214 304	31 685 988	28 227 418	28 115 903
Entreprises sous contrôle étranger	2 821 726	2 738 842	5 218 820	6 584 738	6 428 288	5 559 928	5 107 453	5 198 975
Succursales d'entreprises étrangères	1 372 136	1 583 330	673 623	709 471	738 243	768 206	786 644	827 193
Ensemble des entreprises	32 049 413	30 761 595	31 685 761	33 778 798	34 952 547	32 454 194	29 014 062	28 943 096
Non-vie								
Entreprises nationales	4 243 987	9 249 885	6 215 207	5 904 278	5 953 809	5 917 050	6 694 135	5 856 017
Entreprises sous contrôle étranger	218 720	400 264	251 245	341 353	373 601	366 795	383 518	237 359
Succursales d'entreprises étrangères	174 446	366 743	..	..	..	..	104 648	98 935
Ensemble des entreprises	4 418 433	9 616 628	..	..	..	..	6 798 783	5 954 952
Mixtes, ensemble des entreprises	..	..	..	..	..	..	..	..
Total								
Entreprises nationales	34 921 264	38 428 150	37 227 345	38 973 605	40 168 113	37 603 038	34 921 553	33 971 920
Entreprises sous contrôle étranger	3 040 446	3 139 106	5 470 065	6 926 091	6 801 889	5 926 723	5 490 971	5 436 334
Succursales d'entreprises étrangères	1 546 582	1 950 073	673 623	709 471	738 243	768 206	891 292	926 128
Ensemble des entreprises	36 467 846	40 378 223	31 685 761	33 778 798	34 952 547	32 454 194	35 812 845	34 898 048
1.3 Commissions								
Vie								
Entreprises nationales	..	..	..	..	..	..	..	..
Entreprises sous contrôle étranger	..	..	..	..	..	..	..	..
Succursales d'entreprises étrangères	..	..	..	..	..	..	..	..
Ensemble des entreprises	..	..	..	..	..	..	..	..
Non-vie								
Entreprises nationales	1 190 122	1 241 891	1 141 653	1 149 357	1 229 205	1 273 631	1 240 454	1 221 324
Entreprises sous contrôle étranger	70 683	71 775	48 003	25 883	33 975	37 223	20 067	-15 311
Succursales d'entreprises étrangères	64 395	67 079	..	..	..	..	-19 897	-29 330
Ensemble des entreprises	1 254 517	1 308 970	..	..	..	..	1 220 557	1 191 994
Mixtes, ensemble des entreprises	..	..	..	..	..	..	..	..
Total								
Entreprises nationales	1 190 122	1 241 891	1 141 653	1 149 357	1 229 205	1 273 631	1 240 454	1 221 324
Entreprises sous contrôle étranger	70 683	71 775	48 003	25 883	33 975	37 223	20 067	-15 311
Succursales d'entreprises étrangères	64 395	67 079	..	..	..	..	-19 897	-29 330
Ensemble des entreprises	1 254 517	1 308 970	..	..	..	..	1 220 557	1 191 994

JAPON

Tableau 1. Agrégats sélectionnés (suite)

Millions JPY

	2010	2011	2012	2013	2014	2015	2016	2017
1.4 Dépenses brutes d'exploitation								
Vie								
Entreprises nationales	3 768 382	3 679 493	4 030 195	4 068 896	4 178 568	4 356 425	4 369 595	4 385 030
Entreprises sous contrôle étranger	529 937	494 700	838 416	862 622	893 811	945 921	948 132	965 055
Succursales d'entreprises étrangères	537 616	565 754	319 261	320 576	320 518	349 858	357 069	366 406
Ensemble des entreprises	4 305 998	4 245 247	4 349 456	4 389 472	4 499 086	4 706 283	4 726 664	4 751 436
Non-vie								
Entreprises nationales	1 637 090	1 688 096	1 229 758	3 034 716	3 189 416	3 275 358	3 247 478	3 206 606
Entreprises sous contrôle étranger	87 975	85 470	69 136	176 725	238 092	249 835	207 689	125 459
Succursales d'entreprises étrangères	114 656	124 057	..	..	..	..	34 405	37 023
Ensemble des entreprises	1 751 746	1 812 153	..	..	..	..	3 281 883	3 243 629
Mixtes, ensemble des entreprises	..	..	..	..	..	..	..	..
Total								
Entreprises nationales	5 405 472	5 367 589	5 259 953	7 103 612	7 367 984	7 631 783	7 617 073	7 591 636
Entreprises sous contrôle étranger	617 912	580 170	907 552	1 039 347	1 131 903	1 195 756	1 155 821	1 090 514
Succursales d'entreprises étrangères	652 272	689 811	319 261	320 576	320 518	349 858	391 474	403 429
Ensemble des entreprises	6 057 744	6 057 400	4 349 456	4 389 472	4 499 086	4 706 283	8 008 547	7 995 065
1.5 Opérations à l'étranger par succursale, primes brutes								
Vie								
Succursales et agences	..	..	..	..	..	..	..	..
Filiales	..	..	..	..	..	..	..	..
Total	..	..	..	..	..	..	..	..
Non-vie								
Succursales et agences	..	..	..	..	..	..	..	..
Filiales	..	..	..	..	..	..	..	..
Total	..	..	..	..	..	..	..	..
Mixtes total	..	..	..	..	..	..	..	..
Total								
Succursales et agences	..	..	..	..	..	..	..	..
Filiales	..	..	..	..	..	..	..	..
Total	..	..	..	..	..	..	..	..

.. Non disponible

Note : Voir les métadonnées détaillées sur : *http://metalinks.oecd.org/ins/20190221/e5e8.*

Source : Statistiques de l'OCDE sur les assurances (base de données)

JAPON

Tableau 2. Nombre d'entreprises et d'employés

	2010	2011	2012	2013	2014	2015	2016	2017
2.1 Nombre d'entreprises								
Vie								
Entreprises nationales	43	39	40	40	39	38	38	38
Entreprises sous contrôle étranger	15	14	15	15	13	13	13	13
Succursales d'entreprises étrangères	4	4	3	3	3	3	3	3
Ensemble des entreprises	47	43	43	43	42	41	41	41
Non-vie								
Entreprises nationales	28	29	30	30	30	30	30	29
Entreprises sous contrôle étranger	5	5	5	6	7	7	7	6
Succursales d'entreprises étrangères	22	23	23	22	22	22	21	23
Ensemble des entreprises	50	52	53	52	52	52	51	52
Mixtes, ensemble des entreprises	**0**	**0**	**0**	**0**	**0**	**0**	**0**	..
Réassurance								
Entreprises nationales	..	2	..	..	..	..	..	..
Entreprises sous contrôle étranger	..	0	..	..	..	..	..	..
Succursales d'entreprises étrangères	..	5	..	..	..	..	..	..
Ensemble des entreprises	..	7	..	..	..	..	..	..
Total								
Entreprises nationales	..	..	..	..	..	68	68	67
Entreprises sous contrôle étranger	..	..	..	..	..	20	20	19
Succursales d'entreprises étrangères	..	..	..	..	..	25	24	26
Ensemble des entreprises	..	..	..	..	..	93	92	93
2.2 Nombre d'employés								
Entreprises d'assurance	..	..	447 435	221 675	226 043	120 353	..	..
Intermédiaires	..	..	..	2 283 335	2 293 863	2 059 743	..	..
Total	..	..	..	2 505 010	2 519 906	2 080 096	..	345 582

.. Non disponible

Note : Voir les métadonnées détaillées sur : *http://metalinks.oecd.org/ins/20190221/e5e8.*

Source : Statistiques de l'OCDE sur les assurances (base de données)

CORÉE

Tableau 1. Agrégats sélectionnés

Millions KRW

	2010	2011	2012	2013	2014	2015	2016	2017
1.1 Opérations d'assurance conclues dans le pays déclarant								
1.1.1 Opérations d'assurance, par intérêt								
Primes brutes								
Entreprises nationales	135 405 614	148 670 607	179 792 881	180 479 019	192 380 611	205 460 047	210 800 275	..
Entreprises sous contrôle étranger	14 764 615	15 090 753	16 543 211	15 928 630	13 324 532	15 765 302	16 670 208	..
Succursales d'entreprises étrangères	4 250 510	4 083 506	3 894 692	4 755 050	4 594 745	2 267 929	4 629 847	..
Ensemble des entreprises	139 656 124	152 754 113	183 687 573	185 234 069	196 975 356	207 727 976	215 430 122	..
Primes cédées								
Entreprises nationales	8 248 307	7 618 035	8 770 133	9 411 425	9 694 294	10 255 858	10 505 959	..
Entreprises sous contrôle étranger	529 774	322 429	581 696	538 227	478 174	638 961	599 183	..
Succursales d'entreprises étrangères	407 499	614 890	448 135	456 049	651 726	732 347	817 712	..
Ensemble des entreprises	8 655 806	8 232 925	9 218 268	9 867 474	10 346 020	10 988 205	11 323 671	..
Primes nettes émises								
Entreprises nationales	127 157 307	141 052 572	171 022 748	171 067 594	182 686 317	195 204 189	200 294 316	..
Entreprises sous contrôle étranger	14 234 841	14 768 324	15 961 515	15 390 403	12 846 358	15 126 341	16 071 025	..
Succursales d'entreprises étrangères	3 843 011	3 468 616	3 446 557	4 299 001	3 943 019	1 535 582	3 812 135	..
Ensemble des entreprises	131 000 318	144 521 188	174 469 305	175 366 595	186 629 336	196 739 771	204 106 451	..
1.1.2 Opérations d'assurance par risque à l'étranger, primes brutes								
Vie	..	..	..	..	..	..	..	..
Non-vie	1 393 220	..	..	..	..	..	..	..
Mixtes total	..	..	..	..	..	..	..	..
Total	1 393 220	..	..	..	..	..	..	..
1.1.3 Paiement par catégories d'assurance, primes brutes (vie)								
Rentes	16 493 331	17 029 899	29 118 668	25 867 249	23 905 884	24 586 649	21 347 503	..
Unit linked	18 570 246	21 278 374	21 003 522	21 073 957	20 670 949	20 643 073	19 406 180	..
Autre assurance vie	45 875 642	48 349 089	57 004 710	61 618 265	65 998 453	71 983 930	79 057 566	..
Total assurance vie	80 939 219	86 657 362	107 126 900	108 559 471	110 575 286	117 213 652	119 811 249	..
***dont :** Contrats de retraite*	4 037 523	7 039 411	6 187 541	8 103 216	11 817 288	13 694 337	16 718 996	..
1.1.4 Paiement par catégories d'assurance, primes brutes (non-vie)								
L'assurance automobile	12 712 741	13 714 894	13 667 642	13 692 186	14 188 378	15 635 198	16 975 333	..
Les assurances transport (y compris maritime et aérien)	1 079 971	1 173 162	1 249 845	1 062 919	1 006 367	971 854	854 536	..
L'assurance de fret	..	..	..	0	0	..	..	..
L'assurance incendie et des dommages aux bien	343 250	433 977	509 590	515 217	484 799	472 624	471 017	..
L'assurance des pertes pécuniaires	1 367 999	1 551 994	1 697 064	1 637 782	1 601 517	1 672 799	1 693 861	..
L'assurance de la responsabilité civile générale	834 878	828 088	870 395	947 583	910 341	967 362	1 100 438	..
Les assurances accidents et maladie	14 665 164	16 518 450	18 558 162	49 501 658	24 196 315	39 104 233	30 297 640	..
***dont :** Maladie*	5 877 040	6 537 864	7 171 480	83 983	10 090 810	11 740 294	13 406 917	..
Autres assurances non-vie	25 457 371	30 630 990	38 774 054	8 105 434	32 685 216	30 357 048	42 702 138	..
Réassurance obligatoire	..	..	..	0	0	..	..	..
Total assurance non-vie	56 461 374	64 851 555	75 326 752	75 462 779	85 163 744	89 181 118	94 094 963	..
1.2 Paiements bruts des sinistres								
Vie								
Entreprises nationales	50 304 985	50 774 694	50 571 293	51 098 146	61 070 702	65 751 692	77 155 805	..
Entreprises sous contrôle étranger	7 571 937	7 803 732	7 981 965	8 103 569	69 035 817	6 945 034	9 505 582	..
Succursales d'entreprises étrangères	1 268 464	1 295 108	1 251 467	1 252 924	1 292 842	1 333 124	1 410 493	..
Ensemble des entreprises	51 573 449	52 069 802	51 822 760	52 351 070	62 363 544	67 084 816	78 566 298	..
Non-vie								
Entreprises nationales	21 683 043	23 980 095	26 319 367	22 119 519	30 233 735	30 895 053	32 747 964	..
Entreprises sous contrôle étranger	664 566	620 798	833 963	516 770	844 722	843 763	802 729	..
Succursales d'entreprises étrangères	1 043 797	919 952	914 946	7 033 799	1 098 087	1 264 227	1 282 459	..
Ensemble des entreprises	22 726 840	24 900 047	27 234 313	29 153 318	31 331 823	32 159 280	34 030 423	..
Mixtes, ensemble des entreprises	..	..	..	..	..	..	..	..
Total								
Entreprises nationales	71 988 028	74 754 789	76 890 660	73 217 665	91 304 438	96 646 745	109 903 769	..
Entreprises sous contrôle étranger	8 236 503	8 424 530	8 815 928	8 620 339	69 880 539	7 788 797	10 308 311	..
Succursales d'entreprises étrangères	2 312 261	2 215 060	2 166 413	8 286 723	2 390 929	2 597 351	2 692 952	..
Ensemble des entreprises	74 300 289	76 969 849	79 057 073	81 504 388	93 695 367	99 244 096	112 596 721	..
1.3 Commissions								
Vie								
Entreprises nationales	4 774 647	..	..	..	..	..	..	..
Entreprises sous contrôle étranger	1 125 660	..	..	..	..	..	..	..
Succursales d'entreprises étrangères	43 548	..	..	..	..	..	..	..
Ensemble des entreprises	4 818 195	..	..	..	..	..	..	..
Non-vie								
Entreprises nationales	2 242 103	..	..	..	..	..	..	..
Entreprises sous contrôle étranger	162 058	..	..	..	..	..	..	..
Succursales d'entreprises étrangères	68 803	..	..	..	..	..	..	..
Ensemble des entreprises	2 310 906	..	..	..	..	..	..	..
Mixtes, ensemble des entreprises	..	..	..	..	..	..	..	..
Total								
Entreprises nationales	7 016 750	..	..	..	..	..	..	..
Entreprises sous contrôle étranger	1 287 718	..	..	..	..	..	..	..
Succursales d'entreprises étrangères	112 351	..	..	..	..	..	..	..
Ensemble des entreprises	7 129 101	..	..	..	..	..	..	..

CORÉE

Tableau 1. Agrégats sélectionnés (suite)

Millions KRW

	2010	2011	2012	2013	2014	2015	2016	2017
1.4 Dépenses brutes d'exploitation								
Vie								
Entreprises nationales	19 832 046	27 793 931	23 307 641	25 608 456	27 511 983	28 987 407	28 236 989	..
Entreprises sous contrôle étranger	4 698 261	7 229 266	5 189 114	5 278 175	806 034	756 903	5 074 779	..
Succursales d'entreprises étrangères	845 704	1 024 103	734 416	770 753	4 595 483	5 009 714	760 976	..
Ensemble des entreprises	20 677 750	28 818 034	24 042 057	26 379 209	32 107 466	33 997 121	28 997 965	..
Non-vie								
Entreprises nationales	9 722 605	9 820 687	11 569 785	11 294 192	16 760 436	13 511 865	14 238 364	..
Entreprises sous contrôle étranger	174 348	121 666	320 770	129 781	245 017	182 669	163 724	..
Succursales d'entreprises étrangères	479 237	428 369	331 833	1 592 503	1 116 586	405 386	411 714	..
Ensemble des entreprises	10 201 842	10 249 056	11 901 618	12 886 695	17 877 022	13 917 251	14 650 078	..
Mixtes, ensemble des entreprises	..	..	..	..	..	..	..	..
Total								
Entreprises nationales	29 554 651	37 614 618	34 877 426	36 902 648	44 272 419	42 499 272	42 475 353	..
Entreprises sous contrôle étranger	4 872 609	7 350 932	5 509 884	5 407 956	1 051 051	939 572	5 238 503	..
Succursales d'entreprises étrangères	1 324 941	1 452 472	1 066 249	2 363 256	5 712 069	5 415 100	1 172 690	..
Ensemble des entreprises	30 879 592	39 067 090	35 943 675	39 265 904	49 984 488	47 914 372	43 648 043	..
1.5 Opérations à l'étranger par succursale, primes brutes								
Vie								
Succursales et agences	..	..	..	..	..	..	..	..
Filiales	..	..	..	..	..	..	..	..
Total	..	..	..	..	..	..	..	..
Non-vie								
Succursales et agences	..	..	..	..	..	..	..	..
Filiales	..	..	..	..	..	..	..	..
Total	1 393 220	..	..	..	..	..	..	..
Mixtes total	..	..	..	..	..	..	..	..
Total								
Succursales et agences	..	..	..	..	..	..	..	..
Filiales	..	..	..	..	..	..	..	..
Total	1 393 220	..	..	..	..	..	..	..

.. Non disponible

Note : Voir les métadonnées détaillées sur : *http://metalinks.oecd.org/ins/20190221/6b11.*

Source : Statistiques de l'OCDE sur les assurances (base de données)

CORÉE

Tableau 2. Nombre d'entreprises et d'employés

	2010	2011	2012	2013	2014	2015	2016	2017
2.1 Nombre d'entreprises								
Vie								
Entreprises nationales	22	22	23	24	24	24	24	..
Entreprises sous contrôle étranger	8	8	8	8	7	7	8	..
Succursales d'entreprises étrangères	1	1	1	1	1	1	1	..
Ensemble des entreprises	23	23	24	25	25	25	25	..
Non-vie								
Entreprises nationales	15	15	16	16	17	17	17	..
Entreprises sous contrôle étranger	3	6	6	3	4	4	4	..
Succursales d'entreprises étrangères	8	8	8	8	5	5	5	..
Ensemble des entreprises	23	23	24	24	22	22	22	..
Mixtes, ensemble des entreprises	**0**	**0**	**0**	**0**	**0**	**0**	**0**	..
Réassurance								
Entreprises nationales	1	1	1	1	1	1	1	..
Entreprises sous contrôle étranger	0	0	..	..	0	0	0	..
Succursales d'entreprises étrangères	6	6	6	6	8	8	9	..
Ensemble des entreprises	7	7	7	7	9	9	10	..
Total								
Entreprises nationales	38	38	40	41	42	42	42	..
Entreprises sous contrôle étranger	11	14	14	11	11	11	12	..
Succursales d'entreprises étrangères	15	15	15	15	14	14	15	..
Ensemble des entreprises	53	53	55	56	56	56	57	..
2.2 Nombre d'employés								
Entreprises d'assurance	55 927	57 861	62 155	63 859	61 158	59 685	58 833	..
Intermédiaires	270 786	278 594	288 362	280 087	245 127	235 319	229 292	..
Total	326 713	336 455	350 517	343 946	306 285	295 004	288 125	..

.. Non disponible

Note : Voir les métadonnées détaillées sur : *http://metalinks.oecd.org/ins/20190221/6b11.*

Source : Statistiques de l'OCDE sur les assurances (base de données)

LETTONIE

Tableau 1. Agrégats sélectionnés

Millions EUR

	2010	2011	2012	2013	2014	2015	2016	2017
1.1 Opérations d'assurance conclues dans le pays déclarant								
1.1.1 Opérations d'assurance, par intérêt								
Primes brutes								
Entreprises nationales	271	326	354	350	371	379	364	419
Entreprises sous contrôle étranger	164	137	155	150	151	188	267	293
Succursales d'entreprises étrangères	57	73	93	121	146	152	168	227
Ensemble des entreprises	328	399	447	471	517	531	532	646
Primes cédées								
Entreprises nationales	23	24	26	17	19	22	25	44
Entreprises sous contrôle étranger	9	6	5	4	4	7	18	27
Succursales d'entreprises étrangères	..	..	..	..	..	..	..	..
Ensemble des entreprises	23	24	26	17	19	22	25	44
Primes nettes émises								
Entreprises nationales	248	302	328	333	352	357	339	375
Entreprises sous contrôle étranger	155	131	150	146	147	182	249	266
Succursales d'entreprises étrangères	57	73	93	121	146	152	168	227
Ensemble des entreprises	305	375	421	454	498	509	507	602
1.1.2 Opérations d'assurance par risque à l'étranger, primes brutes								
Vie	..	..	..	..	..	..	0	0
Non-vie	..	..	..	..	..	..	160	204
Mixtes	..	..	..	..	..	..	0	0
dont :								
Vie	..	..	..	..	..	..	0	0
Non-vie	..	..	..	..	..	..	..	0
Total	..	..	..	..	..	..	160	204
1.1.3 Paiement par catégories d'assurance, primes brutes (vie)								
Rentes	3	0	0	0	0	0	11	18
Unit linked	28	23	21	23	34	43	45	57
Autre assurance vie	44	50	57	66	73	72	68	70
Total Assurance Vie	75	74	79	89	107	115	124	145
***dont :** Contrats de retraite*	0	0	0	0	0	0	..	..
1.1.4 Paiement par catégories d'assurance, primes brutes (non-vie)								
L'assurance automobile	137	184	204	221	222	221	229	301
Les assurances transport (y compris maritime et aérien)	2	3	3	2	2	2	2	5
L'assurance de fret	2	5	6	5	3	3	3	1
L'assurance incendie et des dommages aux bien	47	55	63	67	86	84	76	84
L'assurance des pertes pécuniaires	7	12	12	11	13	14	12	11
L'assurance de la responsabilité civile générale	10	15	21	17	21	21	19	19
Les assurances accidents et maladie	36	41	50	46	52	58	55	63
***dont :** Maladie*	31	34	42	38	42	48	45	54
Autres assurances non-vie	11	9	10	12	12	13	13	16
Réassurance obligatoire	0	0	0	0	0	0	0	0
Total assurance non-vie	252	325	368	382	411	416	409	501
1.2 Paiements bruts des sinistres								
Vie								
Entreprises nationales	21	15	19	31	26	29	0	0
Entreprises sous contrôle étranger	20	15	18	26	24	27	0	0
Succursales d'entreprises étrangères	11	26	27	31	31	34	0	0
Ensemble des entreprises	32	41	46	62	57	63	0	0
Non-vie								
Entreprises nationales	137	164	169	165	184	198	180	193
Entreprises sous contrôle étranger	79	78	75	68	77	92	139	126
Succursales d'entreprises étrangères	15	18	25	38	43	50	60	78
Ensemble des entreprises	152	182	194	204	226	248	240	271
Mixtes								
Entreprises nationales	..	..	..	..	..	..	33	43
Entreprises sous contrôle étranger	..	..	..	..	..	..	27	31
Succursales d'entreprises étrangères	..	..	..	..	..	..	40	47
Ensemble des entreprises	..	..	..	..	..	..	72	90
dont :								
Vie	..	..	..	..	..	..	72	90
Entreprises nationales	..	..	..	..	..	..	33	43
Entreprises sous contrôle étranger	..	..	..	..	..	..	27	31
Succursales d'entreprises étrangères	..	..	..	..	..	..	40	47
Ensemble des entreprises	..	..	..	..	..	..	72	90
Non-vie	..	..	..	..	..	..	..	0
Entreprises nationales	..	..	..	..	..	..	..	0
Entreprises sous contrôle étranger	..	..	..	..	..	..	..	0
Succursales d'entreprises étrangères	..	..	..	..	..	..	..	0
Ensemble des entreprises	..	..	..	..	..	..	..	0
Total								
Entreprises nationales	158	179	188	196	209	227	213	236
Entreprises sous contrôle étranger	99	92	93	94	102	119	166	158
Succursales d'entreprises étrangères	26	44	52	69	73	83	99	125
Ensemble des entreprises	184	223	240	265	283	311	312	361

LETTONIE

Tableau 1. Agrégats sélectionnés (suite)

Millions EUR

	2010	2011	2012	2013	2014	2015	2016	2017
1.3 Commissions								
Vie								
Entreprises nationales	2	0	1	1	1	0	0	0
Entreprises sous contrôle étranger	2	0	1	1	1	1	0	0
Succursales d'entreprises étrangères	1	4	4	5	5	6	..	..
Ensemble des entreprises	3	4	5	5	6	6	0	0
Non-vie								
Entreprises nationales	19	33	38	32	45	34	32	40
Entreprises sous contrôle étranger	5	2	5	..	7	11	16	13
Succursales d'entreprises étrangères	1	2	4	10	12	13	..	..
Ensemble des entreprises	20	35	41	42	58	47	32	40
Mixtes								
Entreprises nationales	..	..	..	..	..	..	0	1
Entreprises sous contrôle étranger	..	..	..	..	..	..	0	0
Succursales d'entreprises étrangères	..	..	..	..	..	..	..	..
Ensemble des entreprises	..	..	..	..	..	..	0	1
dont :								
Vie	..	..	..	..	..	..	0	1
Entreprises nationales	..	..	..	..	..	..	0	1
Entreprises sous contrôle étranger	..	..	..	..	..	..	0	0
Succursales d'entreprises étrangères	..	..	..	..	..	..	..	..
Ensemble des entreprises	..	..	..	..	..	..	0	1
Non-vie	..	..	..	..	..	..	..	0
Entreprises nationales	..	..	..	..	..	..	..	0
Entreprises sous contrôle étranger	..	..	..	..	..	..	..	0
Succursales d'entreprises étrangères	..	..	..	..	..	..	..	..
Ensemble des entreprises	..	..	..	..	..	..	..	0
Total								
Entreprises nationales	21	33	38	33	46	34	33	41
Entreprises sous contrôle étranger	6	2	6	1	8	11	16	14
Succursales d'entreprises étrangères	2	6	8	15	17	19	..	..
Ensemble des entreprises	23	39	46	48	64	53	33	41
1.4 Dépenses brutes d'exploitation								
Vie								
Entreprises nationales	7	5	4	4	4	4	0	0
Entreprises sous contrôle étranger	6	4	4	4	4	4	0	0
Succursales d'entreprises étrangères	..	..	..	..	..	..	..	..
Ensemble des entreprises	7	5	4	4	4	4	0	0
Non-vie								
Entreprises nationales	88	100	110	102	108	109	56	87
Entreprises sous contrôle étranger	48	43	45	40	40	51	30	51
Succursales d'entreprises étrangères	..	..	..	..	..	..	..	..
Ensemble des entreprises	88	100	110	102	108	109	56	87
Mixtes								
Entreprises nationales	..	..	..	..	..	..	4	5
Entreprises sous contrôle étranger	..	..	..	..	..	..	4	4
Succursales d'entreprises étrangères	..	..	..	..	..	..	..	..
Ensemble des entreprises	..	..	..	..	..	..	4	5
dont :								
Vie	..	..	..	..	..	..	4	5
Entreprises nationales	..	..	..	..	..	..	4	5
Entreprises sous contrôle étranger	..	..	..	..	..	..	4	4
Succursales d'entreprises étrangères	..	..	..	..	..	..	..	..
Ensemble des entreprises	..	..	..	..	..	..	4	5
Non-vie	..	..	..	..	..	..	..	0
Entreprises nationales	..	..	..	..	..	..	..	0
Entreprises sous contrôle étranger	..	..	..	..	..	..	..	0
Succursales d'entreprises étrangères	..	..	..	..	..	..	..	..
Ensemble des entreprises	..	..	..	..	..	..	..	0
Total								
Entreprises nationales	95	104	115	106	112	113	60	92
Entreprises sous contrôle étranger	54	47	49	44	44	55	34	55
Succursales d'entreprises étrangères	..	..	..	..	..	..	..	..
Ensemble des entreprises	95	104	115	106	112	113	60	92

LETTONIE

Tableau 1. Agrégats sélectionnés (suite)

Millions EUR

	2010	2011	2012	2013	2014	2015	2016	2017
1.5 Opérations à l'étranger par succursale, primes brutes								
Vie								
Succursales et agences	0	0	0	0	0	0	0	0
Filiales	..	..	..	..	..	..	..	..
Total	0	0	0	0	0	0	0	0
Non-vie								
Succursales et agences	56	126	143	158	168	157	158	203
Filiales	..	..	..	..	..	..	..	..
Total	56	126	143	158	168	157	158	203
Mixtes								
Succursales et agences	..	..	..	..	..	..	0	0
Filiales	..	..	..	..	..	..	..	..
Total	..	..	..	..	..	..	0	0
dont :								
Vie	..	..	..	..	..	..	0	0
Succursales et agences	..	..	..	..	..	..	0	0
Filiales	..	..	..	..	..	..	..	..
Total	..	..	..	..	..	..	0	0
Non-vie	..	..	..	..	..	..	..	0
Succursales et agences	..	..	..	..	..	..	..	0
Filiales	..	..	..	..	..	..	..	..
Total	..	..	..	..	..	..	..	0
Total								
Succursales et agences	56	126	143	158	168	157	158	203
Filiales	..	..	..	..	..	..	..	..
Total	56	126	143	158	168	157	158	203

.. Non disponible

Note : Voir les métadonnées détaillées sur : *http://metalinks.oecd.org/ins/20190221/d06a*.

Source : Statistiques de l'OCDE sur les assurances (base de données)

LETTONIE

Tableau 2. Nombre d'entreprises et d'employés

	2010	2011	2012	2013	2014	2015	2016	2017
2.1 Nombre d'entreprises								
Vie								
Entreprises nationales	4	3	2	2	2	2	..	0
Entreprises sous contrôle étranger	2	1	1	1	1	1	..	0
Succursales d'entreprises étrangères	5	5	5	5	5	4	..	0
Ensemble des entreprises	9	8	7	7	7	6	..	0
Non-vie								
Entreprises nationales	9	9	7	5	5	6	5	4
Entreprises sous contrôle étranger	4	4	3	2	2	3	3	2
Succursales d'entreprises étrangères	6	5	8	7	9	10	8	7
Ensemble des entreprises	15	14	15	12	14	16	13	11
Mixtes								
Entreprises nationales	0	0	0	0	0	0	2	2
Entreprises sous contrôle étranger	0	0	0	0	0	0	1	1
Succursales d'entreprises étrangères	0	0	0	0	0	0	4	4
Ensemble des entreprises	..	0	0	0	0	0	6	6
Réassurance								
Entreprises nationales	0	0	0	0	0	0	..	0
Entreprises sous contrôle étranger	0	0	0	0	0	0	..	0
Succursales d'entreprises étrangères	0	0	0	0	0	0	..	0
Ensemble des entreprises	..	0	0	0	0	0	..	0
Total								
Entreprises nationales	13	12	9	7	7	8	7	6
Entreprises sous contrôle étranger	6	5	4	3	3	4	4	3
Succursales d'entreprises étrangères	11	10	13	12	14	14	12	11
Ensemble des entreprises	24	22	22	19	21	22	19	17
2.2 Nombre d'employés								
Entreprises d'assurance	2 876	2 873	2 749	2 300	2 121	1 047	..	..
Intermédiaires	1 254	1 195	1 168	846	773	905	..	..
Total	4 130	4 068	3 917	3 146	2 894	1 952	..	..

.. Non disponible

Note : Voir les métadonnées détaillées sur : *http://metalinks.oecd.org/ins/20190221/d06a.*

Source : Statistiques de l'OCDE sur les assurances (base de données)

LITUANIE

Tableau 1. Agrégats sélectionnés

Millions EUR

	2010	2011	2012	2013	2014	2015	2016	2017
1.1 Opérations d'assurance conclues dans le pays déclarant								
1.1.1 Opérations d'assurance, par intérêt								
Primes brutes								
Entreprises nationales	317	283	309	288	303	326	393	425
Entreprises sous contrôle étranger	300	272	299	278	294	316	383	416
Succursales d'entreprises étrangères	132	209	208	280	298	319	317	367
Ensemble des entreprises	450	493	518	567	601	645	710	793
Primes cédées								
Entreprises nationales	17	14	14	10	8	8	21	27
Entreprises sous contrôle étranger	16	14	13	10	8	8	21	27
Succursales d'entreprises étrangères	..	..	..	..	21	24	15	40
Ensemble des entreprises	..	..	..	..	29	32	36	68
Primes nettes émises								
Entreprises nationales	300	269	296	277	295	318	372	398
Entreprises sous contrôle étranger	285	258	285	268	285	308	362	388
Succursales d'entreprises étrangères	..	..	..	..	277	295	302	327
Ensemble des entreprises	..	..	..	..	572	613	674	725
1.1.2 Opérations d'assurance par risque à l'étranger, primes brutes								
Vie	..	..	..	..	..	..	..	..
Non-vie	..	..	..	..	..	..	..	..
Mixtes	..	..	..	..	..	..	..	..
dont :								
Vie	..	..	..	..	..	..	..	..
Non-vie	..	..	..	..	..	..	..	..
Total	..	..	..	..	..	..	..	..
1.1.3 Paiement par catégories d'assurance, primes brutes (vie)								
Rentes	2	2	3	3	4	5	6	7
Unit linked	110	114	115	126	152	170	157	137
Autre assurance vie	44	46	48	52	59	60	84	88
Total Assurance Vie	156	162	166	181	215	236	247	231
***dont :** Contrats de retraite*	..	..	..	..	..	..	1	..
1.1.4 Paiement par catégories d'assurance, primes brutes (non-vie)								
L'assurance automobile	173	190	209	228	227	236	273	353
Les assurances transport (y compris maritime et aérien)	2	1	2	2	2	2	2	2
L'assurance de fret	2	2	2	2	2	2	2	3
L'assurance incendie et des dommages aux bien	60	71	68	74	79	89	98	103
L'assurance des pertes pécuniaires	17	19	20	20	18	17	17	20
L'assurance de la responsabilité civile générale	14	15	16	19	20	20	20	21
Les assurances accidents et maladie	25	31	34	40	37	42	49	56
***dont :** Maladie*	14	18	21	25	21	24	30	35
Autres assurances non-vie	0	1	1	1	1	1	2	3
Réassurance obligatoire	..	..	..	..	..	..	..	0
Total assurance non-vie	294	330	352	386	386	409	463	561
1.2 Paiements bruts des sinistres								
Vie								
Entreprises nationales	6	10	10	15	13	15	26	29
Entreprises sous contrôle étranger	6	10	10	15	13	15	23	26
Succursales d'entreprises étrangères	29	59	60	41	47	42	45	56
Ensemble des entreprises	35	70	70	57	60	57	71	85
Non-vie								
Entreprises nationales	162	121	126	105	105	116	134	169
Entreprises sous contrôle étranger	137	104	106	85	92	102	134	169
Succursales d'entreprises étrangères	44	93	74	104	111	113	117	126
Ensemble des entreprises	206	214	200	209	216	229	251	295
Mixtes								
Entreprises nationales	24	28	43	40	35	40	43	65
Entreprises sous contrôle étranger	22	27	41	38	33	38	43	65
Succursales d'entreprises étrangères	1	2	3	4	4	6	8	11
Ensemble des entreprises	24	30	46	44	40	46	51	75
dont :								
Vie	20	24	41	39	35	40	43	66
Entreprises nationales	20	23	39	37	32	36	39	60
Entreprises sous contrôle étranger	19	22	37	35	30	34	39	60
Succursales d'entreprises étrangères	1	1	2	2	2	3	4	6
Ensemble des entreprises	20	24	41	39	35	40	43	66
Non-vie	4	6	5	5	5	6	8	9
Entreprises nationales	4	5	4	3	3	4	4	4
Entreprises sous contrôle étranger	4	5	4	3	3	4	4	4
Succursales d'entreprises étrangères	0	1	1	2	2	2	4	5
Ensemble des entreprises	4	6	5	5	5	6	8	9
Total								
Entreprises nationales	192	159	179	161	154	171	203	263
Entreprises sous contrôle étranger	166	141	157	138	138	155	200	260
Succursales d'entreprises étrangères	74	154	137	149	163	161	170	193
Ensemble des entreprises	266	314	316	310	316	332	373	456

LITUANIE

Tableau 1. Agrégats sélectionnés (suite)

Millions EUR

	2010	2011	2012	2013	2014	2015	2016	2017
1.3 Commissions								
Vie								
Entreprises nationales	0	0	0	0	0	0	0	0
Entreprises sous contrôle étranger	0	0	0	0	0	0	0	0
Succursales d'entreprises étrangères	..	..	..	..	0	0	0	0
Ensemble des entreprises	..	..	..	..	0	0	0	0
Non-vie								
Entreprises nationales	2	1	1	0	1	0	2	5
Entreprises sous contrôle étranger	2	1	1	0	1	0	2	5
Succursales d'entreprises étrangères	..	..	..	..	3	3	2	7
Ensemble des entreprises	..	..	..	..	3	3	4	12
Mixtes								
Entreprises nationales	0	2	2	3	1	1	0	0
Entreprises sous contrôle étranger	0	2	2	3	1	1	0	0
Succursales d'entreprises étrangères	..	..	..	..	0	1	1	1
Ensemble des entreprises	..	..	..	..	1	1	1	1
dont :								
Vie	..	..	..	..	..	1	1	1
Entreprises nationales	0	1	1	1	..	1	0	0
Entreprises sous contrôle étranger	0	1	1	1	..	1	0	0
Succursales d'entreprises étrangères	..	..	..	..	..	1	1	1
Ensemble des entreprises	..	..	..	..	..	1	1	1
Non-vie	..	..	..	..	..	0	0	0
Entreprises nationales	0	1	1	2	..	0	0	0
Entreprises sous contrôle étranger	0	1	1	2	..	0	0	0
Succursales d'entreprises étrangères	..	..	..	..	..	0	0	0
Ensemble des entreprises	..	..	..	..	..	0	0	0
Total								
Entreprises nationales	2	3	3	3	1	1	3	5
Entreprises sous contrôle étranger	2	3	3	3	1	1	3	5
Succursales d'entreprises étrangères	..	..	..	..	3	4	3	8
Ensemble des entreprises	..	..	..	..	4	5	6	13
1.4 Dépenses brutes d'exploitation								
Vie								
Entreprises nationales	7	8	8	9	9	12	16	16
Entreprises sous contrôle étranger	7	8	8	9	9	12	14	14
Succursales d'entreprises étrangères	..	..	..	..	8	6	7	6
Ensemble des entreprises	..	..	..	..	17	18	22	21
Non-vie								
Entreprises nationales	88	73	79	72	71	97	87	90
Entreprises sous contrôle étranger	82	69	75	68	68	94	85	89
Succursales d'entreprises étrangères	..	..	..	..	63	95	63	65
Ensemble des entreprises	..	..	..	..	134	192	150	155
Mixtes								
Entreprises nationales	14	18	20	22	17	28	9	14
Entreprises sous contrôle étranger	12	16	18	21	16	25	9	14
Succursales d'entreprises étrangères	..	..	..	..	9	29	12	13
Ensemble des entreprises	..	..	..	..	27	56	22	26
dont :								
Vie	..	..	..	..	26	55	20	24
Entreprises nationales	13	15	17	19	17	27	8	13
Entreprises sous contrôle étranger	11	13	15	17	15	24	8	13
Succursales d'entreprises étrangères	..	..	..	..	9	28	12	11
Ensemble des entreprises	..	..	..	..	26	55	20	24
Non-vie	..	..	..	..	1	2	2	2
Entreprises nationales	1	3	3	3	1	1	1	1
Entreprises sous contrôle étranger	1	3	3	3	1	1	1	1
Succursales d'entreprises étrangères	..	..	..	..	0	1	1	1
Ensemble des entreprises	..	..	..	..	1	2	2	2
Total								
Entreprises nationales	109	99	107	102	97	137	111	120
Entreprises sous contrôle étranger	101	93	101	98	93	131	108	116
Succursales d'entreprises étrangères	..	..	..	..	81	130	82	83
Ensemble des entreprises	..	..	..	..	178	267	194	203

LITUANIE

Tableau 1. Agrégats sélectionnés (suite)

Millions EUR

	2010	2011	2012	2013	2014	2015	2016	2017
1.5 Opérations à l'étranger par succursale, primes brutes								
Vie								
Succursales et agences	..	0	0	0	0	0	0	0
Filiales	..	..	..	..	..	..	..	..
Total	..	0	0	0	0	0	0	0
Non-vie								
Succursales et agences	..	0	0	1	17	40	65	115
Filiales	..	..	..	..	..	..	..	..
Total	..	0	0	1	17	40	65	115
Mixtes								
Succursales et agences	..	20	22	26	31	37	40	46
Filiales	..	..	..	..	..	..	..	..
Total	..	20	22	26	31	37	40	46
dont :								
Vie	..	9	10	11	14	18	19	22
Succursales et agences	..	9	10	11	14	18	19	22
Filiales	..	..	..	..	..	..	..	..
Total	..	9	10	11	14	18	19	22
Non-vie	..	11	12	15	17	20	21	24
Succursales et agences	..	11	12	15	17	20	21	24
Filiales	..	..	..	..	..	..	..	..
Total	..	11	12	15	17	20	21	24
Total								
Succursales et agences	..	20	22	27	48	77	105	161
Filiales	..	..	..	..	..	..	..	..
Total	..	20	22	27	48	77	105	161

.. Non disponible

Note : Voir les métadonnées détaillées sur : *http://metalinks.oecd.org/ins/20190221/db53.*

Source : Statistiques de l'OCDE sur les assurances (base de données)

LITUANIE

Tableau 2. Nombre d'entreprises et d'employés

	2010	2011	2012	2013	2014	2015	2016	2017
2.1 Nombre d'entreprises								
Vie								
Entreprises nationales	1	1	1	1	1	1	3	3
Entreprises sous contrôle étranger	1	1	1	1	1	1	2	2
Succursales d'entreprises étrangères	5	4	4	3	3	3	2	2
Ensemble des entreprises	6	5	5	4	4	4	5	5
Non-vie								
Entreprises nationales	8	6	6	5	5	5	4	4
Entreprises sous contrôle étranger	5	3	3	2	2	3	3	3
Succursales d'entreprises étrangères	9	9	9	10	10	10	9	9
Ensemble des entreprises	17	15	15	15	15	15	13	13
Mixtes								
Entreprises nationales	4	4	4	4	4	4	2	2
Entreprises sous contrôle étranger	3	3	3	3	3	3	2	2
Succursales d'entreprises étrangères	1	1	1	1	1	1	1	1
Ensemble des entreprises	5	5	5	5	5	5	3	3
Réassurance								
Entreprises nationales	..	..	..	..	..	..	..	..
Entreprises sous contrôle étranger	..	..	..	..	..	..	..	..
Succursales d'entreprises étrangères	..	..	..	..	..	..	..	..
Ensemble des entreprises	..	..	..	..	..	..	..	..
Total								
Entreprises nationales	13	11	11	10	10	10	9	9
Entreprises sous contrôle étranger	9	7	7	6	6	7	7	7
Succursales d'entreprises étrangères	15	14	14	14	14	14	12	12
Ensemble des entreprises	28	25	25	24	24	24	21	21
2.2 Nombre d'employés								
Entreprises d'assurance	4 398	3 875	4 390	4 519	4 414	4 482	4 562	4 599
Intermédiaires	630	1 325	1 320	1 320	1 433	1 441	1 480	1 463
Total	5 028	5 200	5 710	5 839	5 847	5 923	6 042	6 062

.. Non disponible

Note : Voir les métadonnées détaillées sur : *http://metalinks.oecd.org/ins/20190221/db53.*

Source : Statistiques de l'OCDE sur les assurances (base de données)

LUXEMBOURG

Tableau 1. Agrégats sélectionnés

Millions EUR

	2010	2011	2012	2013	2014	2015	2016	2017
1.1 Opérations d'assurance conclues dans le pays déclarant								
1.1.1 Opérations d'assurance, par intérêt								
Primes brutes								
Entreprises nationales	20 584	13 626	19 445	18 410	21 712	19 100	18 259	21 446
Entreprises sous contrôle étranger	19 165	12 583	17 930	17 036	20 356	17 075	13 690	18 728
Succursales d'entreprises étrangères	133	150	144	191	76	78	70	77
Ensemble des entreprises	20 717	13 776	19 589	18 601	21 788	19 178	18 329	21 523
Primes cédées								
Entreprises nationales	5 362	2 935	6 109	4 624	6 122	3 030	3 235	3 026
Entreprises sous contrôle étranger	5 220	2 737	5 892	4 246	5 863	2 770	2 943	2 657
Succursales d'entreprises étrangères	37	37	40	37	33	26	31	27
Ensemble des entreprises	5 399	2 973	6 149	4 661	6 155	3 056	3 267	3 053
Primes nettes émises								
Entreprises nationales	15 222	10 691	13 336	13 787	15 590	16 070	15 024	18 421
Entreprises sous contrôle étranger	13 945	9 846	12 037	12 790	14 493	14 305	10 747	16 070
Succursales d'entreprises étrangères	96	113	104	153	43	52	39	50
Ensemble des entreprises	15 318	10 804	13 440	13 940	15 633	16 122	15 063	18 470
1.1.2 Opérations d'assurance par risque à l'étranger, primes brutes								
Vie	18 170	11 564	17 115	15 837	18 455	16 383	15 071	18 182
Non-vie	426	547	476	572	438	587	621	784
Mixtes	0	0	..	0	0	0	0	0
dont :								
Vie	0	0	..	0	0	0	0	0
Non-vie	0	0	..	0	0	0	0	0
Total	18 596	12 112	17 591	16 408	18 893	16 969	15 692	18 967
1.1.3 Paiement par catégories d'assurance, primes brutes (vie)								
Rentes	..	..	..	..	..	..	..	..
Unit linked	13 371	8 836	11 224	10 516	11 086	12 874	11 949	15 426
Autre assurance vie	..	3 382	6 826	6 413	9 103	4 685	4 767	4 283
Total Assurance Vie	19 392	12 218	18 050	16 929	20 190	17 559	16 716	19 709
***dont :** Contrats de retraite*	19 392	..	..	..	..	..	..	..
1.1.4 Paiement par catégories d'assurance, primes brutes (non-vie)								
L'assurance automobile	..	426	..	..	..	..	..	..
Les assurances transport (y compris maritime et aérien)	..	0	..	..	..	..	..	..
L'assurance de fret	..	30	..	..	..	..	..	..
L'assurance incendie et des dommages aux bien	..	271	..	..	..	..	..	..
L'assurance des pertes pécuniaires	..	321	..	..	..	..	..	..
L'assurance de la responsabilité civile générale	..	106	..	..	..	..	..	..
Les assurances accidents et maladie	..	90	..	..	..	..	..	..
***dont :** Maladie*	..	59	..	..	..	..	..	..
Autres assurances non-vie	..	53	..	..	..	..	..	..
Réassurance obligatoire	..	27	..	..	..	..	..	..
Total assurance non-vie	1 184	1 325	1 300	1 501	1 339	1 476	1 554	1 767
1.2 Paiements bruts des sinistres								
Vie								
Entreprises nationales	6 078	7 091	11 111	11 696	10 597	9 995	11 802	12 002
Entreprises sous contrôle étranger	5 827	6 863	10 823	11 179	10 214	9 032	11 035	11 291
Succursales d'entreprises étrangères	9	34	10	25	25	27	28	27
Ensemble des entreprises	6 087	7 125	11 122	11 721	10 622	10 023	11 829	12 029
Non-vie								
Entreprises nationales	731	606	623	1 105	809	900	860	961
Entreprises sous contrôle étranger	411	315	348	691	428	512	766	500
Succursales d'entreprises étrangères	27	31	27	39	36	18	31	37
Ensemble des entreprises	758	637	650	1 143	845	918	891	999
Mixtes								
Entreprises nationales	0	0	..	0	0	0	0	0
Entreprises sous contrôle étranger	0	0	..	0	0	0	0	0
Succursales d'entreprises étrangères	32	39	38	27	133	17	8	8
Ensemble des entreprises	32	39	38	27	133	17	8	8
dont :								
Vie	15	19	20	15	130	17	8	8
Entreprises nationales	0	0	..	0	0	0	0	0
Entreprises sous contrôle étranger	0	0	..	0	0	0	0	0
Succursales d'entreprises étrangères	15	19	20	15	130	17	8	8
Ensemble des entreprises	15	19	20	15	130	17	8	8
Non-vie	17	20	18	12	3	0	0	0
Entreprises nationales	0	0	..	0	0	0	0	0
Entreprises sous contrôle étranger	0	0	..	0	0	0	0	0
Succursales d'entreprises étrangères	17	20	18	12	3	0	0	0
Ensemble des entreprises	17	20	18	12	3	0	0	0
Total								
Entreprises nationales	6 809	7 697	11 734	12 801	11 406	10 896	12 661	12 964
Entreprises sous contrôle étranger	6 238	7 178	11 171	11 869	10 642	9 544	11 802	11 791
Succursales d'entreprises étrangères	68	104	76	90	195	62	66	72
Ensemble des entreprises	6 878	7 800	11 810	12 891	11 600	10 958	12 728	13 036

LUXEMBOURG

Tableau 1. Agrégats sélectionnés (suite)

Millions EUR

	2010	2011	2012	2013	2014	2015	2016	2017
1.3 Commissions								
Vie								
Entreprises nationales	367	353	328	327	317	326	291	320
Entreprises sous contrôle étranger	351	..	328	309	297	289	186	283
Succursales d'entreprises étrangères	0	0	0	0	0	0	0	0
Ensemble des entreprises	367	353	328	328	317	326	292	320
Non-vie								
Entreprises nationales	206	217	205	217	211	237	251	284
Entreprises sous contrôle étranger	126	..	205	119	109	122	143	151
Succursales d'entreprises étrangères	11	12	11	12	9	9	9	8
Ensemble des entreprises	217	229	217	229	221	246	260	292
Mixtes								
Entreprises nationales	0	0	..	0	0	0	0	0
Entreprises sous contrôle étranger	0	..	..	0	0	0	0	0
Succursales d'entreprises étrangères	12	11	12	12	3	4	4	3
Ensemble des entreprises	12	11	12	12	3	4	4	3
dont :								
Vie	4	5	5	5	3	4	4	3
Entreprises nationales	0	0	..	0	0	0	0	0
Entreprises sous contrôle étranger	0	..	..	0	0	0	0	0
Succursales d'entreprises étrangères	4	5	5	5	3	4	4	3
Ensemble des entreprises	4	5	5	5	3	4	4	3
Non-vie	8	7	7	7	0	0	0	0
Entreprises nationales	0	0	..	0	0	0	0	0
Entreprises sous contrôle étranger	0	..	..	0	0	0	0	0
Succursales d'entreprises étrangères	8	7	7	7	0	0	0	0
Ensemble des entreprises	8	7	7	7	0	0	0	0
Total								
Entreprises nationales	573	570	533	544	528	563	542	604
Entreprises sous contrôle étranger	477	..	533	428	406	411	329	435
Succursales d'entreprises étrangères	23	23	24	25	13	14	14	11
Ensemble des entreprises	596	593	557	569	541	576	556	615
1.4 Dépenses brutes d'exploitation								
Vie								
Entreprises nationales	243	288	656	362	376	406	417	433
Entreprises sous contrôle étranger	231	274	622	347	358	374	352	392
Succursales d'entreprises étrangères	0	0	0	0	1	0	1	1
Ensemble des entreprises	243	288	656	362	376	406	418	433
Non-vie								
Entreprises nationales	54	53	270	66	72	82	81	96
Entreprises sous contrôle étranger	30	27	270	34	41	46	78	58
Succursales d'entreprises étrangères	14	3	14	3	2	2	3	3
Ensemble des entreprises	68	55	285	69	74	84	84	99
Mixtes								
Entreprises nationales	0	0	..	0	0	0	0	0
Entreprises sous contrôle étranger	0	0	..	0	0	0	0	0
Succursales d'entreprises étrangères	17	6	18	7	1	1	1	1
Ensemble des entreprises	17	6	18	7	1	1	1	1
dont :								
Vie	6	2	7	3	1	1	1	1
Entreprises nationales	0	0	..	0	0	0	0	0
Entreprises sous contrôle étranger	0	0	..	0	0	0	0	0
Succursales d'entreprises étrangères	6	2	7	3	1	1	1	1
Ensemble des entreprises	6	2	7	3	1	1	1	1
Non-vie	12	3	11	4	0	0	0	0
Entreprises nationales	0	0	..	0	0	0	0	0
Entreprises sous contrôle étranger	0	0	..	0	0	0	0	0
Succursales d'entreprises étrangères	12	3	11	4	0	0	0	0
Ensemble des entreprises	12	3	11	4	0	0	0	0
Total								
Entreprises nationales	297	341	926	429	448	488	498	529
Entreprises sous contrôle étranger	261	302	892	381	399	421	430	450
Succursales d'entreprises étrangères	31	8	33	9	4	3	4	5
Ensemble des entreprises	328	349	959	438	451	491	502	534

LUXEMBOURG

Tableau 1. Agrégats sélectionnés (suite)

Millions EUR

	2010	2011	2012	2013	2014	2015	2016	2017
1.5 Opérations à l'étranger par succursale, primes brutes								
Vie								
Succursales et agences	2 830	2 161	2 619	2 648	3 250	3 552	4 622	3 492
Filiales	0	0	0	..	..	..	..	..
Total	2 830	2 161	2 619	2 648	3 250	3 552	4 622	3 492
Non-vie								
Succursales et agences	1 122	1 088	1 417	1 546	1 831	1 965	2 022	1 957
Filiales	0	0	0	..	..	..	..	..
Total	1 122	1 088	1 417	1 546	1 831	1 965	2 022	1 957
Mixtes								
Succursales et agences	0	0	..	0	0	0	0	0
Filiales	0	0	..	..	..	..	..	..
Total	0	0	..	0	0	0	0	0
dont :								
Vie	0	0	..	0	0	0	0	0
Succursales et agences	0	0	..	0	0	0	0	0
Filiales	0	0	..	..	..	..	..	..
Total	0	0	..	0	0	0	0	0
Non-vie	0	0	..	0	0	0	0	0
Succursales et agences	0	0	..	0	0	0	0	0
Filiales	0	0	..	..	..	..	..	..
Total	0	0	..	0	0	0	0	0
Total								
Succursales et agences	3 952	3 250	4 036	4 194	5 082	5 516	6 644	5 449
Filiales	0	0	0	..	..	..	..	..
Total	3 952	3 250	4 036	4 194	5 082	5 516	6 644	5 449

.. Non disponible

Note : Voir les métadonnées détaillées sur : *http://metalinks.oecd.org/ins/20190221/fe64.*

Source : Statistiques de l'OCDE sur les assurances (base de données)

LUXEMBOURG

Tableau 2. Nombre d'entreprises et d'employés

	2010	2011	2012	2013	2014	2015	2016	2017
2.1 Nombre d'entreprises								
Vie								
Entreprises nationales	46	45	43	42	44	43	40	39
Entreprises sous contrôle étranger	42	41	39	34	39	38	34	35
Succursales d'entreprises étrangères	2	2	1	2	2	2	3	3
Ensemble des entreprises	48	47	44	44	46	45	43	42
Non-vie								
Entreprises nationales	29	29	31	34	34	32	33	34
Entreprises sous contrôle étranger	25	25	27	27	8	21	24	25
Succursales d'entreprises étrangères	11	10	11	10	10	10	10	9
Ensemble des entreprises	40	39	42	44	44	42	43	43
Mixtes								
Entreprises nationales	0	0	0	0	0	0	0	0
Entreprises sous contrôle étranger	0	0	0	0	0	0	0	0
Succursales d'entreprises étrangères	3	3	3	3	3	3	3	2
Ensemble des entreprises	3	3	3	3	3	3	3	2
Réassurance								
Entreprises nationales	244	242	238	226	224	217	208	204
Entreprises sous contrôle étranger	225	222	219	207	205	204	191	187
Succursales d'entreprises étrangères	8	0	0	0	0	0	0	0
Ensemble des entreprises	252	242	238	226	224	217	208	204
Total								
Entreprises nationales	319	316	312	302	302	292	281	277
Entreprises sous contrôle étranger	292	288	285	268	252	263	249	247
Succursales d'entreprises étrangères	24	15	15	15	15	15	16	14
Ensemble des entreprises	343	331	327	317	317	307	297	291
2.2 Nombre d'employés								
Entreprises d'assurance	3 956	3 967	4 326	5 692	6 057	6 484	6 484	7 446
Intermédiaires	9 859	9 375	9 659	10 030	550	561	522	586
Total	13 815	13 342	13 985	15 722	6 607	7 045	7 006	8 032

Note : Voir les métadonnées détaillées sur : *http://metalinks.oecd.org/ins/20190221/fe64.*
Source : Statistiques de l'OCDE sur les assurances (base de données)

MEXIQUE

Tableau 1. Agrégats sélectionnés

Millions MXN

	2010	2011	2012	2013	2014	2015	2016	2017
1.1 Opérations d'assurance conclues dans le pays déclarant								
1.1.1 Opérations d'assurance, par intérêt								
Primes brutes								
Entreprises nationales	247 010	281 792	310 747	347 196	363 530	395 083	450 740	502 856
Entreprises sous contrôle étranger	153 858	167 708	189 698	207 890	220 225	242 872	265 159	290 985
Succursales d'entreprises étrangères	..	..	..	..	..	..	..	..
Ensemble des entreprises	247 010	281 792	310 747	347 196	363 530	395 083	450 740	502 856
Primes cédées								
Entreprises nationales	36 018	49 771	50 188	60 551	58 378	67 135	70 420	93 577
Entreprises sous contrôle étranger	19 495	21 903	24 728	26 822	29 932	40 217	40 674	58 977
Succursales d'entreprises étrangères	..	..	..	..	..	..	..	..
Ensemble des entreprises	36 018	49 771	50 188	60 551	58 378	67 135	70 420	93 577
Primes nettes émises								
Entreprises nationales	210 991	232 021	260 559	286 645	305 152	327 947	380 320	409 279
Entreprises sous contrôle étranger	134 363	145 805	164 970	181 068	190 293	202 655	224 485	232 008
Succursales d'entreprises étrangères	..	..	..	..	..	..	..	..
Ensemble des entreprises	210 991	232 021	260 559	286 645	305 152	327 947	380 320	409 279
1.1.2 Opérations d'assurance par risque à l'étranger, primes brutes								
Vie	..	..	..	..	..	..	..	..
Non-vie	323	349	425	402	..	..	..	..
Mixtes	1 463	1 553	1 787	1 692	..	..	..	..
dont :								
Vie	..	..	..	..	..	..	..	..
Non-vie	..	..	..	..	..	..	..	..
Total	1 786	1 902	2 212	2 093	..	..	..	..
1.1.3 Paiement par catégories d'assurance, primes brutes (vie)								
Rentes	15 849	15 749	17 633	20 099	20 521	19 719	19 286	21 310
Unit linked	0	..	..	..	..	..	..	..
Autre assurance vie	97 352	109 511	125 175	138 959	148 624	162 199	189 860	193 587
Total Assurance Vie	113 201	125 260	142 808	159 058	169 145	181 918	209 146	214 897
***dont :** Contrats de retraite*	0	..	..	..	..	..	..	..
1.1.4 Paiement par catégories d'assurance, primes brutes (non-vie)								
L'assurance automobile	50 357	56 099	62 944	66 562	68 735	75 858	91 375	103 014
Les assurances transport (y compris maritime et aérien)	5 765	7 049	7 691	7 851	9 356	11 007	11 312	16 558
L'assurance de fret	..	..	..	..	..	..	..	..
L'assurance incendie et des dommages aux bien	8 026	14 010	9 980	16 520	12 232	13 815	14 497	18 115
L'assurance des pertes pécuniaires	636	686	749	5 210	501	947	1 131	12 278
L'assurance de la responsabilité civile générale	5 185	5 914	6 920	7 341	7 201	9 099	9 668	12 005
Les assurances accidents et maladie	37 557	41 814	45 526	51 189	56 686	59 550	66 512	76 720
***dont :** Maladie*	1 626	1 835	1 918	2 682	2 719	2 622	3 218	3 518
Autres assurances non-vie	24 316	30 214	33 390	32 581	38 511	42 081	45 976	48 006
Réassurance obligatoire	..	..	..	..	..	..	..	..
Total assurance non-vie	131 842	155 785	167 200	187 253	193 221	212 357	240 470	286 696
1.2 Paiements bruts des sinistres								
Vie								
Entreprises nationales	9 487	9 566	10 279	11 800	12 325	13 760	14 829	16 234
Entreprises sous contrôle étranger	4 314	4 663	..	..	5 875	6 443	6 971	7 390
Succursales d'entreprises étrangères	..	..	..	..	..	..	..	..
Ensemble des entreprises	9 487	9 566	10 279	11 800	12 325	13 760	14 829	16 234
Non-vie								
Entreprises nationales	14 463	14 750	14 874	21 716	17 912	19 552	23 827	32 868
Entreprises sous contrôle étranger	5 042	4 751	..	..	4 093	4 923	5 515	7 449
Succursales d'entreprises étrangères	..	..	..	..	..	..	..	..
Ensemble des entreprises	14 463	14 750	14 874	21 716	17 912	19 552	23 827	32 868
Mixtes								
Entreprises nationales	100 430	109 005	115 041	159 315	148 932	162 803	185 481	204 354
Entreprises sous contrôle étranger	67 094	70 654	..	..	104 822	109 465	125 575	136 316
Succursales d'entreprises étrangères	..	..	..	..	..	..	..	..
Ensemble des entreprises	100 430	109 005	115 041	159 315	148 932	162 803	185 481	204 354
dont :								
Vie	48 676	50 966	55 436	76 467	81 643	88 136	101 700	115 199
Entreprises nationales	48 676	50 966	55 436	76 467	81 643	88 136	101 700	115 199
Entreprises sous contrôle étranger	37 971	38 918	..	..	67 855	70 802	81 029	89 726
Succursales d'entreprises étrangères	..	..	..	..	..	..	..	..
Ensemble des entreprises	48 676	50 966	55 436	76 467	81 643	88 136	101 700	115 199
Non-vie	51 753	58 039	59 605	82 848	67 289	74 667	83 781	89 154
Entreprises nationales	51 753	58 039	59 605	82 848	67 289	74 667	83 781	89 154
Entreprises sous contrôle étranger	29 122	31 736	..	..	36 968	38 662	44 546	46 591
Succursales d'entreprises étrangères	..	..	..	..	..	..	..	..
Ensemble des entreprises	51 753	58 039	59 605	82 848	67 289	74 667	83 781	89 154
Total								
Entreprises nationales	124 380	133 321	140 195	192 832	179 169	196 115	224 138	253 455
Entreprises sous contrôle étranger	76 449	80 068	..	..	114 791	120 830	138 061	151 155
Succursales d'entreprises étrangères	..	..	..	..	..	..	..	..
Ensemble des entreprises	124 380	133 321	140 195	192 832	179 169	196 115	224 138	253 455

MEXIQUE

Tableau 1. Agrégats sélectionnés (suite)

Millions MXN

	2010	2011	2012	2013	2014	2015	2016	2017
1.3 Commissions								
Vie								
Entreprises nationales	976	1 257	1 133	1 075	749	1 045	1 155	..
Entreprises sous contrôle étranger	234	268	277	251	74	192	247	..
Succursales d'entreprises étrangères	..	..	..	..	..	..	..	..
Ensemble des entreprises	976	1 257	1 133	1 075	749	1 045	1 155	..
Non-vie								
Entreprises nationales	5 078	5 935	6 911	8 410	9 458	7 257	9 473	..
Entreprises sous contrôle étranger	2 230	2 373	2 721	3 523	3 808	1 888	1 618	..
Succursales d'entreprises étrangères	..	..	..	..	..	..	..	..
Ensemble des entreprises	5 078	5 935	6 911	8 410	9 458	7 257	9 473	..
Mixtes								
Entreprises nationales	34 055	38 671	44 178	46 777	49 973	48 713	56 225	..
Entreprises sous contrôle étranger	21 885	24 611	28 060	29 464	31 616	30 146	33 073	..
Succursales d'entreprises étrangères	..	..	..	..	..	..	..	..
Ensemble des entreprises	34 055	38 671	44 178	46 777	49 973	48 713	56 225	..
dont :								
Vie	13 741	15 773	18 508	19 316	21 023	22 507	26 955	..
Entreprises nationales	13 741	15 773	18 508	19 316	21 023	22 507	26 955	..
Entreprises sous contrôle étranger	9 518	10 807	12 501	12 940	17 514	14 838	17 151	..
Succursales d'entreprises étrangères	..	..	..	..	..	..	..	..
Ensemble des entreprises	13 741	15 773	18 508	19 316	21 023	22 507	26 955	..
Non-vie	20 315	22 898	25 670	27 462	28 950	26 206	29 270	..
Entreprises nationales	20 315	22 898	25 670	27 462	28 950	26 206	29 270	..
Entreprises sous contrôle étranger	12 367	13 803	15 559	16 524	14 103	15 308	15 922	..
Succursales d'entreprises étrangères	..	..	..	..	..	..	..	..
Ensemble des entreprises	20 315	22 898	25 670	27 462	28 950	26 206	29 270	..
Total								
Entreprises nationales	40 110	45 863	52 222	56 263	60 180	57 016	66 853	..
Entreprises sous contrôle étranger	24 349	27 251	31 058	33 239	35 498	32 226	34 937	..
Succursales d'entreprises étrangères	..	..	..	..	..	..	..	..
Ensemble des entreprises	40 110	45 863	52 222	56 263	60 180	57 016	66 853	..
1.4 Dépenses brutes d'exploitation								
Vie								
Entreprises nationales	942	1 095	1 313	1 486	1 156	1 336	1 705	1 617
Entreprises sous contrôle étranger	530	675	..	..	570	661	723	759
Succursales d'entreprises étrangères	..	..	..	..	..	..	..	..
Ensemble des entreprises	942	1 095	1 313	1 486	1 156	1 336	1 705	1 617
Non-vie								
Entreprises nationales	2 353	2 337	2 968	3 545	4 198	4 924	5 852	7 490
Entreprises sous contrôle étranger	1 220	1 402	..	..	2 010	3 137	3 249	4 041
Succursales d'entreprises étrangères	..	..	..	..	..	..	..	..
Ensemble des entreprises	2 353	2 337	2 968	3 545	4 198	4 924	5 852	7 490
Mixtes								
Entreprises nationales	14 102	14 115	14 382	16 389	16 621	18 736	21 447	23 147
Entreprises sous contrôle étranger	9 018	8 627	..	..	10 470	12 270	13 297	13 037
Succursales d'entreprises étrangères	..	..	..	..	..	..	..	..
Ensemble des entreprises	14 102	14 115	14 382	16 389	16 621	18 736	21 447	23 147
dont :								
Vie	6 925	6 838	7 085	8 530	8 486	9 990	11 792	11 674
Entreprises nationales	6 925	6 838	7 085	8 530	8 486	9 990	11 792	11 674
Entreprises sous contrôle étranger	5 339	5 052	..	..	6 273	7 388	8 480	7 981
Succursales d'entreprises étrangères	..	..	..	..	..	..	..	..
Ensemble des entreprises	6 925	6 838	7 085	8 530	8 486	9 990	11 792	11 674
Non-vie	7 178	7 277	7 298	7 859	8 135	8 746	9 655	11 473
Entreprises nationales	7 178	7 277	7 298	7 859	8 135	8 746	9 655	11 473
Entreprises sous contrôle étranger	3 679	3 575	..	..	4 198	4 882	4 818	5 055
Succursales d'entreprises étrangères	..	..	..	..	..	..	..	..
Ensemble des entreprises	7 178	7 277	7 298	7 859	8 135	8 746	9 655	11 473
Total								
Entreprises nationales	17 398	17 548	18 662	21 420	21 974	24 996	29 004	32 254
Entreprises sous contrôle étranger	10 768	10 704	..	..	13 050	16 068	17 270	17 837
Succursales d'entreprises étrangères	..	..	..	..	..	..	..	..
Ensemble des entreprises	17 398	17 548	18 662	21 420	21 974	24 996	29 004	32 254

MEXIQUE

Tableau 1. Agrégats sélectionnés (suite)

Millions MXN

	2010	2011	2012	2013	2014	2015	2016	2017
1.5 Opérations à l'étranger par succursale, primes brutes								
Vie								
Succursales et agences	..	..	..	..	..	..	..	..
Filiales	..	..	..	..	..	..	..	..
Total	..	..	..	..	..	..	..	..
Non-vie								
Succursales et agences	..	..	..	..	..	..	..	..
Filiales	..	..	..	..	..	..	..	..
Total	..	..	..	..	..	..	..	..
Mixtes								
Succursales et agences	..	..	..	..	..	..	..	..
Filiales	..	..	..	..	..	..	..	..
Total	..	..	..	..	..	..	..	..
dont :								
Vie	..	..	..	..	..	..	..	..
Succursales et agences	..	..	..	..	..	..	..	..
Filiales	..	..	..	..	..	..	..	..
Total	..	..	..	..	..	..	..	..
Non-vie	..	..	..	..	..	..	..	..
Succursales et agences	..	..	..	..	..	..	..	..
Filiales	..	..	..	..	..	..	..	..
Total	..	..	..	..	..	..	..	..
Total								
Succursales et agences	..	..	..	..	..	..	..	..
Filiales	..	..	..	..	..	..	..	..
Total	..	..	..	..	..	..	..	..

.. Non disponible

Note : Voir les métadonnées détaillées sur : *http://metalinks.oecd.org/ins/20190221/eeb0.*

Source : Statistiques de l'OCDE sur les assurances (base de données)

MEXIQUE

Tableau 2. Nombre d'entreprises et d'employés

	2010	2011	2012	2013	2014	2015	2016	2017
2.1 Nombre d'entreprises								
Vie								
Entreprises nationales	21	21	20	20	16	16	17	15
Entreprises sous contrôle étranger	12	12	11	11	9	9	10	8
Succursales d'entreprises étrangères	..	..	..	..	..	..	..	..
Ensemble des entreprises	21	21	20	20	16	16	17	15
Non-vie								
Entreprises nationales	42	44	47	45	49	46	44	60
Entreprises sous contrôle étranger	25	27	27	27	26	23	22	31
Succursales d'entreprises étrangères	..	..	..	..	..	..	..	..
Ensemble des entreprises	42	44	47	45	49	46	44	60
Mixtes								
Entreprises nationales	34	35	35	37	38	37	37	38
Entreprises sous contrôle étranger	21	20	21	21	22	21	20	21
Succursales d'entreprises étrangères	..	..	..	..	..	..	..	..
Ensemble des entreprises	34	35	35	37	38	37	37	38
Réassurance								
Entreprises nationales	2	2	2	2	2	3	2	2
Entreprises sous contrôle étranger	0	..	0	0	0	0	0	0
Succursales d'entreprises étrangères	..	..	..	..	..	..	..	..
Ensemble des entreprises	2	2	2	2	2	3	2	2
Total								
Entreprises nationales	99	102	104	104	105	102	100	115
Entreprises sous contrôle étranger	58	59	59	59	57	53	52	60
Succursales d'entreprises étrangères	..	..	..	..	..	..	..	..
Ensemble des entreprises	99	102	104	104	105	102	100	115
2.2 Nombre d'employés								
Entreprises d'assurance	14 133	14 487	14 491	14 500	14 799	19 168	..	..
Intermédiaires	34 265	35 173	36 190	46 712	51 780	55 005	57 900	61 695
Total	48 398	49 660	50 681	61 212	66 579	74 173	57 900	61 695

.. Non disponible

Note : Voir les métadonnées détaillées sur : *http://metalinks.oecd.org/ins/20190221/eeb0.*

Source : Statistiques de l'OCDE sur les assurances (base de données)

PAYS-BAS

Tableau 1. Agrégats sélectionnés

Millions EUR

	2010	2011	2012	2013	2014	2015	2016	2017
1.1 Opérations d'assurance conclues dans le pays déclarant								
1.1.1 Opérations d'assurance, par intérêt								
Primes brutes								
Entreprises nationales	38 602	41 183	39 012	38 077	36 523	33 708	69 887	71 228
Entreprises sous contrôle étranger	7 430	9 625	9 255	7 674	2 969	5 812	4 102	4 371
Succursales d'entreprises étrangères	961	955	891	430	62	0	..	..
Ensemble des entreprises	39 564	42 138	39 903	38 507	36 585	33 708	69 887	71 228
Primes cédées								
Entreprises nationales	3 407	5 720	3 109	2 951	3 880	2 814	1 198	1 698
Entreprises sous contrôle étranger	995	1 701	1 706	1 484	1 615	1 365	287	353
Succursales d'entreprises étrangères	42	116	79	20	0	0	..	..
Ensemble des entreprises	3 449	5 836	3 188	2 971	3 880	2 814	1 198	1 698
Primes nettes émises								
Entreprises nationales	35 195	35 463	35 903	35 126	32 643	30 894	68 689	69 530
Entreprises sous contrôle étranger	6 434	7 923	7 549	6 190	1 354	4 447	3 815	4 018
Succursales d'entreprises étrangères	919	839	812	410	62	0	..	..
Ensemble des entreprises	36 115	36 302	36 715	35 536	32 705	30 894	68 689	69 530
1.1.2 Opérations d'assurance par risque à l'étranger, primes brutes								
Vie	..	..	..	..	..	..	269	273
Non-vie	..	..	..	..	..	..	534	452
Mixtes total	..	..	..	..	..	..	..	252
Total	..	..	..	..	..	..	803	977
1.1.3 Paiement par catégories d'assurance, primes brutes (vie)								
Rentes	12 058	12 001	10 892	10 998	10 806	9 035	0	0
Unit linked	7 758	9 332	7 836	7 086	6 504	5 533	5 262	4 553
Autre assurance vie	355	329	247	188	150	122	8 465	8 411
Total assurance vie	20 171	21 662	18 975	18 272	17 460	14 690	13 727	12 964
***dont :** Contrats de retraite*	6 941	6 887	6 034	5 810	5 552	5 208	334	157
1.1.4 Paiement par catégories d'assurance, primes brutes (non-vie)								
L'assurance automobile	4 635	4 587	4 500	4 376	3 934	3 884	3 892	4 051
Les assurances transport (y compris maritime et aérien)	543	563	596	525	435	404	361	283
L'assurance de fret	275	291	263	256	231	191	..	0
L'assurance incendie et des dommages aux bien	3 732	3 515	3 698	3 664	3 449	3 456	3 256	3 290
L'assurance des pertes pécuniaires	1 192	309	278	206	164	176	258	206
L'assurance de la responsabilité civile générale	1 140	1 045	1 116	1 125	1 064	1 033	882	883
Les assurances accidents et maladie	8 285	8 585	8 560	8 167	7 867	7 851	46 459	47 499
***dont :** Maladie*	..	..	..	..	..	..	45 064	46 044
Autres assurances non-vie	1 419	2 027	1 907	1 919	1 976	2 016	1 049	1 165
Réassurance obligatoire	..	..	..	..	..	..	..	0
Total assurance non-vie	21 221	20 923	20 918	20 238	19 120	19 011	56 157	57 377
1.2 Paiements bruts des sinistres								
Vie								
Entreprises nationales	21 020	23 689	25 331	24 085	25 487	22 576	20 919	25 124
Entreprises sous contrôle étranger	3 870	3 206	3 538	3 205	1 136	4 504	4 203	4 286
Succursales d'entreprises étrangères	3 281	378	401	420	0	0	..	..
Ensemble des entreprises	24 301	24 067	25 732	24 505	25 487	22 576	20 919	25 124
Non-vie								
Entreprises nationales	13 434	13 957	13 999	14 304	13 666	13 806	50 966	51 936
Entreprises sous contrôle étranger	2 046	2 840	2 870	2 915	867	1 937	1 053	844
Succursales d'entreprises étrangères	305	42	41	41	149	0	..	..
Ensemble des entreprises	13 739	13 999	14 040	14 345	13 815	13 806	50 966	51 936
Mixtes, ensemble des entreprises	**..**	**..**	**..**	**..**	**..**	**..**	**..**	**473**
Total								
Entreprises nationales	34 454	37 646	39 330	38 389	39 153	36 382	71 885	77 533
Entreprises sous contrôle étranger	5 916	6 046	6 408	6 120	2 003	6 441	5 256	5 130
Succursales d'entreprises étrangères	3 586	420	442	461	149	0	..	..
Ensemble des entreprises	38 040	38 066	39 772	38 850	39 302	36 382	71 885	77 533
1.3 Commissions								
Vie								
Entreprises nationales	605	614	473	243	190	158	..	..
Entreprises sous contrôle étranger	342	325	196	64	17	49	..	..
Succursales d'entreprises étrangères	62	14	17	12	0	0	..	..
Ensemble des entreprises	667	628	490	255	190	158	..	..
Non-vie								
Entreprises nationales	2 999	3 070	3 197	2 891	2 713	2 663	..	..
Entreprises sous contrôle étranger	682	851	833	734	282	464	..	..
Succursales d'entreprises étrangères	24	23	22	22	21	0	..	..
Ensemble des entreprises	3 023	3 093	3 219	2 913	2 734	2 663	..	..
Mixtes, ensemble des entreprises	**..**	**..**	**..**	**..**	**..**	**..**	**..**	**..**
Total								
Entreprises nationales	3 604	3 684	3 670	3 134	2 903	2 821	..	..
Entreprises sous contrôle étranger	1 024	1 176	1 029	798	299	513	..	..
Succursales d'entreprises étrangères	86	37	39	34	21	0	..	..
Ensemble des entreprises	3 690	3 721	3 709	3 168	2 924	2 821	..	..

PAYS-BAS

Tableau 1. Agrégats sélectionnés (suite)

Millions EUR

	2010	2011	2012	2013	2014	2015	2016	2017
1.4 Dépenses brutes d'exploitation								
Vie								
Entreprises nationales	2 642	2 768	2 827	2 266	2 497	2 072	2 183	2 002
Entreprises sous contrôle étranger	646	349	342	297	113	378	417	356
Succursales d'entreprises étrangères	488	59	37	44	0	0	..	..
Ensemble des entreprises	3 130	2 827	2 864	2 310	2 497	2 072	2 183	2 002
Non-vie								
Entreprises nationales	4 775	4 863	4 933	4 809	4 635	4 485	6 219	6 156
Entreprises sous contrôle étranger	845	1 244	1 181	1 136	373	771	525	550
Succursales d'entreprises étrangères	26	25	24	25	23	0	..	..
Ensemble des entreprises	4 801	4 888	4 957	4 834	4 658	4 485	6 219	6 156
Mixtes, ensemble des entreprises	..	..	..	..	..	..	..	**115**
Total								
Entreprises nationales	7 417	7 631	7 759	7 075	7 132	6 557	8 402	8 273
Entreprises sous contrôle étranger	1 491	1 593	1 523	1 433	486	1 149	942	906
Succursales d'entreprises étrangères	514	84	61	69	23	0	..	..
Ensemble des entreprises	7 931	7 715	7 820	7 144	7 155	6 557	8 402	8 273
1.5 Opérations à l'étranger par succursale, primes brutes								
Vie								
Succursales et agences	621	662	540	370	276	..	253	260
Filiales	..	..	..	..	..	..	..	..
Total	621	662	540	370	276	267	253	260
Non-vie								
Succursales et agences	1 789	1 067	1 276	1 132	1 289	..	175	163
Filiales	..	..	..	..	..	..	..	..
Total	1 789	1 067	1 276	1 132	1 289	1 487	175	163
Mixtes total	..	..	..	..	..	..	..	**0**
Total								
Succursales et agences	2 410	1 729	1 816	1 502	1 565	..	428	423
Filiales	..	..	..	..	..	..	..	..
Total	2 410	1 729	1 816	1 502	1 565	1 754	428	423

.. Non disponible

Note : Voir les métadonnées détaillées sur : *http://metalinks.oecd.org/ins/20190221/897c.*

Source : Statistiques de l'OCDE sur les assurances (base de données)

PAYS-BAS

Tableau 2. Nombre d'entreprises et d'employés

	2010	2011	2012	2013	2014	2015	2016	2017
2.1 Nombre d'entreprises								
Vie								
Entreprises nationales	49	52	41	36	38	..	31	30
Entreprises sous contrôle étranger	8	8	6	6	7	..	11	10
Succursales d'entreprises étrangères	1	1	4	4	0	..	..	..
Ensemble des entreprises	50	53	45	40	38	..	31	30
Non-vie								
Entreprises nationales	193	174	158	316	136	..	107	101
Entreprises sous contrôle étranger	14	5	15	14	8	..	9	8
Succursales d'entreprises étrangères	4	4	2	1	2	..	..	..
Ensemble des entreprises	197	178	160	317	138	..	107	101
Mixtes, ensemble des entreprises	**0**	**0**	**0**	**0**	**0**	**0**	**0**	**0**
Réassurance								
Entreprises nationales	14	16	15	11	10	..	9	9
Entreprises sous contrôle étranger	2	1	1	0	0	..	0	0
Succursales d'entreprises étrangères	..	..	0	0	0	..	..	..
Ensemble des entreprises	14	16	15	11	10	..	9	9
Total								
Entreprises nationales	256	242	214	363	184	..	147	140
Entreprises sous contrôle étranger	24	14	22	20	15	..	20	18
Succursales d'entreprises étrangères	5	5	6	5	2	..	..	..
Ensemble des entreprises	261	247	220	368	186	..	147	140
2.2 Nombre d'employés								
Entreprises d'assurance	..	..	..	..	..	..	..	..
Intermédiaires	..	..	..	..	..	..	..	..
Total	..	..	..	..	..	..	..	..

.. Non disponible

Note : Voir les métadonnées détaillées sur : *http://metalinks.oecd.org/ins/20190221/897c.*

Source : Statistiques de l'OCDE sur les assurances (base de données)

NOUVELLE-ZÉLANDE

Tableau 1. Agrégats sélectionnés

Millions NZD

	2010	2011	2012	2013	2014	2015	2016	2017
1.1 Opérations d'assurance conclues dans le pays déclarant								
1.1.1 Opérations d'assurance, par intérêt								
Primes brutes								
Entreprises nationales	..	..	..	..	..	..	..	..
Entreprises sous contrôle étranger	..	..	..	..	..	..	..	..
Succursales d'entreprises étrangères	..	..	..	..	..	..	..	..
Ensemble des entreprises	4 680	..	5 665	6 266	6 460	6 678	6 828	7 240
Primes cédées								
Entreprises nationales	..	..	..	..	..	..	..	..
Entreprises sous contrôle étranger	..	..	..	..	..	..	..	..
Succursales d'entreprises étrangères	..	..	..	..	..	..	..	..
Ensemble des entreprises	610	..	1 207	1 412	1 292	1 305	1 789	1 852
Primes nettes émises								
Entreprises nationales	..	..	..	..	..	..	..	..
Entreprises sous contrôle étranger	..	..	..	..	..	..	..	..
Succursales d'entreprises étrangères	..	..	..	..	..	..	..	..
Ensemble des entreprises	5 730	..	6 365	6 758	7 186	7 523	7 303	7 729
1.1.2 Opérations d'assurance par risque à l'étranger, primes brutes								
Vie	..	..	..	..	..	..	..	..
Non-vie	..	..	..	..	..	..	..	..
Mixtes	..	..	..	..	..	..	..	..
dont :								
Vie	..	..	..	..	..	..	..	..
Non-vie	..	..	..	..	..	..	..	..
Total	..	..	..	..	..	..	..	..
1.1.3 Paiement par catégories d'assurance, primes brutes (vie)								
Rentes	..	..	..	..	..	..	..	..
Unit linked	..	..	..	..	..	..	..	..
Autre assurance vie	..	..	..	..	..	..	..	..
Total Assurance Vie	..	..	..	..	..	..	..	..
***dont :** Contrats de retraite*	..	..	..	..	..	..	..	..
1.1.4 Paiement par catégories d'assurance, primes brutes (non-vie)								
L'assurance automobile	..	..	..	..	..	..	..	..
Les assurances transport (y compris maritime et aérien)	..	..	..	..	..	..	..	..
L'assurance de fret	..	..	..	..	..	..	..	..
L'assurance incendie et des dommages aux bien	..	..	..	..	..	..	..	..
L'assurance des pertes pécuniaires	..	..	..	..	..	..	..	..
L'assurance de la responsabilité civile générale	..	..	..	..	..	..	..	..
Les assurances accidents et maladie	..	..	..	..	..	..	..	..
***dont :** Maladie*	..	..	..	..	..	..	..	..
Autres assurances non-vie	..	..	..	..	..	..	..	..
Réassurance obligatoire	..	..	..	..	..	..	..	..
Total assurance non-vie	4 680	..	5 665	6 266	6 460	6 678	6 828	7 240
1.2 Paiements bruts des sinistres								
Vie								
Entreprises nationales	..	..	..	..	..	..	..	..
Entreprises sous contrôle étranger	..	..	..	..	..	..	..	..
Succursales d'entreprises étrangères	..	..	..	..	..	..	..	..
Ensemble des entreprises	1 437	..	1 360	1 303	1 399	1 544	1 598	1 579
Non-vie								
Entreprises nationales	..	..	..	..	..	..	..	..
Entreprises sous contrôle étranger	..	..	..	..	..	..	..	..
Succursales d'entreprises étrangères	..	..	..	..	..	..	..	..
Ensemble des entreprises	2 802	..	9 531	4 539	5 642	6 302	4 864	6 662
Mixtes								
Entreprises nationales	..	..	..	..	..	..	..	..
Entreprises sous contrôle étranger	..	..	..	..	..	..	..	..
Succursales d'entreprises étrangères	..	..	..	..	..	..	..	..
Ensemble des entreprises	..	..	..	..	..	..	..	..
dont :								
Vie	..	..	..	..	..	..	..	..
Entreprises nationales	..	..	..	..	..	..	..	..
Entreprises sous contrôle étranger	..	..	..	..	..	..	..	..
Succursales d'entreprises étrangères	..	..	..	..	..	..	..	..
Ensemble des entreprises	..	..	..	..	..	..	..	..
Non-vie	..	..	..	..	..	..	..	..
Entreprises nationales	..	..	..	..	..	..	..	..
Entreprises sous contrôle étranger	..	..	..	..	..	..	..	..
Succursales d'entreprises étrangères	..	..	..	..	..	..	..	..
Ensemble des entreprises	..	..	..	..	..	..	..	..
Total								
Entreprises nationales	..	..	..	..	..	..	..	..
Entreprises sous contrôle étranger	..	..	..	..	..	..	..	..
Succursales d'entreprises étrangères	..	..	..	..	..	..	..	..
Ensemble des entreprises	4 239	..	10 891	5 842	7 041	7 846	6 462	8 241

NOUVELLE-ZÉLANDE

Tableau 1. Agrégats sélectionnés (suite)

Millions NZD

	2010	2011	2012	2013	2014	2015	2016	2017
1.3 Commissions								
Vie								
Entreprises nationales	..	..	..	..	..	..	..	..
Entreprises sous contrôle étranger	..	..	..	..	..	..	..	..
Succursales d'entreprises étrangères	..	..	..	..	..	..	..	..
Ensemble des entreprises	..	..	..	..	..	..	..	..
Non-vie								
Entreprises nationales	..	..	..	..	..	..	..	..
Entreprises sous contrôle étranger	..	..	..	..	..	..	..	..
Succursales d'entreprises étrangères	..	..	..	..	..	..	..	..
Ensemble des entreprises	..	..	..	..	..	..	..	..
Mixtes								
Entreprises nationales	..	..	..	..	..	..	..	..
Entreprises sous contrôle étranger	..	..	..	..	..	..	..	..
Succursales d'entreprises étrangères	..	..	..	..	..	..	..	..
Ensemble des entreprises	..	..	..	..	..	..	..	..
dont :								
Vie	..	..	..	..	..	..	..	..
Entreprises nationales	..	..	..	..	..	..	..	..
Entreprises sous contrôle étranger	..	..	..	..	..	..	..	..
Succursales d'entreprises étrangères	..	..	..	..	..	..	..	..
Ensemble des entreprises	..	..	..	..	..	..	..	..
Non-vie	..	..	..	..	..	..	..	..
Entreprises nationales	..	..	..	..	..	..	..	..
Entreprises sous contrôle étranger	..	..	..	..	..	..	..	..
Succursales d'entreprises étrangères	..	..	..	..	..	..	..	..
Ensemble des entreprises	..	..	..	..	..	..	..	..
Total								
Entreprises nationales	..	..	..	..	..	..	..	..
Entreprises sous contrôle étranger	..	..	..	..	..	..	..	..
Succursales d'entreprises étrangères	..	..	..	..	..	..	..	..
Ensemble des entreprises	..	..	..	..	..	..	..	..
1.4 Dépenses brutes d'exploitation								
Vie								
Entreprises nationales	..	..	..	..	..	..	..	..
Entreprises sous contrôle étranger	..	..	..	..	..	..	..	..
Succursales d'entreprises étrangères	..	..	..	..	..	..	..	..
Ensemble des entreprises	2 403	..	2 169	2 151	2 384	2 323	2 489	2 476
Non-vie								
Entreprises nationales	..	..	..	..	..	..	..	..
Entreprises sous contrôle étranger	..	..	..	..	..	..	..	..
Succursales d'entreprises étrangères	..	..	..	..	..	..	..	..
Ensemble des entreprises	4 213	..	12 070	6 102	7 490	8 472	6 875	8 884
Mixtes								
Entreprises nationales	..	..	..	..	..	..	..	..
Entreprises sous contrôle étranger	..	..	..	..	..	..	..	..
Succursales d'entreprises étrangères	..	..	..	..	..	..	..	..
Ensemble des entreprises	..	..	..	..	..	..	..	..
dont :								
Vie	..	..	..	..	..	..	..	..
Entreprises nationales	..	..	..	..	..	..	..	..
Entreprises sous contrôle étranger	..	..	..	..	..	..	..	..
Succursales d'entreprises étrangères	..	..	..	..	..	..	..	..
Ensemble des entreprises	..	..	..	..	..	..	..	..
Non-vie	..	..	..	..	..	..	..	..
Entreprises nationales	..	..	..	..	..	..	..	..
Entreprises sous contrôle étranger	..	..	..	..	..	..	..	..
Succursales d'entreprises étrangères	..	..	..	..	..	..	..	..
Ensemble des entreprises	..	..	..	..	..	..	..	..
Total								
Entreprises nationales	..	..	..	..	..	..	..	..
Entreprises sous contrôle étranger	..	..	..	..	..	..	..	..
Succursales d'entreprises étrangères	..	..	..	..	..	..	..	..
Ensemble des entreprises	6 616	..	14 239	8 253	9 874	10 795	9 364	11 360

NOUVELLE-ZÉLANDE

Tableau 1. Agrégats sélectionnés (suite)

Millions NZD

	2010	2011	2012	2013	2014	2015	2016	2017
1.5 Opérations à l'étranger par succursale, primes brutes								
Vie								
Succursales et agences	..	..	..	..	..	..	..	..
Filiales	..	..	..	..	..	..	..	..
Total	..	..	..	..	..	..	..	..
Non-vie								
Succursales et agences	..	..	..	..	..	..	..	..
Filiales	..	..	..	..	..	..	..	..
Total	..	..	..	..	..	..	..	..
Mixtes								
Succursales et agences	..	..	..	..	..	..	..	..
Filiales	..	..	..	..	..	..	..	..
Total	..	..	..	..	..	..	..	..
dont :								
Vie	..	..	..	..	..	..	..	..
Succursales et agences	..	..	..	..	..	..	..	..
Filiales	..	..	..	..	..	..	..	..
Total	..	..	..	..	..	..	..	..
Non-vie	..	..	..	..	..	..	..	..
Succursales et agences	..	..	..	..	..	..	..	..
Filiales	..	..	..	..	..	..	..	..
Total	..	..	..	..	..	..	..	..
Total								
Succursales et agences	..	..	..	..	..	..	..	..
Filiales	..	..	..	..	..	..	..	..
Total	..	..	..	..	..	..	..	..

.. Non disponible

Note : Voir les métadonnées détaillées sur : *http://metalinks.oecd.org/ins/20190221/05aa.*

Source : Statistiques de l'OCDE sur les assurances (base de données)

NOUVELLE-ZÉLANDE

Tableau 2. Nombre d'entreprises et d'employés

	2010	2011	2012	2013	2014	2015	2016	2017
2.1 Nombre d'entreprises								
Vie								
Entreprises nationales	..	..	..	..	..	..	..	..
Entreprises sous contrôle étranger	..	..	..	..	..	..	..	..
Succursales d'entreprises étrangères	..	..	..	..	..	..	..	..
Ensemble des entreprises	42	..	43	37	43	30	30	30
Non-vie								
Entreprises nationales	..	..	..	..	..	..	..	..
Entreprises sous contrôle étranger	..	..	..	..	..	..	..	..
Succursales d'entreprises étrangères	..	..	..	..	..	..	..	..
Ensemble des entreprises	147	..	142	130	145	102	90	87
Mixtes								
Entreprises nationales	..	..	..	..	..	..	..	..
Entreprises sous contrôle étranger	..	..	..	..	..	..	..	..
Succursales d'entreprises étrangères	..	..	..	..	..	..	..	..
Ensemble des entreprises	..	..	..	..	..	..	..	..
Réassurance								
Entreprises nationales	..	..	..	..	..	..	..	..
Entreprises sous contrôle étranger	..	..	..	..	..	..	..	..
Succursales d'entreprises étrangères	..	..	..	..	..	..	..	..
Ensemble des entreprises	..	..	..	..	..	..	..	..
Total								
Entreprises nationales	..	..	..	..	..	..	..	..
Entreprises sous contrôle étranger	..	..	..	..	..	..	..	..
Succursales d'entreprises étrangères	..	..	..	..	..	..	..	..
Ensemble des entreprises	189	..	185	167	188	132	120	117
2.2 Nombre d'employés								
Entreprises d'assurance	..	..	..	10 780	10 720	10 680	..	..
Intermédiaires	..	..	..	..	..	..	..	..
Total	9 650	..	10 640	10 780	..	..	..	..

.. Non disponible

Note : Voir les métadonnées détaillées sur : *http://metalinks.oecd.org/ins/20190221/05aa.*

Source : Statistiques de l'OCDE sur les assurances (base de données)

NORVÈGE

Tableau 1. Agrégats sélectionnés

Millions NOK

	2010	2011	2012	2013	2014	2015	2016	2017
1.1 Opérations d'assurance conclues dans le pays déclarant								
1.1.1 Opérations d'assurance, par intérêt								
Primes brutes								
Entreprises nationales	99 610	106 973	119 751	119 149	134 884	135 864	138 612	139 748
Entreprises sous contrôle étranger	6 299	6 388	8 589	8 948	11 029	13 195	..	..
Succursales d'entreprises étrangères	24 719	26 383	30 039	30 872	31 867	30 638	31 150	29 049
Ensemble des entreprises	124 329	133 356	149 790	150 021	166 751	166 502	169 762	168 797
Primes cédées								
Entreprises nationales	..	..	6 252	6 396	6 891	7 973	7 053	7 061
Entreprises sous contrôle étranger	..	..	316	173	198	218	..	..
Succursales d'entreprises étrangères	..	..	4 290	4 219	4 653	4 976	5 362	4 814
Ensemble des entreprises	..	..	10 542	10 614	11 544	12 950	12 415	11 876
Primes nettes émises								
Entreprises nationales	..	..	113 499	112 754	127 993	127 890	131 559	132 686
Entreprises sous contrôle étranger	..	..	8 273	8 775	10 832	12 978	..	..
Succursales d'entreprises étrangères	..	..	25 749	26 653	27 213	25 662	25 788	24 235
Ensemble des entreprises	..	..	139 248	139 407	155 206	153 552	157 347	156 921
1.1.2 Opérations d'assurance par risque à l'étranger, primes brutes								
Vie	..	..	31	..	..	9	7	6
Non-vie	2 779	1 556	7 352	6 202	11 468	11 250	10 855	10 417
Mixtes total	..	..	..	..	..	..	..	..
Total	2 779	1 556	7 383	6 202	11 468	11 260	10 862	10 422
1.1.3 Paiement par catégories d'assurance, primes brutes (vie)								
Rentes	..	..	..	..	..	..	..	..
Unit linked	..	..	..	..	..	..	..	..
Autre assurance vie	..	..	..	..	..	..	..	..
Total assurance vie	66 586	71 577	81 742	81 299	92 185	91 794	94 093	93 577
***dont :** Contrats de retraite*	..	..	69 652	66 873	..	..	..	..
1.1.4 Paiement par catégories d'assurance, primes brutes (non-vie)								
L'assurance automobile	10 409	10 787	19 403	..	20 378	20 706	20 897	21 029
Les assurances transport (y compris maritime et aérien)	3 974	4 009	9 581	..	6 574	5 201	15 291	5 292
L'assurance de fret	..	..	..	..	..	..	0	..
L'assurance incendie et des dommages aux bien	9 470	10 811	17 738	..	18 195	19 041	23 135	22 553
L'assurance des pertes pécuniaires	119	125	585	..	127	97	432	92
L'assurance de la responsabilité civile générale	647	686	1 755	..	1 695	1 637	2 000	1 774
Les assurances accidents et maladie	3 205	3 229	6 111	..	5 608	5 553	10 526	10 288
***dont :** Maladie*	..	..	..	..	..	..	0	..
Autres assurances non-vie	5 993	5 967	12 875	..	21 989	13 048	7 085	6 088
Réassurance obligatoire	..	..	..	..	..	..	0	..
Total assurance non-vie	33 817	35 615	68 048	..	74 566	65 283	79 366	67 116
1.2 Paiements bruts des sinistres								
Vie								
Entreprises nationales	40 443	40 252	45 033	45 143	45 742	49 007	51 548	54 419
Entreprises sous contrôle étranger	3 309	2 723	3 120	3 186	3 150	4 796	c	..
Succursales d'entreprises étrangères	405	494	482	692	476	235	288	281
Ensemble des entreprises	40 848	40 746	45 515	45 835	46 218	49 242	51 836	54 700
Non-vie								
Entreprises nationales	21 364	26 292	28 356	23 486	30 742	34 587	32 537	31 896
Entreprises sous contrôle étranger	441	342	542	c	c	c	c	..
Succursales d'entreprises étrangères	16 445	17 552	24 549	20 026	22 287	21 584	21 146	20 655
Ensemble des entreprises	37 809	43 844	52 905	43 512	53 030	56 170	53 683	52 550
Mixtes, ensemble des entreprises	..	..	..	..	..	..	..	..
Total								
Entreprises nationales	61 807	66 544	73 389	68 629	76 485	83 593	84 085	86 315
Entreprises sous contrôle étranger	3 750	3 065	3 662	3 186	3 150	4 796	..	..
Succursales d'entreprises étrangères	16 850	18 046	25 031	20 718	22 763	21 819	21 434	20 935
Ensemble des entreprises	78 657	84 590	98 420	89 347	99 248	105 413	105 519	107 250
1.3 Commissions								
Vie								
Entreprises nationales	..	..	692	774	839	916	890	783
Entreprises sous contrôle étranger	..	..	152	179	202	227	c	c
Succursales d'entreprises étrangères	..	..	0	0	0	..	..	..
Ensemble des entreprises	..	..	692	774	839	916	890	783
Non-vie								
Entreprises nationales	..	..	1 507	1 536	2 204	2 119	1 956	2 105
Entreprises sous contrôle étranger	..	..	35	c	c	..	c	c
Succursales d'entreprises étrangères	..	..	1 101	1 084	1 099	1 107	950	915
Ensemble des entreprises	..	..	2 608	2 619	3 303	3 226	2 906	3 020
Mixtes, ensemble des entreprises	..	..	..	..	..	..	..	..
Total								
Entreprises nationales	..	..	2 199	2 310	3 043	3 035	2 846	2 889
Entreprises sous contrôle étranger	..	..	187	179	202	227	..	..
Succursales d'entreprises étrangères	..	..	1 101	1 084	1 099	1 107	950	915
Ensemble des entreprises	..	..	3 300	3 393	4 142	4 142	3 797	3 804

NORVÈGE

Tableau 1. Agrégats sélectionnés (suite)

Millions NOK

	2010	2011	2012	2013	2014	2015	2016	2017
1.4 Dépenses brutes d'exploitation								
Vie								
Entreprises nationales	6 839	5 818	7 019	6 688	7 205	7 383	7 750	7 380
Entreprises sous contrôle étranger	646	688	692	185	807	765	c	..
Succursales d'entreprises étrangères	151	144	0	126	162	..	157	143
Ensemble des entreprises	6 990	5 962	7 019	6 814	7 367	7 383	7 907	7 523
Non-vie								
Entreprises nationales	5 703	6 155	5 527	5 925	6 585	6 138	6 139	6 956
Entreprises sous contrôle étranger	141	76	48	c	c	c	c	..
Succursales d'entreprises étrangères	5 451	5 121	4 765	4 203	5 318	5 574	5 465	4 732
Ensemble des entreprises	11 154	11 276	10 292	10 128	11 903	11 712	11 605	11 688
Mixtes, ensemble des entreprises	..	..	..	..	..	..	..	..
Total								
Entreprises nationales	12 542	11 973	12 546	12 613	13 790	13 521	13 889	14 336
Entreprises sous contrôle étranger	787	764	740	185	807	765	..	..
Succursales d'entreprises étrangères	5 602	5 265	4 765	4 329	5 480	5 574	5 623	4 875
Ensemble des entreprises	18 144	17 238	17 311	16 942	19 270	19 095	19 512	19 211
1.5 Opérations à l'étranger par succursale, primes brutes								
Vie								
Succursales et agences	89	..	..	c	..	..	..	..
Filiales	..	..	..	..	..	..	..	..
Total	89	..	..	c	..	..	..	..
Non-vie								
Succursales et agences	2 977	2 476	2 454	1 134	4 636	1 569	7 141	2 493
Filiales	..	..	..	c	c	..	..	..
Total	2 977	2 476	2 454	1 134	4 636	1 569	7 141	2 493
Mixtes total	..	..	..	..	..	..	..	..
Total								
Succursales et agences	3 066	2 476	2 454	1 134	4 636	1 569	7 141	2 493
Filiales	..	..	..	..	..	..	..	..
Total	3 066	2 476	2 454	1 134	4 636	1 569	7 141	2 493

.. Non disponible ; c Donnée confidentielle

Note : Voir les métadonnées détaillées sur : *http://metalinks.oecd.org/ins/20190221/b2e1*.

Source : Statistiques de l'OCDE sur les assurances (base de données)

NORVÈGE

Tableau 2. Nombre d'entreprises et d'employés

	2010	2011	2012	2013	2014	2015	2016	2017
2.1 Nombre d'entreprises								
Vie								
Entreprises nationales	12	12	10	12	10	10	10	13
Entreprises sous contrôle étranger	2	2	2	2	2	2	2	3
Succursales d'entreprises étrangères	10	10	9	9	7	7	7	6
Ensemble des entreprises	22	22	19	21	17	17	17	19
Non-vie								
Entreprises nationales	77	76	63	59	59	58	59	58
Entreprises sous contrôle étranger	1	1	1	1	1	2	2	2
Succursales d'entreprises étrangères	24	21	25	25	22	21	23	23
Ensemble des entreprises	101	97	88	84	81	79	82	81
Mixtes, ensemble des entreprises	**0**	**0**	**0**	**0**	**0**	**0**	..	..
Réassurance								
Entreprises nationales	..	..	..	..	..	..	..	..
Entreprises sous contrôle étranger	..	..	..	..	..	..	..	..
Succursales d'entreprises étrangères	..	..	..	..	..	..	..	..
Ensemble des entreprises	..	..	..	..	..	..	..	..
Total								
Entreprises nationales	89	88	73	71	69	68	69	71
Entreprises sous contrôle étranger	3	3	3	3	3	4	4	5
Succursales d'entreprises étrangères	34	31	34	34	29	28	30	29
Ensemble des entreprises	123	119	107	105	98	96	99	100
2.2 Nombre d'employés								
Entreprises d'assurance	9 753	..	..	..	..	..	..	..
Intermédiaires	..	..	..	..	..	..	..	..
Total	9 753	..	..	..	..	..	..	..

.. Non disponible

Note : Voir les métadonnées détaillées sur : *http://metalinks.oecd.org/ins/20190221/b2e1*.

Source : Statistiques de l'OCDE sur les assurances (base de données)

POLOGNE

Tableau 1. Agrégats sélectionnés

Millions PLN

	2010	2011	2012	2013	2014	2015	2016	2017
1.1 Opérations d'assurance conclues dans le pays déclarant								
1.1.1 Opérations d'assurance, par intérêt								
Primes brutes								
Entreprises nationales	54 164	57 151	62 627	57 863	54 927	54 804	56 039	62 354
Entreprises sous contrôle étranger	29 135	31 683	35 100	31 562	30 425	30 801	31 961	33 189
Succursales d'entreprises étrangères	..	..	..	..	..	..	..	..
Ensemble des entreprises	54 164	57 151	62 627	57 863	54 927	54 804	56 039	62 354
Primes cédées								
Entreprises nationales	3 393	3 852	4 598	4 214	4 170	5 197	6 765	7 203
Entreprises sous contrôle étranger	2 043	4 647	4 224	3 664	3 533	4 355	4 798	4 664
Succursales d'entreprises étrangères	..	..	..	..	..	..	..	..
Ensemble des entreprises	3 393	3 852	4 598	4 214	4 170	5 197	6 765	7 203
Primes nettes émises								
Entreprises nationales	50 771	53 299	58 029	53 649	50 757	49 606	49 274	55 151
Entreprises sous contrôle étranger	27 092	27 036	30 876	27 898	26 892	26 446	27 163	28 524
Succursales d'entreprises étrangères	..	..	..	..	..	..	..	..
Ensemble des entreprises	50 771	53 299	58 029	53 649	50 757	49 606	49 274	55 151
1.1.2 Opérations d'assurance par risque à l'étranger, primes brutes								
Vie	0	..	..	..	..	..	..	..
Non-vie	202	..	..	..	..	..	..	..
Mixtes total	..	..	..	..	..	..	..	..
Total	203	..	..	..	..	..	..	..
1.1.3 Paiement par catégories d'assurance, primes brutes (vie)								
Rentes	83	98	99	107	114	131	138	135
Unit linked	8 120	10 307	12 046	13 052	12 600	12 996	10 325	11 283
Autre assurance vie	23 150	21 415	24 203	18 082	15 933	14 377	13 370	13 120
Total assurance vie	31 354	31 820	36 348	31 241	28 646	27 505	23 833	24 539
***dont :** Contrats de retraite*	329	376	371	396	356	356	..	..
1.1.4 Paiement par catégories d'assurance, primes brutes (non-vie)								
L'assurance automobile	12 932	14 543	14 780	13 945	13 397	13 910	18 744	23 231
Les assurances transport (y compris maritime et aérien)	163	232	256	267	275	210	185	195
L'assurance de fret	96	107	119	117	126	116	120	131
L'assurance incendie et des dommages aux bien	4 334	5 056	5 441	5 973	5 715	5 938	6 246	6 991
L'assurance des pertes pécuniaires	1 593	1 631	1 526	1 858	2 149	1 893	1 805	1 749
L'assurance de la responsabilité civile générale	1 302	1 459	1 773	1 891	1 964	2 134	1 915	2 076
Les assurances accidents et maladie	1 621	1 688	1 801	1 926	2 007	2 273	2 222	2 348
***dont :** Maladie*	1 269	1 245	513	612	656	613	618	689
Autres assurances non-vie	698	575	554	622	627	804	947	1 071
Réassurance obligatoire	0	..	..	..	..	..	..	..
Total assurance non-vie	22 739	25 291	26 250	26 599	26 260	27 278	32 182	37 793
1.2 Paiements bruts des sinistres								
Vie								
Entreprises nationales	22 585	26 069	25 917	23 087	20 360	19 358	18 284	20 355
Entreprises sous contrôle étranger	10 545	12 116	13 331	10 927	9 783	8 795	9 543	..
Succursales d'entreprises étrangères	..	..	..	..	..	..	..	..
Ensemble des entreprises	22 585	26 069	25 917	23 087	20 360	19 358	18 284	20 355
Non-vie								
Entreprises nationales	14 169	13 738	14 046	13 711	13 811	15 488	18 393	19 485
Entreprises sous contrôle étranger	8 017	8 128	8 890	8 434	8 579	9 515	10 911	..
Succursales d'entreprises étrangères	..	..	..	..	..	..	..	..
Ensemble des entreprises	14 169	13 738	14 046	13 711	13 811	15 488	18 393	19 485
Mixtes, ensemble des entreprises	..	..	..	..	..	..	..	..
Total								
Entreprises nationales	36 754	39 807	39 963	36 798	34 171	34 846	36 677	39 840
Entreprises sous contrôle étranger	18 562	20 244	22 221	19 362	18 363	18 310	20 454	..
Succursales d'entreprises étrangères	..	..	..	..	..	..	..	..
Ensemble des entreprises	36 754	39 807	39 963	36 798	34 171	34 846	36 677	39 840
1.3 Commissions								
Vie								
Entreprises nationales	3 006	3 245	70	93	203	231	222	183
Entreprises sous contrôle étranger	2 485	2 591	69	70	191	223	218	179
Succursales d'entreprises étrangères	..	..	..	..	..	..	..	..
Ensemble des entreprises	3 006	3 245	70	93	203	231	222	183
Non-vie								
Entreprises nationales	3 490	4 015	657	740	651	719	1 115	1 544
Entreprises sous contrôle étranger	2 202	2 659	648	606	594	657	929	1 122
Succursales d'entreprises étrangères	..	..	..	..	..	..	..	..
Ensemble des entreprises	3 490	4 015	657	740	651	719	1 115	1 544
Mixtes, ensemble des entreprises	..	..	..	..	..	..	..	..
Total								
Entreprises nationales	6 496	7 260	727	833	854	950	1 337	1 727
Entreprises sous contrôle étranger	4 688	5 250	717	676	785	880	1 147	1 301
Succursales d'entreprises étrangères	..	..	..	..	..	..	..	..
Ensemble des entreprises	6 496	7 260	727	833	854	950	1 337	1 727

POLOGNE

Tableau 1. Agrégats sélectionnés (suite)

Millions PLN

	2010	2011	2012	2013	2014	2015	2016	2017
1.4 Dépenses brutes d'exploitation								
Vie								
Entreprises nationales	5 295	5 605	6 416	6 146	6 588	6 476	5 647	5 518
Entreprises sous contrôle étranger	3 777	3 944	4 244	3 831	4 369	4 182	3 797	..
Succursales d'entreprises étrangères	..	..	..	..	..	..	..	..
Ensemble des entreprises	5 295	5 605	6 416	6 146	6 588	6 476	5 647	5 518
Non-vie								
Entreprises nationales	6 791	7 276	7 733	7 775	8 018	8 335	9 104	10 007
Entreprises sous contrôle étranger	3 958	4 549	5 225	5 090	5 135	5 569	5 978	..
Succursales d'entreprises étrangères	..	..	..	..	..	..	..	..
Ensemble des entreprises	6 791	7 276	7 733	7 775	8 018	8 335	9 104	10 007
Mixtes, ensemble des entreprises	..	..	..	..	..	..	..	..
Total								
Entreprises nationales	12 086	12 882	14 149	13 921	14 606	14 811	14 751	15 525
Entreprises sous contrôle étranger	7 734	8 493	9 469	8 921	9 504	9 751	9 776	..
Succursales d'entreprises étrangères	..	..	..	..	..	..	..	..
Ensemble des entreprises	12 086	12 882	14 149	13 921	14 606	14 811	14 751	15 525
1.5 Opérations à l'étranger par succursale, primes brutes								
Vie								
Succursales et agences	14	19	26	..	79	92	..	95
Filiales	..	..	..	..	..	..	..	..
Total	14	19	26	..	79	92	..	95
Non-vie								
Succursales et agences	14	62	53	..	98	116	..	..
Filiales	..	49	..	..	..	..	..	..
Total	14	111	53	..	98	116	..	..
Mixtes total	..	..	..	..	..	..	..	..
Total								
Succursales et agences	29	82	79	..	177	208	..	95
Filiales	..	49	..	..	..	..	..	..
Total	29	130	79	..	177	208	..	95

.. Non disponible

Note : Voir les métadonnées détaillées sur : *http://metalinks.oecd.org/ins/20190221/531e.*

Source : Statistiques de l'OCDE sur les assurances (base de données)

POLOGNE

Tableau 2. Nombre d'entreprises et d'employés

	2010	2011	2012	2013	2014	2015	2016	2017
2.1 Nombre d'entreprises								
Vie								
Entreprises nationales	30	28	28	27	26	28	27	27
Entreprises sous contrôle étranger	23	22	23	21	19	21	21	20
Succursales d'entreprises étrangères	..	2	..	..	..	..	..	..
Ensemble des entreprises	30	30	28	27	26	28	27	27
Non-vie								
Entreprises nationales	32	32	30	30	30	32	33	33
Entreprises sous contrôle étranger	21	22	21	19	19	22	20	19
Succursales d'entreprises étrangères	..	11	..	..	..	..	..	..
Ensemble des entreprises	32	43	30	30	30	32	33	33
Mixtes, ensemble des entreprises	**0**	**0**	**0**	**0**	**0**	**0**	**0**	..
Réassurance								
Entreprises nationales	1	1	1	1	1	1	1	1
Entreprises sous contrôle étranger	1	1	1	1	1	1	1	1
Succursales d'entreprises étrangères	..	..	..	..	..	..	..	..
Ensemble des entreprises	1	1	1	1	1	1	1	1
Total								
Entreprises nationales	63	61	59	58	57	61	61	61
Entreprises sous contrôle étranger	45	45	45	41	39	44	42	40
Succursales d'entreprises étrangères	..	13	..	..	..	..	..	..
Ensemble des entreprises	63	74	59	58	57	61	61	61
2.2 Nombre d'employés								
Entreprises d'assurance	35 803	37 239	37 205	37 187	35 922	35 282	..	..
Intermédiaires	62 347	68 168	58 879	69 621	58 004	49 126	..	..
Total	98 150	105 407	96 083	106 808	93 926	84 408	..	..

.. Non disponible

Note : Voir les métadonnées détaillées sur : *http://metalinks.oecd.org/ins/20190221/531e.*

Source : Statistiques de l'OCDE sur les assurances (base de données)

PORTUGAL

Tableau 1. Agrégats sélectionnés

Millions EUR

	2010	2011	2012	2013	2014	2015	2016	2017
1.1 Opérations d'assurance conclues dans le pays déclarant								
1.1.1 Opérations d'assurance, par intérêt								
Primes brutes								
Entreprises nationales	15 816	11 165	10 553	12 802	14 051	12 568	10 913	11 455
Entreprises sous contrôle étranger	1 758	1 676	1 553	1 617	8 737	8 890	9 048	10 640
Succursales d'entreprises étrangères	75	73	0	0	0	0	0	0
Ensemble des entreprises	15 891	11 238	10 553	12 802	14 051	12 568	10 913	11 455
Primes cédées								
Entreprises nationales	1 013	982	1 096	1 144	1 118	1 194	1 214	1 307
Entreprises sous contrôle étranger	80	153	130	140	836	924	992	1 180
Succursales d'entreprises étrangères	26	23	0	0	0	0	0	0
Ensemble des entreprises	1 039	1 005	1 096	1 144	1 118	1 194	1 214	1 307
Primes nettes émises								
Entreprises nationales	14 802	10 183	9 457	11 658	12 933	11 374	9 698	10 148
Entreprises sous contrôle étranger	1 678	1 523	1 423	1 477	7 902	7 966	8 056	9 460
Succursales d'entreprises étrangères	49	50	0	0	0	0	0	0
Ensemble des entreprises	14 851	10 232	9 457	11 658	12 933	11 374	9 698	10 148
1.1.2 Opérations d'assurance par risque à l'étranger, primes brutes								
Vie	0	0	2	3	13	8	11	8
Non-vie	1	2	15	14	13	13	4	7
Mixtes	0	0	54	64	92	107	127	129
dont :								
Vie	0	0	27	27	53	63	70	74
Non-vie	0	0	27	38	39	44	57	55
Total	1	2	72	81	118	129	142	144
1.1.3 Paiement par catégories d'assurance, primes brutes (vie)								
Rentes	33	19	46	79	64	109	142	183
Unit linked	2 389	1 954	1 999	1 851	1 966	2 119	1 655	2 077
Autre assurance vie	9 414	5 240	4 633	7 094	8 220	6 254	4 708	4 450
Total Assurance Vie	11 835	7 213	6 678	9 023	10 249	8 481	6 504	6 710
***dont :** Contrats de retraite*	..	..	..	..	..	..	..	..
1.1.4 Paiement par catégories d'assurance, primes brutes (non-vie)								
L'assurance automobile	1 454	1 447	1 353	1 277	1 256	1 316	1 399	1 482
Les assurances transport (y compris maritime et aérien)	37	35	35	33	29	28	25	27
L'assurance de fret	26	26	25	25	24	23	22	22
L'assurance incendie et des dommages aux bien	657	686	702	700	699	745	771	795
L'assurance des pertes pécuniaires	53	54	63	69	70	73	84	83
L'assurance de la responsabilité civile générale	93	90	89	84	87	94	99	102
Les assurances accidents et maladie	1 504	1 480	1 430	1 413	1 452	1 602	1 783	1 999
***dont :** Maladie*	806	820	838	862	896	973	1 084	1 208
Autres assurances non-vie	165	170	177	178	183	205	225	235
Réassurance obligatoire	0	0	0	0	0	0	0	0
Total assurance non-vie	3 988	3 988	3 874	3 778	3 802	4 086	4 408	4 745
1.2 Paiements bruts des sinistres								
Vie								
Entreprises nationales	3 782	6 935	4 875	4 518	5 254	6 133	6 568	3 940
Entreprises sous contrôle étranger	457	505	461	374	2 667	2 724	2 252	2 853
Succursales d'entreprises étrangères	0	0	0	0	0	0	0	0
Ensemble des entreprises	3 782	6 935	4 875	4 518	5 254	6 133	6 568	3 940
Non-vie								
Entreprises nationales	1 628	1 588	1 471	1 446	1 407	1 520	1 336	1 413
Entreprises sous contrôle étranger	518	424	385	376	1 174	1 278	1 070	1 130
Succursales d'entreprises étrangères	0	0	0	0	0	0	0	0
Ensemble des entreprises	1 628	1 588	1 471	1 446	1 407	1 520	1 336	1 413
Mixtes								
Entreprises nationales	7 074	7 987	5 927	5 427	5 201	5 128	4 554	4 230
Entreprises sous contrôle étranger	474	517	541	562	3 991	3 922	4 501	4 180
Succursales d'entreprises étrangères	43	43	0	0	0	0	0	0
Ensemble des entreprises	7 116	8 030	5 927	5 427	5 201	5 128	4 554	4 230
dont :								
Vie	5 828	6 661	4 616	4 067	3 895	3 840	2 867	2 479
Entreprises nationales	5 787	6 621	4 616	4 067	3 895	3 840	2 867	2 479
Entreprises sous contrôle étranger	151	173	184	167	2 904	2 839	2 815	2 431
Succursales d'entreprises étrangères	41	41	0	0	0	0	0	0
Ensemble des entreprises	5 828	6 661	4 616	4 067	3 895	3 840	2 867	2 479
Non-vie	1 288	1 369	1 311	1 360	1 306	1 288	1 687	1 751
Entreprises nationales	1 286	1 367	1 311	1 360	1 306	1 288	1 687	1 751
Entreprises sous contrôle étranger	323	344	357	395	1 087	1 083	1 686	1 749
Succursales d'entreprises étrangères	2	2	0	0	0	0	0	0
Ensemble des entreprises	1 288	1 369	1 311	1 360	1 306	1 288	1 687	1 751
Total								
Entreprises nationales	12 485	16 510	12 274	11 391	11 861	12 782	12 458	9 582
Entreprises sous contrôle étranger	1 449	1 446	1 387	1 312	7 832	7 923	7 822	8 163
Succursales d'entreprises étrangères	43	43	0	0	0	0	0	0
Ensemble des entreprises	12 527	16 553	12 274	11 391	11 861	12 782	12 458	9 582

PORTUGAL

Tableau 1. Agrégats sélectionnés (suite)

Millions EUR

	2010	2011	2012	2013	2014	2015	2016	2017
1.3 Commissions								
Vie								
Entreprises nationales	69	38	47	144	40	77	105	103
Entreprises sous contrôle étranger	9	9	7	7	15	41	42	85
Succursales d'entreprises étrangères	0	0	0	0	0	0	0	0
Ensemble des entreprises	69	38	47	144	40	77	105	103
Non-vie								
Entreprises nationales	179	155	157	156	153	178	164	183
Entreprises sous contrôle étranger	58	44	40	38	117	133	98	115
Succursales d'entreprises étrangères	0	0	0	0	0	0	0	0
Ensemble des entreprises	179	155	157	156	153	178	164	183
Mixtes								
Entreprises nationales	256	273	272	291	301	295	286	351
Entreprises sous contrôle étranger	63	76	81	99	208	222	283	344
Succursales d'entreprises étrangères	22	20	0	0	0	0	0	0
Ensemble des entreprises	277	293	272	291	301	295	286	351
dont :								
Vie	119	114	87	98	100	82	49	58
Entreprises nationales	99	96	87	98	100	82	49	58
Entreprises sous contrôle étranger	19	20	21	28	42	44	47	52
Succursales d'entreprises étrangères	20	18	0	0	0	0	0	0
Ensemble des entreprises	119	114	87	98	100	82	49	58
Non-vie	158	179	185	193	201	214	237	293
Entreprises nationales	157	177	185	193	201	214	237	293
Entreprises sous contrôle étranger	44	56	60	71	165	178	236	291
Succursales d'entreprises étrangères	2	2	0	0	0	0	0	0
Ensemble des entreprises	158	179	185	193	201	214	237	293
Total								
Entreprises nationales	504	466	476	591	493	550	554	637
Entreprises sous contrôle étranger	131	130	128	144	339	396	423	543
Succursales d'entreprises étrangères	22	20	0	0	0	0	0	0
Ensemble des entreprises	525	486	476	591	493	550	554	637
1.4 Dépenses brutes d'exploitation								
Vie								
Entreprises nationales	234	202	206	314	212	244	300	298
Entreprises sous contrôle étranger	37	37	36	33	136	163	168	248
Succursales d'entreprises étrangères	0	0	0	0	0	0	0	0
Ensemble des entreprises	234	202	206	314	212	244	300	298
Non-vie								
Entreprises nationales	555	528	511	496	495	550	467	494
Entreprises sous contrôle étranger	179	155	144	133	398	441	357	388
Succursales d'entreprises étrangères	0	0	0	0	0	0	0	0
Ensemble des entreprises	555	528	511	496	495	550	467	494
Mixtes								
Entreprises nationales	689	710	723	715	717	720	711	851
Entreprises sous contrôle étranger	163	190	200	198	541	571	702	839
Succursales d'entreprises étrangères	38	39	0	0	0	0	0	0
Ensemble des entreprises	727	750	723	715	717	720	711	851
dont :								
Vie	270	258	221	234	230	222	148	173
Entreprises nationales	238	226	221	234	230	222	148	173
Entreprises sous contrôle étranger	45	48	49	48	125	145	140	162
Succursales d'entreprises étrangères	32	32	0	0	0	0	0	0
Ensemble des entreprises	270	258	221	234	230	222	148	173
Non-vie	457	492	502	481	487	497	562	678
Entreprises nationales	451	484	502	481	487	497	562	678
Entreprises sous contrôle étranger	118	142	151	151	416	427	562	677
Succursales d'entreprises étrangères	6	7	0	0	0	0	0	0
Ensemble des entreprises	457	492	502	481	487	497	562	678
Total								
Entreprises nationales	1 478	1 440	1 440	1 525	1 425	1 513	1 478	1 643
Entreprises sous contrôle étranger	379	381	380	364	1 076	1 176	1 227	1 474
Succursales d'entreprises étrangères	38	39	0	0	0	0	0	0
Ensemble des entreprises	1 516	1 480	1 440	1 525	1 425	1 513	1 478	1 643

PORTUGAL

Tableau 1. Agrégats sélectionnés (suite)

Millions EUR

	2010	2011	2012	2013	2014	2015	2016	2017
1.5 Opérations à l'étranger par succursale, primes brutes								
Vie								
Succursales et agences	4	6	2	3	13	8	11	8
Filiales	0	0	0	0	0	0	0	0
Total	4	6	2	3	13	8	11	8
Non-vie								
Succursales et agences	7	8	14	12	12	12	1	3
Filiales	0	0	0	0	0	0	0	0
Total	7	8	14	12	12	12	1	3
Mixtes								
Succursales et agences	79	55	54	64	92	107	127	129
Filiales	0	0	0	0	0	0	0	0
Total	79	55	54	64	92	107	127	129
dont :								
Vie	40	28	27	27	53	63	70	74
Succursales et agences	40	28	27	27	53	63	70	74
Filiales	0	0	0	0	0	0	0	0
Total	40	28	27	27	53	63	70	74
Non-vie	39	27	27	38	39	44	57	55
Succursales et agences	39	27	27	38	39	44	57	55
Filiales	0	0	0	0	0	0	0	0
Total	39	27	27	38	39	44	57	55
Total								
Succursales et agences	89	69	70	79	117	128	138	140
Filiales	0	0	0	0	0	0	0	0
Total	89	69	70	79	117	128	138	140

.. Non disponible

Note : Voir les métadonnées détaillées sur : *http://metalinks.oecd.org/ins/20190221/20c8.*

Source : Statistiques de l'OCDE sur les assurances (base de données)

PORTUGAL

Tableau 2. Nombre d'entreprises et d'employés

	2010	2011	2012	2013	2014	2015	2016	2017
2.1 Nombre d'entreprises								
Vie								
Entreprises nationales	15	14	14	14	16	16	14	13
Entreprises sous contrôle étranger	6	5	5	5	10	10	9	9
Succursales d'entreprises étrangères	6	6	6	5	5	5	4	4
Ensemble des entreprises	21	20	20	19	21	21	18	17
Non-vie								
Entreprises nationales	23	21	21	21	21	24	23	23
Entreprises sous contrôle étranger	6	5	4	4	15	16	15	15
Succursales d'entreprises étrangères	26	24	25	24	23	21	19	19
Ensemble des entreprises	49	45	46	45	44	45	42	42
Mixtes								
Entreprises nationales	7	7	6	6	5	5	5	6
Entreprises sous contrôle étranger	2	2	2	2	3	3	4	4
Succursales d'entreprises étrangères	5	5	5	6	6	7	7	7
Ensemble des entreprises	12	12	11	12	11	12	12	13
Réassurance								
Entreprises nationales	1	1	1	1	1	1	1	1
Entreprises sous contrôle étranger	0	0	0	0	1	1	1	1
Succursales d'entreprises étrangères	0	0	0	0	0	0	0	0
Ensemble des entreprises	1	1	1	1	1	1	1	1
Total								
Entreprises nationales	46	43	42	42	43	46	43	43
Entreprises sous contrôle étranger	14	12	11	11	29	30	29	29
Succursales d'entreprises étrangères	37	35	36	35	34	33	30	30
Ensemble des entreprises	83	78	78	77	77	79	73	73
2.2 Nombre d'employés								
Entreprises d'assurance	10 565	10 937	8 807	9 224	9 252	9 441	9 387	9 381
Intermédiaires	25 897	25 397	24 624	24 207	23 465	22 738	21 426	20 258
Total	36 462	36 334	33 431	33 431	32 717	32 179	30 813	29 639

Note : Voir les métadonnées détaillées sur : *http://metalinks.oecd.org/ins/20190221/20c8.*

Source : Statistiques de l'OCDE sur les assurances (base de données)

RÉPUBLIQUE SLOVAQUE

Tableau 1. Agrégats sélectionnés

Millions EUR

	2010	2011	2012	2013	2014	2015	2016	2017
1.1 Opérations d'assurance conclues dans le pays déclarant								
1.1.1 Opérations d'assurance, par intérêt								
Primes brutes								
Entreprises nationales	2 015	2 040	2 036	2 082	2 106	2 020	..	4 186
Entreprises sous contrôle étranger	1 861	1 875	1 863	1 901	1 918	1 827	..	..
Succursales d'entreprises étrangères	109	114	121	146	142	143	..	282
Ensemble des entreprises	2 124	2 154	2 157	2 228	2 248	2 163	..	4 468
Primes cédées								
Entreprises nationales	263	294	294	298	314	319	..	319
Entreprises sous contrôle étranger	241	268	267	268	283	287	..	..
Succursales d'entreprises étrangères	16	17	17	19	17	17	..	31
Ensemble des entreprises	279	312	311	316	331	336	..	350
Primes nettes émises								
Entreprises nationales	1 752	1 746	1 742	1 785	1 792	1 701	..	3 868
Entreprises sous contrôle étranger	1 607	1 606	1 596	1 633	1 635	1 540	..	..
Succursales d'entreprises étrangères	93	96	104	127	126	126	..	250
Ensemble des entreprises	1 845	1 842	1 846	1 912	1 917	1 827	..	4 118
1.1.2 Opérations d'assurance par risque à l'étranger, primes brutes								
Vie	..	..	..	..	..	..	..	..
Non-vie	..	..	..	..	..	..	..	..
Mixtes	..	..	..	..	..	..	..	..
dont :								
Vie	..	..	..	..	..	..	..	..
Non-vie	..	..	..	..	..	..	..	..
Total	..	..	..	..	..	..	..	..
1.1.3 Paiement par catégories d'assurance, primes brutes (vie)								
Rentes	637	619	607	649	623	586	..	2
Unit linked	315	338	409	423	417	351	..	166
Autre assurance vie	128	137	146	164	180	171	..	950
Total Assurance Vie	1 079	1 094	1 162	1 236	1 220	1 108	..	1 119
***dont :** Contrats de retraite*	16	15	13	12	12	12	..	..
1.1.4 Paiement par catégories d'assurance, primes brutes (non-vie)								
L'assurance automobile	579	568	548	528	532	547	..	309
Les assurances transport (y compris maritime et aérien)	6	6	7	6	6	6	..	10
L'assurance de fret	8	8	8	8	8	8	..	..
L'assurance incendie et des dommages aux bien	235	248	247	250	257	257	..	276
L'assurance des pertes pécuniaires	23	25	24	27	33	34	..	11
L'assurance de la responsabilité civile générale	67	65	68	73	78	78	..	80
Les assurances accidents et maladie	40	38	40	45	49	44	..	..
***dont :** Maladie*	2	2	2	2	2	3	..	..
Autres assurances non-vie	29	31	32	34	35	39	..	397
Réassurance obligatoire	12	19	21	21	32	42	..	..
Total assurance non-vie	997	1 009	996	992	1 028	1 055	..	1 083
1.2 Paiements bruts des sinistres								
Vie								
Entreprises nationales	84	97	93	91	107	98	186	76
Entreprises sous contrôle étranger	84	97	93	91	107	98	..	73
Succursales d'entreprises étrangères	1	0	0	0	0	2	..	117
Ensemble des entreprises	85	97	93	91	108	100	..	193
Non-vie								
Entreprises nationales	5	5	1	0	0	0	..	..
Entreprises sous contrôle étranger	5	5	1	0	0	0	..	..
Succursales d'entreprises étrangères	27	24	44	27	29	32	..	21
Ensemble des entreprises	32	29	45	27	29	32	..	..
Mixtes								
Entreprises nationales	1 043	1 075	1 083	1 117	1 084	1 057	2 291	..
Entreprises sous contrôle étranger	922	945	948	979	948	911	1 909	76
Succursales d'entreprises étrangères	3	5	12	14	16	16	..	21
Ensemble des entreprises	1 046	1 079	1 094	1 131	1 099	1 073	..	..
dont :								
Vie	528	566	640	658	646	575	..	..
Entreprises nationales	525	562	632	647	634	563	1 794	..
Entreprises sous contrôle étranger	431	463	527	544	533	457	1 459	72
Succursales d'entreprises étrangères	3	4	8	11	12	12	..	17
Ensemble des entreprises	528	566	640	658	646	575	..	..
Non-vie	518	513	455	473	453	497	..	..
Entreprises nationales	518	513	451	470	450	494	497	..
Entreprises sous contrôle étranger	490	483	421	435	415	454	450	4
Succursales d'entreprises étrangères	0	0	4	4	3	3	..	5
Ensemble des entreprises	518	513	455	473	453	497	..	..
Total								
Entreprises nationales	1 132	1 177	1 176	1 208	1 191	1 155	2 477	76
Entreprises sous contrôle étranger	1 010	1 047	1 042	1 070	1 055	1 010	1 909	149
Succursales d'entreprises étrangères	30	30	55	42	44	49	..	159
Ensemble des entreprises	1 162	1 206	1 232	1 249	1 236	1 205	..	193

RÉPUBLIQUE SLOVAQUE

Tableau 1. Agrégats sélectionnés (suite)

Millions EUR

	2010	2011	2012	2013	2014	2015	2016	2017
1.3 Commissions								
Vie								
Entreprises nationales	22	26	28	29	33	37	..	..
Entreprises sous contrôle étranger	22	26	28	29	33	37	..	..
Succursales d'entreprises étrangères	0	1	1	1	1	2	..	23
Ensemble des entreprises	22	27	29	30	34	39	..	..
Non-vie								
Entreprises nationales	1	2	1	0	0	0	..	..
Entreprises sous contrôle étranger	1	2	1	0	0	0	..	..
Succursales d'entreprises étrangères	9	9	11	13	15	18	..	21
Ensemble des entreprises	10	11	12	13	15	18	..	..
Mixtes								
Entreprises nationales	221	230	238	251	259	250	..	..
Entreprises sous contrôle étranger	210	219	225	238	244	233	..	..
Succursales d'entreprises étrangères	18	17	17	18	4	16	..	20
Ensemble des entreprises	239	247	255	269	264	266	..	..
dont :								
Vie	98	97	102	107	95	89	..	..
Entreprises nationales	80	82	86	93	95	77	..	..
Entreprises sous contrôle étranger	77	79	81	90	91	73	..	..
Succursales d'entreprises étrangères	17	16	16	14	0	12	..	13
Ensemble des entreprises	98	97	102	107	95	89	..	..
Non-vie	141	149	154	162	168	177	..	..
Entreprises nationales	141	149	152	158	164	173	..	..
Entreprises sous contrôle étranger	133	141	143	149	153	160	..	..
Succursales d'entreprises étrangères	1	1	2	4	4	5	..	7
Ensemble des entreprises	141	149	154	162	168	177	..	..
Total								
Entreprises nationales	244	258	266	279	292	287	..	..
Entreprises sous contrôle étranger	233	247	253	267	277	270	..	..
Succursales d'entreprises étrangères	27	27	30	32	21	36	..	64
Ensemble des entreprises	271	285	296	311	313	323	..	..
1.4 Dépenses brutes d'exploitation								
Vie								
Entreprises nationales	50	58	58	57	63	72	..	55
Entreprises sous contrôle étranger	50	58	58	57	63	72	..	..
Succursales d'entreprises étrangères	1	2	3	2	2	3	..	51
Ensemble des entreprises	51	60	60	59	65	75	..	105
Non-vie								
Entreprises nationales	6	6	2	0	0	0	..	..
Entreprises sous contrôle étranger	6	6	2	0	0	0	..	..
Succursales d'entreprises étrangères	20	23	26	30	31	32	..	41
Ensemble des entreprises	26	29	28	30	31	32	..	41
Mixtes								
Entreprises nationales	488	492	510	522	529	505	..	502
Entreprises sous contrôle étranger	463	465	481	492	498	472	..	..
Succursales d'entreprises étrangères	45	23	29	28	7	25	..	29
Ensemble des entreprises	532	515	539	549	536	531	..	531
dont :								
Vie	219	212	231	228	212	187	..	179
Entreprises nationales	196	190	207	207	212	170	..	161
Entreprises sous contrôle étranger	184	180	195	197	202	160	..	..
Succursales d'entreprises étrangères	24	22	24	21	1	17	..	19
Ensemble des entreprises	219	212	231	228	212	187	..	179
Non-vie	313	302	308	321	324	344	..	351
Entreprises nationales	292	301	303	314	317	336	..	341
Entreprises sous contrôle étranger	279	285	286	295	295	312	..	..
Succursales d'entreprises étrangères	21	1	5	7	6	8	..	10
Ensemble des entreprises	313	302	308	321	324	344	..	351
Total								
Entreprises nationales	543	555	569	578	592	578	..	556
Entreprises sous contrôle étranger	518	529	541	549	561	544	..	..
Succursales d'entreprises étrangères	66	48	57	60	40	60	..	121
Ensemble des entreprises	610	603	627	639	632	638	..	677

Tableau 1. Agrégats sélectionnés (suite)

Millions EUR

	2010	2011	2012	2013	2014	2015	2016	2017
1.5 Opérations à l'étranger par succursale, primes brutes								
Vie								
Succursales et agences	0	0	0	0	0	1	..	..
Filiales	0	0	0	0	1	5	..	..
Total	0	0	0	0	1	6	..	..
Non-vie								
Succursales et agences	0	0	0	0	0	0	..	..
Filiales	0	0	0	0	0	0	..	..
Total	0	0	0	0	0	0	..	..
Mixtes								
Succursales et agences	0	0	1	1	2	2	..	..
Filiales	4	4	3	3	4	6	..	..
Total	4	4	4	5	6	8	..	..
dont :								
Vie	0	0	0	0	0	0	..	..
Succursales et agences	0	0	0	0	0	0	..	..
Filiales	0	0	0	0	0	0	..	..
Total	0	0	0	0	0	0	..	..
Non-vie	4	4	4	5	6	8	..	..
Succursales et agences	0	0	1	1	2	2	..	..
Filiales	4	4	3	3	4	6	..	..
Total	4	4	4	5	6	8	..	..
Total								
Succursales et agences	0	0	1	1	2	3	..	..
Filiales	4	4	3	3	5	10	..	..
Total	4	4	4	5	7	14	..	..

.. Non disponible

Note : Voir les métadonnées détaillées sur : *http://metalinks.oecd.org/ins/20190221/0db4.*

Source : Statistiques de l'OCDE sur les assurances (base de données)

RÉPUBLIQUE SLOVAQUE

Tableau 2. Nombre d'entreprises et d'employés

	2010	2011	2012	2013	2014	2015	2016	2017
2.1 Nombre d'entreprises								
Vie								
Entreprises nationales	6	6	5	5	5	5	3	3
Entreprises sous contrôle étranger	6	6	5	5	5	5	3	2
Succursales d'entreprises étrangères	2	2	1	1	1	1	2	2
Ensemble des entreprises	8	8	6	6	6	6	5	5
Non-vie								
Entreprises nationales	2	2	1	0	0	0	0	0
Entreprises sous contrôle étranger	2	2	1	0	0	0	0	0
Succursales d'entreprises étrangères	12	13	16	17	17	17	19	19
Ensemble des entreprises	14	15	17	17	17	17	19	19
Mixtes								
Entreprises nationales	12	12	12	12	12	12	12	12
Entreprises sous contrôle étranger	10	10	10	10	10	10	12	10
Succursales d'entreprises étrangères	1	2	2	2	2	2	18	2
Ensemble des entreprises	13	14	14	14	14	14	30	14
Réassurance								
Entreprises nationales	0	0	0	0	0	0	0	0
Entreprises sous contrôle étranger	0	0	0	0	0	0	0	0
Succursales d'entreprises étrangères	1	1	1	1	1	1	0	0
Ensemble des entreprises	1	1	1	1	1	1	0	0
Total								
Entreprises nationales	20	20	18	17	17	17	15	15
Entreprises sous contrôle étranger	18	18	16	15	15	15	15	12
Succursales d'entreprises étrangères	16	18	20	21	21	21	39	23
Ensemble des entreprises	36	38	38	38	38	38	54	38
2.2 Nombre d'employés								
Entreprises d'assurance	6 213	6 087	5 878	5 778	5 937	..	..	..
Intermédiaires	962	1 020	1 373	..	1 358	..	..	..
Total	7 175	7 107	7 251	..	7 295	..	..	..

.. Non disponible

Note : Voir les métadonnées détaillées sur : *http://metalinks.oecd.org/ins/20190221/0db4*.

Source : Statistiques de l'OCDE sur les assurances (base de données)

SLOVÉNIE

Tableau 1. Agrégats sélectionnés

Millions EUR

	2010	2011	2012	2013	2014	2015	2016	2017
1.1 Opérations d'assurance conclues dans le pays déclarant								
1.1.1 Opérations d'assurance, par intérêt								
Primes brutes								
Entreprises nationales	2 178	2 184	2 192	2 114	2 095	2 150	2 182	2 298
Entreprises sous contrôle étranger	164	169	166	166	166	172	180	186
Succursales d'entreprises étrangères	..	..	..	..	..	..	..	..
Ensemble des entreprises	2 178	2 184	2 192	2 114	2 095	2 150	2 182	2 298
Primes cédées								
Entreprises nationales	277	279	283	258	274	256	269	310
Entreprises sous contrôle étranger	41	40	27	27	28	33	39	42
Succursales d'entreprises étrangères	..	..	..	..	..	..	..	..
Ensemble des entreprises	277	279	283	258	274	256	269	310
Primes nettes émises								
Entreprises nationales	1 901	1 905	1 909	1 856	1 821	1 894	1 914	1 988
Entreprises sous contrôle étranger	123	128	139	140	137	139	141	144
Succursales d'entreprises étrangères	..	..	..	..	..	..	..	..
Ensemble des entreprises	1 901	1 905	1 909	1 856	1 821	1 894	1 914	1 988
1.1.2 Opérations d'assurance par risque à l'étranger, primes brutes								
Vie	0	0	0	..	..	..	..	..
Non-vie	..	..	..	0	0	0	..	..
Mixtes	0	0	2	2	1	1	..	..
dont :								
Vie	..	..	..	0	0	1	..	..
Non-vie	0	0	2	1	1	0	..	..
Total	1	0	2	2	2	2	..	..
1.1.3 Paiement par catégories d'assurance, primes brutes (vie)								
Rentes	..	..	..	..	..	..	..	..
Unit linked	231	228	219	201	195	215	213	223
Autre assurance vie	254	252	266	273	284	283	279	293
Total Assurance Vie	485	479	485	473	479	498	492	516
***dont :** Contrats de retraite*	52	51	65	45	37	37	39	41
1.1.4 Paiement par catégories d'assurance, primes brutes (non-vie)								
L'assurance automobile	627	601	559	513	495	484	499	539
Les assurances transport (y compris maritime et aérien)	14	15	18	15	16	18	18	19
L'assurance de fret	15	15	15	14	13	15	16	16
L'assurance incendie et des dommages aux bien	377	389	396	370	372	393	405	415
L'assurance des pertes pécuniaires	51	50	48	49	56	62	62	64
L'assurance de la responsabilité civile générale	54	58	61	63	65	64	72	73
Les assurances accidents et maladie	528	544	580	585	574	591	591	623
***dont :** Maladie*	409	428	467	480	470	484	489	522
Autres assurances non-vie	25	32	30	31	24	25	28	33
Réassurance obligatoire	0	0	0	..	0	0	0	0
Total assurance non-vie	1 691	1 704	1 706	1 641	1 616	1 652	1 690	1 782
1.2 Paiements bruts des sinistres								
Vie								
Entreprises nationales	22	35	40	31	36	52	50	46
Entreprises sous contrôle étranger	0	0	0	0	1	0	2	..
Succursales d'entreprises étrangères	..	..	..	..	..	..	..	..
Ensemble des entreprises	22	35	40	31	36	52	50	46
Non-vie								
Entreprises nationales	456	443	463	482	449	499	491	532
Entreprises sous contrôle étranger	0	0	..	..	..	1	0	..
Succursales d'entreprises étrangères	..	..	..	..	..	..	..	..
Ensemble des entreprises	456	443	463	482	449	499	491	532
Mixtes								
Entreprises nationales	889	878	902	951	941	911	903	995
Entreprises sous contrôle étranger	72	77	84	93	90	91	95	104
Succursales d'entreprises étrangères	..	..	..	..	..	..	..	..
Ensemble des entreprises	889	878	902	951	941	911	903	995
dont :								
Vie	186	229	259	299	304	305	314	347
Entreprises nationales	186	229	259	299	304	305	314	347
Entreprises sous contrôle étranger	35	41	47	51	50	51	50	50
Succursales d'entreprises étrangères	..	..	..	..	..	..	..	..
Ensemble des entreprises	186	229	259	299	304	305	314	347
Non-vie	704	649	642	651	637	606	590	648
Entreprises nationales	704	649	642	651	637	606	590	648
Entreprises sous contrôle étranger	37	36	38	42	41	40	45	54
Succursales d'entreprises étrangères	..	..	..	..	..	..	..	..
Ensemble des entreprises	704	649	642	651	637	606	590	648
Total								
Entreprises nationales	1 368	1 355	1 404	1 464	1 426	1 461	1 445	1 573
Entreprises sous contrôle étranger	72	78	85	93	91	91	97	104
Succursales d'entreprises étrangères	..	..	..	..	..	..	..	..
Ensemble des entreprises	1 368	1 355	1 404	1 464	1 426	1 461	1 445	1 573

SLOVÉNIE

Tableau 1. Agrégats sélectionnés (suite)

Millions EUR

	2010	2011	2012	2013	2014	2015	2016	2017
1.3 Commissions								
Vie								
Entreprises nationales	8	7	6	3	3	3	3	4
Entreprises sous contrôle étranger	0	0	0	0	0	0	0	..
Succursales d'entreprises étrangères	..	..	..	..	..	..	..	..
Ensemble des entreprises	8	7	6	3	3	3	3	4
Non-vie								
Entreprises nationales	2	2	2	4	7	8	7	8
Entreprises sous contrôle étranger	0	0	..	..	..	0	0	..
Succursales d'entreprises étrangères	..	..	..	..	..	..	..	..
Ensemble des entreprises	2	2	2	4	7	8	7	8
Mixtes								
Entreprises nationales	70	90	80	84	86	89	86	92
Entreprises sous contrôle étranger	17	19	19	19	20	21	28	22
Succursales d'entreprises étrangères	..	..	..	..	..	..	..	..
Ensemble des entreprises	70	90	80	84	86	89	86	92
dont :								
Vie	26	36	27	32	32	34	32	32
Entreprises nationales	26	36	27	32	32	34	32	32
Entreprises sous contrôle étranger	8	9	10	10	10	10	15	9
Succursales d'entreprises étrangères	..	..	..	..	..	..	..	..
Ensemble des entreprises	26	36	27	32	32	34	32	32
Non-vie	44	53	53	52	54	56	54	60
Entreprises nationales	44	53	53	52	54	56	54	60
Entreprises sous contrôle étranger	9	9	9	9	10	11	13	13
Succursales d'entreprises étrangères	..	..	..	..	..	..	..	..
Ensemble des entreprises	44	53	53	52	54	56	54	60
Total								
Entreprises nationales	80	99	89	91	96	100	96	104
Entreprises sous contrôle étranger	17	19	20	19	20	21	28	22
Succursales d'entreprises étrangères	..	..	..	..	..	..	..	..
Ensemble des entreprises	80	99	89	91	96	100	96	104
1.4 Dépenses brutes d'exploitation								
Vie								
Entreprises nationales	27	26	28	14	15	16	12	15
Entreprises sous contrôle étranger	2	1	2	2	1	1	1	..
Succursales d'entreprises étrangères	..	..	..	..	..	..	..	..
Ensemble des entreprises	27	26	28	14	15	16	12	15
Non-vie								
Entreprises nationales	80	74	80	81	86	90	97	97
Entreprises sous contrôle étranger	1	1	..	..	..	0	1	..
Succursales d'entreprises étrangères	..	..	..	..	..	..	..	..
Ensemble des entreprises	80	74	80	81	86	90	97	97
Mixtes								
Entreprises nationales	354	356	361	366	362	368	378	388
Entreprises sous contrôle étranger	31	52	56	47	57	60	60	66
Succursales d'entreprises étrangères	..	..	..	..	..	..	..	..
Ensemble des entreprises	354	356	361	366	362	368	378	388
dont :								
Vie	86	91	93	104	99	100	99	102
Entreprises nationales	86	91	93	104	99	100	99	102
Entreprises sous contrôle étranger	20	26	28	26	27	28	26	27
Succursales d'entreprises étrangères	..	..	..	..	..	..	..	..
Ensemble des entreprises	86	91	93	104	99	100	99	102
Non-vie	267	265	269	263	263	268	279	286
Entreprises nationales	267	265	269	263	263	268	279	286
Entreprises sous contrôle étranger	11	26	28	21	30	32	33	39
Succursales d'entreprises étrangères	..	..	..	..	..	..	..	..
Ensemble des entreprises	267	265	269	263	263	268	279	286
Total								
Entreprises nationales	460	456	469	461	462	474	487	500
Entreprises sous contrôle étranger	34	55	57	49	59	62	62	66
Succursales d'entreprises étrangères	..	..	..	..	..	..	..	..
Ensemble des entreprises	460	456	469	461	462	474	487	500

SLOVÉNIE

Tableau 1. Agrégats sélectionnés (suite)

Millions EUR

	2010	2011	2012	2013	2014	2015	2016	2017
1.5 Opérations à l'étranger par succursale, primes brutes								
Vie								
Succursales et agences	0	0	..	..	..	..	..	..
Filiales	..	..	..	..	..	..	..	..
Total	0	0	..	..	..	..	..	..
Non-vie								
Succursales et agences	..	..	..	..	..	..	..	1
Filiales	..	..	..	..	..	..	..	..
Total	..	..	..	..	..	..	..	1
Mixtes								
Succursales et agences	0	0	..	..	..	2	..	31
Filiales	..	..	..	..	..	..	..	..
Total	0	0	..	..	..	2	..	31
dont :								
Vie	..	..	..	..	..	2	..	6
Succursales et agences	..	..	..	..	..	2	..	6
Filiales	..	..	..	..	..	..	..	..
Total	..	..	..	..	..	2	..	6
Non-vie	0	0	..	..	..	0	..	25
Succursales et agences	0	0	..	..	..	0	..	25
Filiales	..	..	..	..	..	..	..	..
Total	0	0	..	..	..	0	..	25
Total								
Succursales et agences	0	0	..	..	..	2	..	32
Filiales	..	..	..	..	..	..	..	..
Total	0	0	..	..	..	2	..	32

.. Non disponible

Note : Voir les métadonnées détaillées sur : *http://metalinks.oecd.org/ins/20190221/518d.*

Source : Statistiques de l'OCDE sur les assurances (base de données)

Tableau 2. Nombre d'entreprises et d'employés

	2010	2011	2012	2013	2014	2015	2016	2017
2.1 Nombre d'entreprises								
Vie								
Entreprises nationales	3	4	4	3	3	3	3	2
Entreprises sous contrôle étranger	1	1	1	1	1	1	1	0
Succursales d'entreprises étrangères	0	0	0	0	0	0	0	0
Ensemble des entreprises	3	4	4	3	3	3	3	2
Non-vie								
Entreprises nationales	4	4	3	3	3	4	4	4
Entreprises sous contrôle étranger	1	1	0	0	0	0	0	0
Succursales d'entreprises étrangères	1	1	3	4	4	4	4	4
Ensemble des entreprises	5	5	6	7	7	8	8	8
Mixtes								
Entreprises nationales	8	8	8	8	8	8	7	7
Entreprises sous contrôle étranger	3	3	3	3	3	3	3	3
Succursales d'entreprises étrangères	2	2	2	2	2	2	2	2
Ensemble des entreprises	10	10	10	10	10	10	9	9
Réassurance								
Entreprises nationales	2	2	2	2	2	2	2	2
Entreprises sous contrôle étranger	0	0	0	0	0	0	0	0
Succursales d'entreprises étrangères	0	0	0	0	0	0	0	0
Ensemble des entreprises	2	2	2	2	2	2	2	2
Total								
Entreprises nationales	17	18	17	16	16	17	16	15
Entreprises sous contrôle étranger	5	5	4	4	4	4	4	3
Succursales d'entreprises étrangères	3	3	5	6	6	6	6	6
Ensemble des entreprises	20	21	22	22	22	23	22	21
2.2 Nombre d'employés								
Entreprises d'assurance	..	..	..	..	..	..	..	..
Intermédiaires	..	..	..	..	..	..	..	..
Total	..	..	..	..	..	..	..	..

.. Non disponible

Note : Voir les métadonnées détaillées sur : *http://metalinks.oecd.org/ins/20190221/518d.*

Source : Statistiques de l'OCDE sur les assurances (base de données)

ESPAGNE

Tableau 1. Agrégats sélectionnés

Millions EUR

	2010	2011	2012	2013	2014	2015	2016	2017
1.1 Opérations d'assurance conclues dans le pays déclarant								
1.1.1 Opérations d'assurance, par intérêt								
Primes brutes								
Entreprises nationales	57 485	61 922	56 608	58 110	57 662	59 048	66 541	65 719
Entreprises sous contrôle étranger	8 322	8 045	14 689	12 578	12 542	11 038	..	..
Succursales d'entreprises étrangères	135	133	117	0	0	0	..	..
Ensemble des entreprises	57 620	62 055	56 725	58 110	57 662	59 048	66 541	65 719
Primes cédées								
Entreprises nationales	4 333	4 305	4 235	5 831	5 019	5 161	6 014	6 206
Entreprises sous contrôle étranger	482	793	1 094	1 058	923	736	..	..
Succursales d'entreprises étrangères	44	44	42	0	0	0	..	..
Ensemble des entreprises	4 377	4 349	4 277	5 831	5 019	5 161	6 014	6 206
Primes nettes émises								
Entreprises nationales	53 154	57 617	52 373	52 279	52 643	53 886	60 527	59 513
Entreprises sous contrôle étranger	7 576	7 252	13 594	11 520	11 620	10 301	..	..
Succursales d'entreprises étrangères	91	89	75	0	0	0	..	..
Ensemble des entreprises	53 245	57 706	52 448	52 279	52 643	53 886	60 527	59 513
1.1.2 Opérations d'assurance par risque à l'étranger, primes brutes								
Vie	..	1	16	22	7	11	13	9
Non-vie	..	73	138	79	73	59	45	20
Mixtes	..	79	54	52	44	61	49	26
dont :								
Vie	..	42	39	42	34	46	35	2
Non-vie	..	36	16	10	9	15	14	24
Total	..	153	209	153	123	130	107	55
1.1.3 Paiement par catégories d'assurance, primes brutes (vie)								
Rentes	6 097	8 992	7 052	7 946	6 406	5 881	8 746	8 318
Unit linked	4 760	4 077	3 748	3 062	2 816	2 721	2 981	4 431
Autre assurance vie	16 510	16 704	15 828	14 865	16 021	17 128	19 330	16 270
Total Assurance Vie	27 367	29 773	26 629	25 873	25 244	25 730	31 056	29 019
***dont :** Contrats de retraite*	..	..	..	..	..	..	..	..
1.1.4 Paiement par catégories d'assurance, primes brutes (non-vie)								
L'assurance automobile	10 731	10 698	9 961	9 610	9 445	9 695	10 451	10 918
Les assurances transport (y compris maritime et aérien)	356	480	329	390	361	369	369	367
L'assurance de fret	194	268	194	294	268	261	270	281
L'assurance incendie et des dommages aux bien	1 147	2 701	913	2 246	2 315	2 610	2 895	2 770
L'assurance des pertes pécuniaires	298	359	311	175	178	208	283	247
L'assurance de la responsabilité civile générale	1 283	1 274	1 096	1 077	1 009	1 011	1 049	1 100
Les assurances accidents et maladie	6 501	7 630	7 629	7 888	8 227	8 449	8 879	9 329
***dont :** Maladie*	5 611	6 650	6 777	7 031	7 356	7 536	7 902	8 224
Autres assurances non-vie	9 709	10 410	10 502	10 531	10 558	10 729	11 001	11 264
Réassurance obligatoire	..	0	0	0	0	0	0	..
Total assurance non-vie	30 219	33 820	30 933	32 211	32 362	33 332	35 197	36 275
1.2 Paiements bruts des sinistres								
Vie								
Entreprises nationales	6 082	12 763	15 189	14 147	16 777	18 872	3 070	3 685
Entreprises sous contrôle étranger	1 414	1 996	2 127	1 814	1 688	1 582	..	..
Succursales d'entreprises étrangères	0	0	0	0	0	0	..	..
Ensemble des entreprises	6 082	12 763	15 189	14 147	16 777	18 872	3 070	3 685
Non-vie								
Entreprises nationales	7 982	9 573	9 489	9 463	9 250	9 593	9 453	10 280
Entreprises sous contrôle étranger	1 406	4 025	3 926	3 947	3 890	2 592	..	..
Succursales d'entreprises étrangères	0	0	0	0	0	0	..	..
Ensemble des entreprises	7 982	9 573	9 489	9 463	9 250	9 593	9 453	10 280
Mixtes								
Entreprises nationales	32 008	23 611	22 204	21 477	21 596	20 659	32 425	35 292
Entreprises sous contrôle étranger	3 607	5 663	6 495	5 208	5 230	5 136	..	..
Succursales d'entreprises étrangères	55	63	49	0	0	0	..	..
Ensemble des entreprises	32 063	23 674	22 252	21 477	21 596	20 659	32 425	35 292
dont :								
Vie	19 737	11 327	11 547	9 702	9 986	8 948	20 670	22 722
Entreprises nationales	19 702	11 288	11 511	9 702	9 986	8 948	20 670	22 722
Entreprises sous contrôle étranger	1 286	2 437	3 836	2 320	2 497	2 292	..	..
Succursales d'entreprises étrangères	35	38	36	0	0	0	..	..
Ensemble des entreprises	19 737	11 327	11 547	9 702	9 986	8 948	20 670	22 722
Non-vie	12 326	12 347	10 705	11 775	11 610	11 711	11 755	12 571
Entreprises nationales	12 306	12 323	10 693	11 775	11 610	11 711	11 755	12 571
Entreprises sous contrôle étranger	1 321	3 226	2 659	2 888	2 733	2 843	..	..
Succursales d'entreprises étrangères	20	24	12	0	0	0	..	..
Ensemble des entreprises	12 326	12 347	10 705	11 775	11 610	11 711	11 755	12 571
Total								
Entreprises nationales	46 072	45 947	46 882	45 088	47 622	49 125	44 947	49 258
Entreprises sous contrôle étranger	6 427	11 684	12 548	10 968	10 809	9 310	..	..
Succursales d'entreprises étrangères	55	63	49	0	0	0	..	..
Ensemble des entreprises	46 127	46 009	46 930	45 088	47 622	49 125	44 947	49 258

ESPAGNE

Tableau 1. Agrégats sélectionnés (suite)

Millions EUR

	2010	2011	2012	2013	2014	2015	2016	2017
1.3 Commissions								
Vie								
Entreprises nationales	..	..	..	..	660	712	234	257
Entreprises sous contrôle étranger	..	..	..	..	86	71	..	..
Succursales d'entreprises étrangères	..	..	..	..	0	0	..	..
Ensemble des entreprises	..	..	..	..	660	712	234	257
Non-vie								
Entreprises nationales	..	..	..	..	1 472	1 436	1 433	1 522
Entreprises sous contrôle étranger	..	..	..	..	642	517	..	..
Succursales d'entreprises étrangères	..	..	..	..	0	0	..	..
Ensemble des entreprises	..	..	..	..	1 472	1 436	1 433	1 522
Mixtes								
Entreprises nationales	..	..	..	..	2 270	2 635	3 328	4 629
Entreprises sous contrôle étranger	..	..	..	..	669	710	..	..
Succursales d'entreprises étrangères	..	..	..	..	0	0	..	..
Ensemble des entreprises	..	..	..	..	2 270	2 635	3 328	4 629
dont :								
Vie	..	..	..	..	418	379	979	1 185
Entreprises nationales	..	..	..	..	418	379	979	1 185
Entreprises sous contrôle étranger	..	..	..	..	94	103	..	..
Succursales d'entreprises étrangères	..	..	..	..	0	0	..	..
Ensemble des entreprises	..	..	..	..	418	379	979	1 185
Non-vie	..	..	..	..	1 852	2 255	2 349	3 444
Entreprises nationales	..	..	..	..	1 852	2 255	2 349	3 444
Entreprises sous contrôle étranger	..	..	..	..	576	607	..	..
Succursales d'entreprises étrangères	..	..	..	..	0	0	..	..
Ensemble des entreprises	..	..	..	..	1 852	2 255	2 349	3 444
Total								
Entreprises nationales	..	..	..	..	4 403	4 782	4 995	6 408
Entreprises sous contrôle étranger	..	..	..	..	1 398	1 298	..	..
Succursales d'entreprises étrangères	..	..	..	..	0	0	..	..
Ensemble des entreprises	..	..	..	..	4 403	4 782	4 995	6 408
1.4 Dépenses brutes d'exploitation								
Vie								
Entreprises nationales	1 778	171	220	968	994	1 075	425	455
Entreprises sous contrôle étranger	207	42	39	201	190	192	..	..
Succursales d'entreprises étrangères	31	0	0	0	..	..	..	..
Ensemble des entreprises	1 809	171	220	968	994	1 075	425	455
Non-vie								
Entreprises nationales	6 317	487	491	3 046	2 880	2 832	2 876	3 081
Entreprises sous contrôle étranger	517	254	242	1 272	1 289	947	..	..
Succursales d'entreprises étrangères	41	0	0	0	..	..	..	..
Ensemble des entreprises	6 358	487	491	3 046	2 880	2 832	2 876	3 081
Mixtes								
Entreprises nationales	..	622	564	5 322	5 034	5 250	6 332	6 550
Entreprises sous contrôle étranger	..	140	120	1 152	1 070	1 100	..	..
Succursales d'entreprises étrangères	..	6	5	1	..	4	..	..
Ensemble des entreprises	..	628	569	5 323	5 034	5 254	6 332	6 550
dont :								
Vie	..	119	87	809	797	729	1 489	1 546
Entreprises nationales	..	117	85	809	797	729	1 489	1 546
Entreprises sous contrôle étranger	..	25	26	162	178	186	..	..
Succursales d'entreprises étrangères	..	2	2	0	..	..	..	..
Ensemble des entreprises	..	119	87	809	797	729	1 489	1 546
Non-vie	..	509	482	4 515	4 237	4 525	4 843	5 004
Entreprises nationales	..	506	479	4 514	4 237	4 521	4 843	5 004
Entreprises sous contrôle étranger	..	116	94	990	892	913	..	..
Succursales d'entreprises étrangères	..	4	3	1	0	4	..	..
Ensemble des entreprises	..	509	482	4 515	4 237	4 525	4 843	5 004
Total								
Entreprises nationales	8 095	1 280	1 275	9 337	8 907	9 157	9 633	10 087
Entreprises sous contrôle étranger	724	436	401	2 625	2 549	2 239	..	..
Succursales d'entreprises étrangères	72	6	5	1	..	4	..	..
Ensemble des entreprises	8 167	1 286	1 280	9 338	8 907	9 161	9 633	10 087

ESPAGNE

Tableau 1. Agrégats sélectionnés (suite)

Millions EUR

	2010	2011	2012	2013	2014	2015	2016	2017
1.5 Opérations à l'étranger par succursale, primes brutes								
Vie								
Succursales et agences	..	938	323	274	0	0	0	0
Filiales	..	..	..	..	..	..	..	..
Total	..	..	..	..	..	..	0	0
Non-vie								
Succursales et agences	..	296	419	592	654	701	1 694	1 841
Filiales	..	..	..	..	..	..	..	..
Total	..	..	..	..	..	..	1 694	1 841
Mixtes								
Succursales et agences	..	759	135	885	1 286	1 361	1 262	1 385
Filiales	..	..	..	..	..	..	..	..
Total	..	..	..	..	..	..	1 262	1 385
dont :								
Vie	..	..	..	..	..	..	518	574
Succursales et agences	..	157	23	212	559	694	518	574
Filiales	..	..	..	..	..	..	..	..
Total	..	..	..	..	..	..	518	574
Non-vie	..	..	..	..	..	..	744	812
Succursales et agences	..	602	113	673	728	667	744	812
Filiales	..	..	..	..	..	..	..	..
Total	..	..	..	..	..	..	744	812
Total								
Succursales et agences	..	1 994	878	1 751	1 940	2 062	2 955	3 226
Filiales	..	..	..	..	..	..	..	..
Total	..	..	..	..	..	..	2 955	3 226

.. Non disponible

Note : Voir les métadonnées détaillées sur : *http://metalinks.oecd.org/ins/20190221/01c9.*

Source : Statistiques de l'OCDE sur les assurances (base de données)

ESPAGNE

Tableau 2. Nombre d'entreprises et d'employés

	2010	2011	2012	2013	2014	2015	2016	2017
2.1 Nombre d'entreprises								
Vie								
Entreprises nationales	93	89	84	83	79	78	32	32
Entreprises sous contrôle étranger	6	11	10	10	9	8	..	..
Succursales d'entreprises étrangères	0	0	0	0	0	0	..	..
Ensemble des entreprises	93	89	84	83	79	78	32	32
Non-vie								
Entreprises nationales	141	140	136	132	127	118	121	111
Entreprises sous contrôle étranger	14	19	18	19	19	17	..	..
Succursales d'entreprises étrangères	1	0	0	0	0	1	..	..
Ensemble des entreprises	142	140	136	132	127	119	121	111
Mixtes								
Entreprises nationales	51	47	46	47	45	41	75	74
Entreprises sous contrôle étranger	8	10	10	8	8	8	..	..
Succursales d'entreprises étrangères	1	2	2	1	1	0	..	..
Ensemble des entreprises	52	49	48	48	46	41	75	74
Réassurance								
Entreprises nationales	0	2	2	2	3	3	3	3
Entreprises sous contrôle étranger	0	..	0	0	0	0	..	..
Succursales d'entreprises étrangères	0	0	0	0	0	0	..	..
Ensemble des entreprises	0	2	2	2	3	3	3	3
Total								
Entreprises nationales	285	278	268	264	254	240	231	220
Entreprises sous contrôle étranger	28	40	38	37	36	33	..	..
Succursales d'entreprises étrangères	2	2	2	1	1	1	..	..
Ensemble des entreprises	287	280	270	265	255	241	231	220
2.2 Nombre d'employés								
Entreprises d'assurance	48 116	46 557	46 439	46 324	45 535	45 218	47 453	47 498
Intermédiaires	3 006	..	..	121 427	129 549	..	..	..
Total	51 122	..	..	167 751	175 084	..	..	..

.. Non disponible

Note : Voir les métadonnées détaillées sur : *http://metalinks.oecd.org/ins/20190221/01c9.*

Source : Statistiques de l'OCDE sur les assurances (base de données)

SUÈDE

Tableau 1. Agrégats sélectionnés

Millions SEK

	2010	2011	2012	2013	2014	2015	2016	2017
1.1 Opérations d'assurance conclues dans le pays déclarant								
1.1.1 Opérations d'assurance, par intérêt								
Primes brutes								
Entreprises nationales	184 684	182 225	167 132	177 197	332 028	339 533	334 834	379 418
Entreprises sous contrôle étranger	65 344	63 298	65 752	66 854	66 041	62 537	67 208	78 911
Succursales d'entreprises étrangères	..	..	..	..	10 260	..	..	..
Ensemble des entreprises	184 684	182 225	167 132	177 197	342 288	339 533	334 834	379 418
Primes cédées								
Entreprises nationales	13 654	12 870	13 068	12 967	15 157	10 306	9 139	10 693
Entreprises sous contrôle étranger	4 475	4 583	5 428	4 727	3 870	4 441	4 296	5 538
Succursales d'entreprises étrangères	..	..	..	..	..	..	..	..
Ensemble des entreprises	13 654	12 870	13 068	12 967	15 157	10 306	9 139	10 693
Primes nettes émises								
Entreprises nationales	171 029	169 355	154 064	164 230	316 871	329 227	325 695	368 725
Entreprises sous contrôle étranger	60 869	58 715	60 324	62 127	62 171	58 096	62 912	73 373
Succursales d'entreprises étrangères	..	..	..	..	10 260	..	..	..
Ensemble des entreprises	171 029	169 355	154 064	164 230	327 131	329 227	325 695	368 725
1.1.2 Opérations d'assurance par risque à l'étranger, primes brutes								
Vie	..	..	..	..	581	667	60	58
Non-vie	..	..	..	..	28 134	27 121	26 941	30 482
Mixtes total	..	..	..	..	..	..	..	..
Total	..	..	..	..	28 715	27 788	27 001	30 540
1.1.3 Paiement par catégories d'assurance, primes brutes (vie)								
Rentes	70 960	72 263	73 378	73 377	205 927	169 626	94 037	107 773
Unit linked	5 742	3 790	1 708	1 188	2 366	75 221	85 696	97 951
Autre assurance vie	12 610	13 615	13 229	13 591	29 900	3 957	71 084	82 841
Total assurance vie	89 312	89 668	88 315	88 156	238 192	248 804	250 817	288 565
***dont :** Contrats de retraite*	..	..	..	..	..	..	..	..
1.1.4 Paiement par catégories d'assurance, primes brutes (non-vie)								
L'assurance automobile	..	..	..	..	30 360	21 348	..	..
Les assurances transport (y compris maritime et aérien)	..	..	..	..	2 627	749	..	..
L'assurance de fret	..	..	..	..	..	..	..	..
L'assurance incendie et des dommages aux bien	..	..	..	..	29 146	36 720	..	..
L'assurance des pertes pécuniaires	..	..	..	..	459	1 070	..	..
L'assurance de la responsabilité civile générale	..	..	..	..	4 045	4 119	..	..
Les assurances accidents et maladie	..	..	..	..	5 674	5 155	..	..
***dont :** Maladie*	..	..	..	..	..	..	..	..
Autres assurances non-vie	..	..	..	..	9 165	21 483	..	..
Réassurance obligatoire	..	..	..	..	13 811	..	..	..
Total assurance non-vie	94 518	91 819	76 947	84 766	95 287	90 644	83 954	90 800
1.2 Paiements bruts des sinistres								
Vie								
Entreprises nationales	50 681	53 464	58 780	64 657	60 930	64 815	76 869	76 390
Entreprises sous contrôle étranger	7 837	7 533	3 499	6 337	6 055	5 719	5 852	5 784
Succursales d'entreprises étrangères	..	..	..	..	5 999	..	..	..
Ensemble des entreprises	50 681	53 464	58 780	64 657	66 929	64 815	76 869	76 390
Non-vie								
Entreprises nationales	67 685	68 400	69 882	69 100	75 805	64 537	65 941	66 635
Entreprises sous contrôle étranger	31 815	31 370	31 639	31 398	31 024	23 701	22 495	25 544
Succursales d'entreprises étrangères	..	..	..	..	5 328	..	..	..
Ensemble des entreprises	67 685	68 400	69 882	69 100	81 133	64 537	65 941	66 635
Mixtes, ensemble des entreprises	..	..	..	..	..	..	..	..
Total								
Entreprises nationales	118 366	121 864	128 662	133 757	136 735	129 352	142 810	143 025
Entreprises sous contrôle étranger	39 652	38 903	35 138	37 735	37 079	29 420	28 347	31 328
Succursales d'entreprises étrangères	..	..	..	..	11 327	..	..	..
Ensemble des entreprises	118 366	121 864	128 662	133 757	148 062	129 352	142 810	143 025
1.3 Commissions								
Vie								
Entreprises nationales	..	..	..	..	4 167	3 782	3 063	3 545
Entreprises sous contrôle étranger	..	..	..	..	1 302	610	274	589
Succursales d'entreprises étrangères	..	..	..	..	121	..	..	..
Ensemble des entreprises	..	..	..	..	4 288	3 782	3 063	3 545
Non-vie								
Entreprises nationales	..	..	..	..	4 168	4 264	3 848	3 953
Entreprises sous contrôle étranger	..	..	..	..	2 049	2 589	2 362	2 482
Succursales d'entreprises étrangères	..	..	..	..	786	..	..	..
Ensemble des entreprises	..	..	..	..	4 954	4 264	3 848	3 953
Mixtes, ensemble des entreprises	..	..	..	..	..	..	..	..
Total								
Entreprises nationales	..	..	..	..	8 335	8 046	6 911	7 498
Entreprises sous contrôle étranger	..	..	..	..	3 351	3 199	2 636	3 071
Succursales d'entreprises étrangères	..	..	..	..	907	..	..	..
Ensemble des entreprises	..	..	..	..	9 242	8 046	6 911	7 498

SUÈDE

Tableau 1. Agrégats sélectionnés (suite)

Millions SEK

	2010	2011	2012	2013	2014	2015	2016	2017
1.4 Dépenses brutes d'exploitation								
Vie								
Entreprises nationales	10 514	10 785	11 509	12 115	12 738	13 573	12 617	13 248
Entreprises sous contrôle étranger	3 264	3 488	3 557	3 630	3 639	2 122	1 297	1 918
Succursales d'entreprises étrangères	..	..	..	..	..	..	..	..
Ensemble des entreprises	10 514	10 785	11 509	12 115	12 738	13 573	12 617	13 248
Non-vie								
Entreprises nationales	15 117	14 468	14 989	15 004	16 878	16 854	15 781	15 863
Entreprises sous contrôle étranger	8 189	7 262	7 138	7 248	8 238	7 704	7 205	7 691
Succursales d'entreprises étrangères	..	..	..	..	..	..	..	..
Ensemble des entreprises	15 117	14 468	14 989	15 004	16 878	16 854	15 781	15 863
Mixtes, ensemble des entreprises	..	..	..	..	..	..	..	..
Total								
Entreprises nationales	25 631	25 253	26 498	27 119	29 616	30 427	28 398	29 111
Entreprises sous contrôle étranger	11 453	10 750	10 695	10 878	11 877	9 826	8 502	9 609
Succursales d'entreprises étrangères	..	..	..	..	..	..	..	..
Ensemble des entreprises	25 631	25 253	26 498	27 119	29 616	30 427	28 398	29 111
1.5 Opérations à l'étranger par succursale, primes brutes								
Vie								
Succursales et agences	315	108	234	..	243	279	347	347
Filiales	..	..	..	..	..	..	..	..
Total	..	108	234	..	243	279	347	347
Non-vie								
Succursales et agences	19 011	18 526	18 948	..	18 630	18 207	24 226	24 226
Filiales	..	..	..	..	..	..	..	..
Total	..	18 526	18 948	..	18 630	18 207	24 226	24 226
Mixtes total	..	..	..	..	..	..	..	..
Total								
Succursales et agences	19 326	18 634	19 182	..	18 873	18 486	24 573	24 573
Filiales	..	..	..	..	..	..	..	..
Total	..	18 634	19 182	..	18 873	18 486	24 573	24 573

.. Non disponible

Note : Voir les métadonnées détaillées sur : *http://metalinks.oecd.org/ins/20190221/0821.*

Source : Statistiques de l'OCDE sur les assurances (base de données)

SUÈDE

Tableau 2. Nombre d'entreprises et d'employés

	2010	2011	2012	2013	2014	2015	2016	2017
2.1 Nombre d'entreprises								
Vie								
Entreprises nationales	39	39	39	39	39	38	37	36
Entreprises sous contrôle étranger	7	8	9	8	8	8	6	6
Succursales d'entreprises étrangères	9	5	5	5	6	8	6	4
Ensemble des entreprises	48	44	44	44	45	46	43	46
Non-vie								
Entreprises nationales	150	139	131	130	130	127	120	117
Entreprises sous contrôle étranger	18	18	46	44	34	24	14	15
Succursales d'entreprises étrangères	39	31	32	32	28	33	31	25
Ensemble des entreprises	189	170	163	162	158	160	151	157
Mixtes, ensemble des entreprises	**0**	**0**	**0**	**0**	**0**	**0**	**0**	..
Réassurance								
Entreprises nationales	3	3	2	1	1	1	0	..
Entreprises sous contrôle étranger	1	2	0	0	0	1	0	..
Succursales d'entreprises étrangères	..	..	0	..	0	0	..	..
Ensemble des entreprises	3	3	2	1	1	1	..	..
Total								
Entreprises nationales	192	181	172	170	170	166	157	153
Entreprises sous contrôle étranger	26	28	55	52	42	33	20	21
Succursales d'entreprises étrangères	48	36	37	37	34	41	37	29
Ensemble des entreprises	240	217	209	207	204	207	194	203
2.2 Nombre d'employés								
Entreprises d'assurance	19 017	18 848	19 158	19 059	19 573	18 792	20 600	21 900
Intermédiaires	2 000	2 000	2 000	2 000	3 849	3 235	3 540	3 585
Total	21 017	20 848	21 158	21 059	23 422	22 027	..	25 485

.. Non disponible

Note : Voir les métadonnées détaillées sur : *http://metalinks.oecd.org/ins/20190221/0821.*

Source : Statistiques de l'OCDE sur les assurances (base de données)

SUISSE

Tableau 1. Agrégats sélectionnés

Millions CHF

	2010	2011	2012	2013	2014	2015	2016	2017
1.1 Opérations d'assurance conclues dans le pays déclarant								
1.1.1 Opérations d'assurance, par intérêt								
Primes brutes								
Entreprises nationales	61 448	61 417	63 507	66 569	66 312	65 628	63 975	63 967
Entreprises sous contrôle étranger	13 162	13 600	14 322	15 423	14 214	13 846	12 578	11 699
Succursales d'entreprises étrangères	2 834	2 062	2 331	2 267	1 923	2 091	2 522	2 768
Ensemble des entreprises	64 282	63 479	65 838	68 836	68 235	67 720	66 497	66 735
Primes cédées								
Entreprises nationales	4 802	4 000	4 479	4 536	4 346	4 141	3 363	4 085
Entreprises sous contrôle étranger	1 289	1 024	1 219	963	831	731	506	502
Succursales d'entreprises étrangères	442	467	487	532	533	553	813	874
Ensemble des entreprises	5 244	4 467	4 965	5 068	4 879	4 694	4 176	4 959
Primes nettes émises								
Entreprises nationales	56 646	57 417	59 028	62 033	61 966	61 487	60 612	59 882
Entreprises sous contrôle étranger	11 873	12 577	13 102	14 460	13 383	13 115	12 072	11 197
Succursales d'entreprises étrangères	2 392	1 595	1 845	1 735	1 390	1 539	1 709	1 894
Ensemble des entreprises	59 038	59 012	60 873	63 768	63 356	63 026	62 321	61 776
1.1.2 Opérations d'assurance par risque à l'étranger, primes brutes								
Vie	..	..	..	..	..	..	..	..
Non-vie	..	..	..	..	..	..	..	..
Mixtes total	..	..	..	..	..	..	..	..
Total	..	..	..	..	..	..	..	..
1.1.3 Paiement par catégories d'assurance, primes brutes (vie)								
Rentes	873	737	677	564	441	495	428	317
Unit linked	3 052	2 423	2 637	2 403	1 730	1 755	1 738	1 861
Autre assurance vie	26 239	27 397	27 841	29 707	30 478	30 359	28 518	27 445
Total assurance vie	30 164	30 557	31 155	32 675	32 649	32 609	30 684	29 623
***dont :** Contrats de retraite*	..	..	..	..	..	..	..	..
1.1.4 Paiement par catégories d'assurance, primes brutes (non-vie)								
L'assurance automobile	6 357	6 382	6 526	6 556	6 580	6 595	6 598	6 742
Les assurances transport (y compris maritime et aérien)	964	804	968	1 060	876	732	657	681
L'assurance de fret	..	..	..	..	..	..	..	..
L'assurance incendie et des dommages aux bien	7 335	7 457	8 150	8 206	8 123	7 909	7 411	7 397
L'assurance des pertes pécuniaires	885	832	932	1 042	1 096	897	1 095	1 108
L'assurance de la responsabilité civile générale	3 550	3 243	3 514	3 558	3 658	3 562	3 293	3 447
Les assurances accidents et maladie	12 540	12 551	13 093	13 889	13 414	13 387	14 585	15 626
***dont :** Maladie*	9 182	9 383	9 656	9 911	9 934	10 266	10 606	11 361
Autres assurances non-vie	1 073	1 036	1 151	1 351	1 378	1 525	1 649	1 715
Réassurance obligatoire	..	..	..	..	..	..	..	..
Total assurance non-vie	32 704	32 306	34 334	35 661	35 125	34 607	35 288	36 716
1.2 Paiements bruts des sinistres								
Vie								
Entreprises nationales	25 420	27 182	25 817	27 624	27 943	27 794	29 083	29 352
Entreprises sous contrôle étranger	7 127	7 354	7 060	8 854	7 917	8 123	8 578	8 159
Succursales d'entreprises étrangères	44	104	186	306	3	3	3	3
Ensemble des entreprises	25 464	27 286	26 003	27 930	27 946	27 797	29 086	29 355
Non-vie								
Entreprises nationales	15 122	15 548	20 279	19 735	20 149	20 621	20 498	20 716
Entreprises sous contrôle étranger	1 962	1 974	2 292	2 171	2 281	2 671	2 471	2 299
Succursales d'entreprises étrangères	85	404	667	798	874	902	1 105	1 164
Ensemble des entreprises	15 207	15 952	20 946	20 533	21 023	21 523	21 603	21 880
Mixtes, ensemble des entreprises	..	..	..	..	..	..	..	..
Total								
Entreprises nationales	40 542	42 730	46 096	47 359	48 092	48 415	49 581	50 068
Entreprises sous contrôle étranger	9 090	9 328	9 352	11 025	10 198	10 794	11 049	10 458
Succursales d'entreprises étrangères	129	509	853	1 104	877	905	1 108	1 167
Ensemble des entreprises	40 671	43 238	46 949	48 463	48 969	49 320	50 689	51 235
1.3 Commissions								
Vie								
Entreprises nationales	906	848	875	904	920	856	856	836
Entreprises sous contrôle étranger	109	107	103	148	114	169	169	163
Succursales d'entreprises étrangères	9	8	8	11	0	0	1	1
Ensemble des entreprises	915	856	883	915	920	856	857	837
Non-vie								
Entreprises nationales	2 052	1 886	1 955	2 067	1 597	2 188	2 289	2 078
Entreprises sous contrôle étranger	471	450	442	372	381	441	450	453
Succursales d'entreprises étrangères	76	85	88	95	91	78	65	24
Ensemble des entreprises	2 128	1 970	2 043	2 162	1 688	2 266	2 354	2 102
Mixtes, ensemble des entreprises	..	..	..	..	..	..	..	..
Total								
Entreprises nationales	2 958	2 734	2 830	2 971	2 517	3 044	3 145	2 914
Entreprises sous contrôle étranger	581	557	545	520	495	610	619	616
Succursales d'entreprises étrangères	85	92	96	106	91	78	66	25
Ensemble des entreprises	3 043	2 826	2 926	3 077	2 608	3 122	3 211	2 939

SUISSE

Tableau 1. Agrégats sélectionnés (suite)

Millions CHF

	2010	2011	2012	2013	2014	2015	2016	2017
1.4 Dépenses brutes d'exploitation								
Vie								
Entreprises nationales	2 382	2 444	1 390	1 289	1 364	1 078	1 085	1 091
Entreprises sous contrôle étranger	395	450	239	176	209	156	156	160
Succursales d'entreprises étrangères	12	11	4	4	2	1	1	2
Ensemble des entreprises	2 394	2 455	1 394	1 293	1 366	1 079	1 086	1 093
Non-vie								
Entreprises nationales	7 677	7 179	3 835	3 745	5 520	2 975	2 981	3 185
Entreprises sous contrôle étranger	1 063	1 039	371	416	420	341	310	316
Succursales d'entreprises étrangères	459	408	80	100	108	103	215	195
Ensemble des entreprises	8 136	7 588	3 915	3 845	5 628	3 078	3 196	3 380
Mixtes, ensemble des entreprises	..	..	..	..	..	..	..	..
Total								
Entreprises nationales	10 059	9 624	5 225	5 034	6 884	4 053	4 066	4 276
Entreprises sous contrôle étranger	1 458	1 489	610	592	629	497	466	476
Succursales d'entreprises étrangères	471	419	84	104	110	104	216	197
Ensemble des entreprises	10 530	10 043	5 309	5 138	6 994	4 157	4 282	4 473
1.5 Opérations à l'étranger par succursale, primes brutes								
Vie								
Succursales et agences	2 219	2 036	2 006	1 967	1 794	1 604	1 567	1 613
Filiales	..	..	..	..	..	..	..	..
Total	2 219	2 036	2 006	1 967	1 794	1 604	1 567	1 613
Non-vie								
Succursales et agences	16 881	13 446	15 417	15 563	15 331	14 100	12 578	12 689
Filiales	..	..	..	..	..	..	..	..
Total	16 881	13 446	15 417	15 563	15 331	14 100	12 578	12 689
Mixtes total	..	..	..	..	..	..	..	..
Total								
Succursales et agences	19 100	15 482	17 423	17 531	17 125	15 704	14 145	14 302
Filiales	..	..	..	..	..	..	..	..
Total	19 100	15 482	17 423	17 531	17 125	15 704	14 145	14 302

.. Non disponible

Note : Voir les métadonnées détaillées sur : *http://metalinks.oecd.org/ins/20190221/c875.*

Source : Statistiques de l'OCDE sur les assurances (base de données)

SUISSE

Tableau 2. Nombre d'entreprises et d'employés

	2010	2011	2012	2013	2014	2015	2016	2017
2.1 Nombre d'entreprises								
Vie								
Entreprises nationales	21	20	19	19	18	17	16	16
Entreprises sous contrôle étranger	1	1	1	1	1	1	1	1
Succursales d'entreprises étrangères	4	4	4	4	3	3	3	3
Ensemble des entreprises	25	24	23	23	21	20	19	19
Non-vie								
Entreprises nationales	79	79	81	80	79	76	74	73
Entreprises sous contrôle étranger	6	6	6	6	6	6	5	5
Succursales d'entreprises étrangères	47	45	42	44	48	46	46	45
Ensemble des entreprises	126	124	123	124	127	122	120	118
Mixtes, ensemble des entreprises	**0**	**0**	**0**	**0**	**0**	**0**	**0**	..
Réassurance								
Entreprises nationales	62	62	61	62	62	59	55	55
Entreprises sous contrôle étranger	8	7	7	7	7	7	7	6
Succursales d'entreprises étrangères	..	..	..	..	..	..	..	..
Ensemble des entreprises	62	62	61	62	62	59	55	55
Total								
Entreprises nationales	162	161	161	161	159	152	145	144
Entreprises sous contrôle étranger	15	14	14	14	14	14	13	12
Succursales d'entreprises étrangères	51	49	46	48	51	49	49	48
Ensemble des entreprises	213	210	207	209	210	201	194	192
2.2 Nombre d'employés								
Entreprises d'assurance	..	..	..	..	..	..	..	..
Intermédiaires	..	..	..	..	..	..	..	..
Total	..	..	..	..	..	..	..	..

.. Non disponible
Note : Voir les métadonnées détaillées sur : *http://metalinks.oecd.org/ins/20190221/c875*.
Source : Statistiques de l'OCDE sur les assurances (base de données)

TURQUIE

Tableau 1. Agrégats sélectionnés

Millions TRY

	2010	2011	2012	2013	2014	2015	2016	2017
1.1 Opérations d'assurance conclues dans le pays déclarant								
1.1.1 Opérations d'assurance, par intérêt								
Primes brutes								
Entreprises nationales	14 958	17 131	20 427	25 084	26 872	31 903	41 280	47 495
Entreprises sous contrôle étranger	7 525	8 956	10 122	14 981	15 528	20 981	25 640	26 984
Succursales d'entreprises étrangères	27	32	46	68	77	126	152	201
Ensemble des entreprises	14 985	17 164	20 473	25 152	26 949	32 029	41 431	47 696
Primes cédées								
Entreprises nationales	3 443	4 287	4 483	6 077	6 686	7 984	9 816	13 268
Entreprises sous contrôle étranger	1 834	2 229	2 192	3 458	3 510	4 773	5 482	6 672
Succursales d'entreprises étrangères	21	22	33	49	57	74	76	96
Ensemble des entreprises	3 464	4 309	4 516	6 126	6 743	8 059	9 892	13 364
Primes nettes émises								
Entreprises nationales	11 515	12 845	15 944	19 006	20 186	23 919	31 464	34 227
Entreprises sous contrôle étranger	5 691	6 728	7 931	11 522	12 018	16 208	20 158	20 312
Succursales d'entreprises étrangères	6	10	13	20	20	52	76	105
Ensemble des entreprises	11 521	12 854	15 957	19 026	20 206	23 971	31 540	34 332
1.1.2 Opérations d'assurance par risque à l'étranger, primes brutes								
Vie	..	..	..	..	3 280	..	6 166	..
Non-vie	..	..	..	..	22 711	..	34 322	..
Mixtes	..	..	..	..	958	..	943	..
dont :								
Vie	..	..	..	..	24	..	19	..
Non-vie	..	..	..	..	934	..	924	..
Total	..	..	..	..	26 948	..	41 431	..
1.1.3 Paiement par catégories d'assurance, primes brutes (vie)								
Rentes	..	..	..	..	..	..	..	..
Unit linked	..	..	..	..	..	..	..	..
Autre assurance vie	..	..	..	..	..	..	..	..
Total Assurance Vie	2 576	3 087	3 107	3 354	3 895	3 720	5 916	6 766
***dont :** Contrats de retraite*	..	..	..	..	..	..	..	..
1.1.4 Paiement par catégories d'assurance, primes brutes (non-vie)								
L'assurance automobile	5 867	6 761	8 091	10 411	10 648	13 102	19 156	19 981
Les assurances transport (y compris maritime et aérien)	185	268	263	253	321	423	455	490
L'assurance de fret	327	359	378	416	530	580	585	652
L'assurance incendie et des dommages aux bien	3 401	3 783	4 390	5 512	6 992	8 105	9 032	10 101
L'assurance des pertes pécuniaires	135	204	228	302	318	443	439	549
L'assurance de la responsabilité civile générale	407	386	420	508	679	811	863	1 028
Les assurances accidents et maladie	2 413	2 657	2 897	3 352	4 010	4 685	4 582	6 708
***dont :** Maladie*	1 810	1 999	2 227	2 472	0	0	..	5 025
Autres assurances non-vie	44	77	61	74	147	99	134	226
Réassurance obligatoire	..	..	..	..	..	0	..	..
Total assurance non-vie	12 778	14 496	16 727	20 828	23 645	28 249	35 246	39 735
1.2 Paiements bruts des sinistres								
Vie								
Entreprises nationales	1 787	1 935	2 037	2 355	2 085	2 557	2 957	3 293
Entreprises sous contrôle étranger	817	582	483	1 128	760	1 194	1 485	1 757
Succursales d'entreprises étrangères	0	..	..	..	..	..	0	..
Ensemble des entreprises	1 787	1 935	2 037	2 355	2 085	2 557	2 957	3 293
Non-vie								
Entreprises nationales	6 142	7 968	9 163	9 440	11 314	13 322	15 041	18 341
Entreprises sous contrôle étranger	3 978	4 786	5 327	6 301	7 496	8 700	-9 940	11 648
Succursales d'entreprises étrangères	0	2	3	11	10	34	128	77
Ensemble des entreprises	6 143	7 969	9 166	9 451	11 325	13 356	15 168	18 417
Mixtes								
Entreprises nationales	1 344	..	..	619	592	664	572	617
Entreprises sous contrôle étranger	82	..	..	..	..	..	..	1
Succursales d'entreprises étrangères	0	..	..	..	..	..	..	..
Ensemble des entreprises	1 344	0	721	619	592	664	572	617
dont :								
Vie	10	0	6	7	11	6	9	15
Entreprises nationales	10	..	..	7	11	6	9	15
Entreprises sous contrôle étranger	0	..	..	..	..	..	..	0
Succursales d'entreprises étrangères	0	..	..	..	..	..	..	..
Ensemble des entreprises	10	0	6	7	11	6	9	15
Non-vie	1 334	0	715	612	581	657	564	602
Entreprises nationales	1 334	..	..	612	581	657	564	602
Entreprises sous contrôle étranger	82	..	..	..	..	..	..	1
Succursales d'entreprises étrangères	0	..	..	..	..	..	..	..
Ensemble des entreprises	1 334	0	715	612	581	657	564	602
Total								
Entreprises nationales	9 273	9 903	11 200	12 413	13 991	16 543	18 570	22 251
Entreprises sous contrôle étranger	4 877	5 369	5 810	7 429	8 256	9 894	-8 455	13 406
Succursales d'entreprises étrangères	0	2	3	11	10	34	128	77
Ensemble des entreprises	9 273	9 905	11 924	12 425	14 001	16 578	18 698	22 328

TURQUIE

Tableau 1. Agrégats sélectionnés (suite)

Millions TRY

	2010	2011	2012	2013	2014	2015	2016	2017
1.3 Commissions								
Vie								
Entreprises nationales	..	..	..	..	..	..	..	..
Entreprises sous contrôle étranger	..	..	..	..	..	..	..	..
Succursales d'entreprises étrangères	..	..	..	..	..	..	..	..
Ensemble des entreprises	..	..	..	..	..	..	..	..
Non-vie								
Entreprises nationales	..	..	..	..	..	..	..	..
Entreprises sous contrôle étranger	..	..	..	..	..	..	..	..
Succursales d'entreprises étrangères	..	..	..	..	..	..	..	..
Ensemble des entreprises	..	..	..	..	..	..	..	..
Mixtes								
Entreprises nationales	..	..	..	..	..	..	..	..
Entreprises sous contrôle étranger	..	..	..	..	..	..	..	..
Succursales d'entreprises étrangères	..	..	..	..	..	..	..	..
Ensemble des entreprises	..	..	..	..	..	..	..	..
dont :								
Vie	..	..	..	..	..	..	..	..
Entreprises nationales	..	..	..	..	..	..	..	..
Entreprises sous contrôle étranger	..	..	..	..	..	..	..	..
Succursales d'entreprises étrangères	..	..	..	..	..	..	..	..
Ensemble des entreprises	..	..	..	..	..	..	..	..
Non-vie	..	..	..	..	..	..	..	..
Entreprises nationales	..	..	..	..	..	..	..	..
Entreprises sous contrôle étranger	..	..	..	..	..	..	..	..
Succursales d'entreprises étrangères	..	..	..	..	..	..	..	..
Ensemble des entreprises	..	..	..	..	..	..	..	..
Total								
Entreprises nationales	..	..	..	..	..	..	..	..
Entreprises sous contrôle étranger	..	..	..	..	..	..	..	..
Succursales d'entreprises étrangères	..	..	..	..	..	..	..	..
Ensemble des entreprises	..	..	..	..	..	..	..	..
1.4 Dépenses brutes d'exploitation								
Vie								
Entreprises nationales	717	836	978	2 009	1 198	1 595	1 970	2 644
Entreprises sous contrôle étranger	287	361	422	1 242	765	1 033	1 241	1 724
Succursales d'entreprises étrangères	0	..	..	..	..	..	..	..
Ensemble des entreprises	717	836	978	2 009	1 198	1 595	1 970	2 644
Non-vie								
Entreprises nationales	2 336	2 859	3 230	3 726	4 309	4 648	5 579	6 263
Entreprises sous contrôle étranger	1 585	1 827	1 976	2 564	2 944	3 110	3 847	4 170
Succursales d'entreprises étrangères	4	8	12	19	20	24	26	30
Ensemble des entreprises	2 340	2 867	3 242	3 745	4 329	4 672	5 604	6 293
Mixtes								
Entreprises nationales	421	..	..	..	..	309	316	333
Entreprises sous contrôle étranger	16	..	..	..	..	..	5	2
Succursales d'entreprises étrangères	0	..	..	..	..	..	..	..
Ensemble des entreprises	421	0	285	294	289	309	316	333
dont :								
Vie	7	0	8	10	8	10	10	5
Entreprises nationales	7	..	..	..	..	10	10	5
Entreprises sous contrôle étranger	0	..	..	..	..	..	..	0
Succursales d'entreprises étrangères	0	..	..	..	..	..	..	..
Ensemble des entreprises	7	0	8	10	8	10	10	5
Non-vie	414	0	277	284	281	299	306	328
Entreprises nationales	414	..	..	..	..	299	306	328
Entreprises sous contrôle étranger	16	..	..	..	..	..	5	2
Succursales d'entreprises étrangères	0	..	..	..	..	..	..	..
Ensemble des entreprises	414	0	277	284	281	299	306	328
Total								
Entreprises nationales	3 473	3 694	4 209	5 735	5 507	6 552	7 865	9 240
Entreprises sous contrôle étranger	1 888	2 188	2 399	3 806	3 708	4 143	5 092	5 895
Succursales d'entreprises étrangères	4	8	12	19	20	24	26	30
Ensemble des entreprises	3 478	3 702	4 506	6 048	5 816	6 576	7 890	9 270

TURQUIE

Tableau 1. Agrégats sélectionnés (suite)

Millions TRY

	2010	2011	2012	2013	2014	2015	2016	2017
1.5 Opérations à l'étranger par succursale, primes brutes								
Vie								
Succursales et agences	..	..	..	..	..	..	..	..
Filiales	..	..	..	..	..	..	..	..
Total	..	..	..	..	..	..	..	..
Non-vie								
Succursales et agences	..	..	..	..	..	..	..	..
Filiales	..	..	..	..	..	..	..	..
Total	..	..	..	..	..	..	..	..
Mixtes								
Succursales et agences	..	..	..	..	..	..	..	..
Filiales	..	..	..	..	..	..	..	..
Total	..	..	..	..	..	..	..	..
dont :								
Vie	..	..	..	..	..	..	..	..
Succursales et agences	..	..	..	..	..	..	..	..
Filiales	..	..	..	..	..	..	..	..
Total	..	..	..	..	..	..	..	..
Non-vie	..	..	..	..	..	..	..	..
Succursales et agences	..	..	..	..	..	..	..	..
Filiales	..	..	..	..	..	..	..	..
Total	..	..	..	..	..	..	..	..
Total								
Succursales et agences	..	..	..	..	..	..	..	..
Filiales	..	..	..	..	..	..	..	..
Total	..	..	..	..	..	..	..	..

.. Non disponible

Note : Voir les métadonnées détaillées sur : *http://metalinks.oecd.org/ins/20190221/86ed*.

Source : Statistiques de l'OCDE sur les assurances (base de données)

TURQUIE

Tableau 2. Nombre d'entreprises et d'employés

	2010	2011	2012	2013	2014	2015	2016	2017
2.1 Nombre d'entreprises								
Vie								
Entreprises nationales	23	24	23	24	25	23	22	22
Entreprises sous contrôle étranger	14	14	13	16	16	15	15	15
Succursales d'entreprises étrangères	0	..	0	..	0	..	0	0
Ensemble des entreprises	23	24	23	24	25	23	22	22
Non-vie								
Entreprises nationales	29	33	33	34	36	36	35	37
Entreprises sous contrôle étranger	19	23	22	22	24	22	23	23
Succursales d'entreprises étrangères	2	2	2	2	2	2	2	2
Ensemble des entreprises	31	35	35	36	38	38	37	39
Mixtes								
Entreprises nationales	3	..	0	..	0	..	0	0
Entreprises sous contrôle étranger	1	..	0	..	0	..	0	0
Succursales d'entreprises étrangères	0	..	0	..	0	..	0	0
Ensemble des entreprises	3	..	0	..	0	..	0	0
Réassurance								
Entreprises nationales	1	2	1	1	1	1	2	2
Entreprises sous contrôle étranger	0	..	0	..	0	..	1	1
Succursales d'entreprises étrangères	0	..	0	..	0	..	0	0
Ensemble des entreprises	1	2	1	1	1	1	2	2
Total								
Entreprises nationales	56	59	57	59	62	60	59	61
Entreprises sous contrôle étranger	34	37	35	38	40	37	39	39
Succursales d'entreprises étrangères	2	2	2	2	2	2	2	2
Ensemble des entreprises	58	61	59	61	64	62	61	63
2.2 Nombre d'employés								
Entreprises d'assurance	15 412	10 123	17 304	18 297	19 305	19 274	19 240	19 883
Intermédiaires	16 282	16 706	16 994	15 603	15 587	18 931	35 992	40 231
Total	31 694	26 829	34 298	33 900	34 892	38 205	55 232	60 114

.. Non disponible

Note : Voir les métadonnées détaillées sur : *http://metalinks.oecd.org/ins/20190221/86ed.*

Source : Statistiques de l'OCDE sur les assurances (base de données)

ROYAUME-UNI

Tableau 1. Agrégats sélectionnés

Millions GBP

	2010	2011	2012	2013	2014	2015	2016	2017
1.1 Opérations d'assurance conclues dans le pays déclarant								
1.1.1 Opérations d'assurance, par intérêt								
Primes brutes								
Entreprises nationales	206 167	208 608	230 559	215 494	219 832	217 673	298 817	305 746
Entreprises sous contrôle étranger	54 294	60 570	75 289	69 361	57 959	58 471	..	..
Succursales d'entreprises étrangères	4 258	3 204	2 735	2 237	2 407	2 741	247	471
Ensemble des entreprises	210 425	211 811	233 294	217 731	222 239	220 414	299 064	306 217
Primes cédées								
Entreprises nationales	21 397	24 305	28 545	27 456	33 780	24 299	68 763	36 758
Entreprises sous contrôle étranger	7 143	7 946	8 285	9 270	11 048	10 801	0	..
Succursales d'entreprises étrangères	403	356	179	53	47	52	115	199
Ensemble des entreprises	21 800	24 661	28 724	27 509	33 827	24 351	68 878	36 957
Primes nettes émises								
Entreprises nationales	184 770	184 303	202 014	188 038	186 052	193 374	230 054	268 988
Entreprises sous contrôle étranger	47 151	52 623	67 004	60 091	46 911	47 670	..	..
Succursales d'entreprises étrangères	3 855	2 847	2 555	2 184	2 361	2 689	132	272
Ensemble des entreprises	188 625	187 150	204 570	190 222	188 412	196 062	230 186	269 260
1.1.2 Opérations d'assurance par risque à l'étranger, primes brutes								
Vie	..	..	..	..	..	..	..	..
Non-vie	..	..	..	..	..	..	..	..
Mixtes	..	..	..	..	..	..	..	..
dont :								
Vie	..	..	..	..	..	..	..	..
Non-vie	..	..	..	..	..	..	..	..
Total	..	..	..	..	..	..	..	..
1.1.3 Paiement par catégories d'assurance, primes brutes (vie)								
Rentes	33 344	31 964	..	20 899	22 295	17 278	..	..
Unit linked	99 537	98 203	..	112 727	114 296	117 452	..	..
Autre assurance vie	16 864	14 777	..	9 393	11 834	10 622	..	..
Total Assurance Vie	149 745	144 943	163 481	143 018	148 425	145 353	121 964	187 390
***dont :** Contrats de retraite*	126 173	125 482	143 813	104 333	132 542	128 601	..	..
1.1.4 Paiement par catégories d'assurance, primes brutes (non-vie)								
L'assurance automobile	12 112	12 786	12 643	12 133	12 069	12 883	18 956	16 564
Les assurances transport (y compris maritime et aérien)	3 351	3 513	3 634	3 805	3 098	2 604	9 395	9 610
L'assurance de fret	674	718	778	942	885	808	..	..
L'assurance incendie et des dommages aux bien	15 322	15 413	16 087	16 500	15 969	15 544	30 491	32 392
L'assurance des pertes pécuniaires	5 512	5 498	5 707	5 717	5 966	5 791	5 064	5 921
L'assurance de la responsabilité civile générale	8 747	8 561	8 750	10 218	10 593	10 308	16 201	16 585
Les assurances accidents et maladie	7 244	6 907	7 287	7 895	7 662	7 821	10 872	13 590
***dont :** Maladie*	..	..	..	..	..	..	8 287	7 817
Autres assurances non-vie	2 486	2 815	2 442	2 859	2 962	3 177	2 407	2 341
Réassurance obligatoire	..	..	..	..	..	..	..	..
Total assurance non-vie	55 448	56 212	57 328	60 070	59 206	58 936	93 387	97 003
1.2 Paiements bruts des sinistres								
Vie								
Entreprises nationales	156 626	162 040	166 655	166 084	161 503	172 514	131 443	227 698
Entreprises sous contrôle étranger	35 287	36 240	51 269	42 535	26 653	29 078	..	..
Succursales d'entreprises étrangères	3	5	4	-1	4	5	..	..
Ensemble des entreprises	156 629	162 044	166 658	166 083	161 507	172 518	131 443	227 698
Non-vie								
Entreprises nationales	30 795	31 223	30 566	33 152	32 079	30 897	30 260	32 185
Entreprises sous contrôle étranger	14 747	15 499	16 160	17 593	17 062	16 387	..	..
Succursales d'entreprises étrangères	1 764	2 082	1 785	1 405	1 469	1 871	43	..
Ensemble des entreprises	32 560	33 305	32 351	34 557	33 548	32 768	30 303	32 185
Mixtes								
Entreprises nationales	18 662	19 413	20 735	21 625	22 527	23 077	50 234	64 884
Entreprises sous contrôle étranger	1 293	1 006	615	754	2 170	2 734	..	..
Succursales d'entreprises étrangères	2 272	880	1 729	0	0	0	..	..
Ensemble des entreprises	20 934	20 293	22 464	21 625	22 527	23 077	50 234	64 884
dont :								
Vie	19 734	19 063	21 386	20 366	21 254	21 794	23 337	30 083
Entreprises nationales	17 499	18 219	19 657	20 366	21 254	21 794	23 337	30 083
Entreprises sous contrôle étranger	1 040	721	342	326	1 876	2 413	..	..
Succursales d'entreprises étrangères	2 235	845	1 729	0	0	0	..	..
Ensemble des entreprises	19 734	19 063	21 386	20 366	21 254	21 794	23 337	30 083
Non-vie	1 200	1 229	1 077	1 259	1 273	1 283	26 897	34 801
Entreprises nationales	1 164	1 194	1 077	1 259	1 273	1 283	26 897	34 801
Entreprises sous contrôle étranger	253	284	273	428	294	321	..	..
Succursales d'entreprises étrangères	36	35	0	0	0	0	..	..
Ensemble des entreprises	1 200	1 229	1 077	1 259	1 273	1 283	26 897	34 801
Total								
Entreprises nationales	206 083	212 675	217 956	220 861	216 108	226 488	211 938	324 767
Entreprises sous contrôle étranger	51 327	52 744	68 043	60 882	45 885	48 198	..	..
Succursales d'entreprises étrangères	4 039	2 967	3 517	1 404	1 474	1 875	43	..
Ensemble des entreprises	210 122	215 642	221 473	222 265	217 582	228 363	211 981	324 767

ROYAUME-UNI

Tableau 1. Agrégats sélectionnés (suite)

Millions GBP

	2010	2011	2012	2013	2014	2015	2016	2017
1.3 Commissions								
Vie								
Entreprises nationales	..	..	..	..	..	..	..	..
Entreprises sous contrôle étranger	..	..	..	..	..	..	..	..
Succursales d'entreprises étrangères	..	..	..	..	..	..	..	..
Ensemble des entreprises	..	..	..	..	..	..	..	..
Non-vie								
Entreprises nationales	..	..	..	..	..	..	..	..
Entreprises sous contrôle étranger	..	..	..	..	..	..	..	..
Succursales d'entreprises étrangères	..	..	..	..	..	..	..	..
Ensemble des entreprises	..	..	..	..	..	..	..	..
Mixtes								
Entreprises nationales	..	..	..	..	..	..	..	..
Entreprises sous contrôle étranger	..	..	..	..	..	..	..	..
Succursales d'entreprises étrangères	..	..	..	..	..	..	..	..
Ensemble des entreprises	..	..	..	..	..	..	..	..
dont :								
Vie	..	..	..	..	..	..	..	..
Entreprises nationales	..	..	..	..	..	..	..	..
Entreprises sous contrôle étranger	..	..	..	..	..	..	..	..
Succursales d'entreprises étrangères	..	..	..	..	..	..	..	..
Ensemble des entreprises	..	..	..	..	..	..	..	..
Non-vie	..	..	..	..	..	..	..	..
Entreprises nationales	..	..	..	..	..	..	..	..
Entreprises sous contrôle étranger	..	..	..	..	..	..	..	..
Succursales d'entreprises étrangères	..	..	..	..	..	..	..	..
Ensemble des entreprises	..	..	..	..	..	..	..	..
Total								
Entreprises nationales	..	..	..	..	..	..	..	..
Entreprises sous contrôle étranger	..	..	..	..	..	..	..	..
Succursales d'entreprises étrangères	..	..	..	..	..	..	..	..
Ensemble des entreprises	..	..	..	..	..	..	..	..
1.4 Dépenses brutes d'exploitation								
Vie								
Entreprises nationales	6 464	6 488	6 511	6 453	6 694	6 794	8 085	3 332
Entreprises sous contrôle étranger	740	989	961	976	929	850	..	..
Succursales d'entreprises étrangères	1	1	1	0	1	1	..	..
Ensemble des entreprises	6 466	6 489	6 512	6 453	6 695	6 795	8 085	3 332
Non-vie								
Entreprises nationales	5 985	6 110	6 843	7 125	6 782	6 639	15 414	14 910
Entreprises sous contrôle étranger	2 892	2 921	3 168	3 589	3 549	3 562	..	..
Succursales d'entreprises étrangères	152	152	200	167	174	186	59	117
Ensemble des entreprises	6 137	6 262	7 044	7 292	6 956	6 825	15 474	14 910
Mixtes								
Entreprises nationales	1 701	1 936	1 856	1 978	2 127	2 325	16 675	17 180
Entreprises sous contrôle étranger	262	261	195	172	277	328	..	..
Succursales d'entreprises étrangères	77	79	22	0	0	0	..	..
Ensemble des entreprises	1 778	2 015	1 877	1 978	2 127	2 325	16 675	17 180
dont :								
Vie	1 542	1 751	1 637	1 736	1 874	2 038	3 140	2 572
Entreprises nationales	1 501	1 709	1 616	1 736	1 874	2 038	3 140	2 572
Entreprises sous contrôle étranger	163	156	102	91	185	211	..	..
Succursales d'entreprises étrangères	41	42	22	0	0	0	..	..
Ensemble des entreprises	1 542	1 751	1 637	1 736	1 874	2 038	3 140	2 572
Non-vie	236	264	240	242	252	287	13 535	14 608
Entreprises nationales	200	227	240	242	252	287	13 535	14 608
Entreprises sous contrôle étranger	98	105	94	82	92	117	..	..
Succursales d'entreprises étrangères	36	37	0	0	0	0	..	..
Ensemble des entreprises	236	264	240	242	252	287	13 535	14 608
Total								
Entreprises nationales	14 150	14 534	15 209	15 556	15 602	15 759	40 174	35 422
Entreprises sous contrôle étranger	3 893	4 171	4 324	4 737	4 754	4 740	..	..
Succursales d'entreprises étrangères	230	233	224	167	175	187	59	117
Ensemble des entreprises	14 381	14 767	15 433	15 723	15 777	15 946	40 234	35 422

ROYAUME-UNI

Tableau 1. Agrégats sélectionnés (suite)

Millions GBP

	2010	2011	2012	2013	2014	2015	2016	2017
1.5 Opérations à l'étranger par succursale, primes brutes								
Vie								
Succursales et agences	..	..	..	..	..	..	..	..
Filiales	..	..	..	..	..	..	..	..
Total	..	..	..	..	..	..	..	..
Non-vie								
Succursales et agences	..	..	..	..	..	..	..	..
Filiales	..	..	..	..	..	..	..	..
Total	..	..	..	..	..	..	..	..
Mixtes								
Succursales et agences	..	..	..	..	..	..	..	..
Filiales	..	..	..	..	..	..	..	..
Total	..	..	..	..	..	..	..	..
dont :								
Vie	..	..	..	..	..	..	..	..
Succursales et agences	..	..	..	..	..	..	..	..
Filiales	..	..	..	..	..	..	..	..
Total	..	..	..	..	..	..	..	..
Non-vie	..	..	..	..	..	..	..	..
Succursales et agences	..	..	..	..	..	..	..	..
Filiales	..	..	..	..	..	..	..	..
Total	..	..	..	..	..	..	..	..
Total								
Succursales et agences	..	..	..	..	..	..	..	..
Filiales	..	..	..	..	..	..	..	..
Total	..	..	..	..	..	..	..	..

.. Non disponible

Note : Voir les métadonnées détaillées sur : *http://metalinks.oecd.org/ins/20190221/abf7.*

Source : Statistiques de l'OCDE sur les assurances (base de données)

Tableau 2. Nombre d'entreprises et d'employés

	2010	2011	2012	2013	2014	2015	2016	2017
2.1 Nombre d'entreprises								
Vie								
Entreprises nationales	184	184	184	183	181	181	74	75
Entreprises sous contrôle étranger	15	15	15	15	14	14	..	..
Succursales d'entreprises étrangères	1	1	1	1	1	1	1	1
Ensemble des entreprises	185	185	185	184	182	182	75	76
Non-vie								
Entreprises nationales	245	242	234	227	214	209	168	165
Entreprises sous contrôle étranger	106	107	104	99	92	89	..	..
Succursales d'entreprises étrangères	16	16	15	10	12	7	13	11
Ensemble des entreprises	261	258	249	237	226	216	181	176
Mixtes								
Entreprises nationales	21	21	21	21	25	25	21	22
Entreprises sous contrôle étranger	7	7	7	7	8	8	..	..
Succursales d'entreprises étrangères	2	2	2	2	2	2	1	1
Ensemble des entreprises	23	23	23	23	27	27	22	23
Réassurance								
Entreprises nationales	32	31	31	30	29	26	16	19
Entreprises sous contrôle étranger	20	20	19	18	16	13	..	..
Succursales d'entreprises étrangères	2	2	2	2	2	3	0	0
Ensemble des entreprises	34	33	33	32	31	29	16	19
Total								
Entreprises nationales	482	478	470	461	449	441	279	281
Entreprises sous contrôle étranger	148	149	145	139	130	124	..	..
Succursales d'entreprises étrangères	21	21	20	15	17	13	15	13
Ensemble des entreprises	503	499	490	476	466	454	294	294
2.2 Nombre d'employés								
Entreprises d'assurance	..	..	..	..	..	..	..	..
Intermédiaires	..	..	..	..	..	..	..	..
Total	..	..	..	..	..	..	..	..

.. Non disponible

Note : Voir les métadonnées détaillées sur : *http://metalinks.oecd.org/ins/20190221/abf7*.

Source : Statistiques de l'OCDE sur les assurances (base de données)

ÉTATS-UNIS

Tableau 1. Agrégats sélectionnés

Millions USD

	2010	2011	2012	2013	2014	2015	2016	2017
1.1 Opérations d'assurance conclues dans le pays déclarant								
1.1.1 Opérations d'assurance, par intérêt								
Primes brutes								
Entreprises nationales	2 034 932	2 154 120	2 278 908	2 289 259	2 430 627	2 619 954	2 702 786	2 835 259
Entreprises sous contrôle étranger	335 832	349 856	317 074	321 246	330 660	324 083	393 449	401 025
Succursales d'entreprises étrangères	629	731	909	662	696	1 129	1 007	1 034
Ensemble des entreprises	2 035 562	2 154 851	2 279 817	2 289 921	2 431 323	2 621 083	2 703 793	2 836 293
Primes cédées								
Entreprises nationales	531 114	560 386	601 133	657 662	609 531	713 961	743 307	810 265
Entreprises sous contrôle étranger	163 993	170 330	140 316	175 424	134 223	139 675	195 708	226 256
Succursales d'entreprises étrangères	244	254	298	275	287	252	260	274
Ensemble des entreprises	531 358	560 640	601 431	657 937	609 818	714 213	743 567	810 539
Primes nettes émises								
Entreprises nationales	1 503 818	1 593 733	1 677 776	1 631 597	1 821 096	1 905 993	1 959 479	2 024 995
Entreprises sous contrôle étranger	171 839	179 526	176 758	145 822	196 437	184 408	197 742	174 769
Succursales d'entreprises étrangères	386	478	611	387	409	877	747	760
Ensemble des entreprises	1 504 204	1 594 211	1 678 387	1 631 984	1 821 505	1 906 870	1 960 226	2 025 755
1.1.2 Opérations d'assurance par risque à l'étranger, primes brutes								
Vie	34 018	..	38 347	22 113	..	..	..	..
Non-vie	..	..	..	..	..	..	..	..
Mixtes total	..	..	..	..	..	..	..	..
Total	34 018	..	38 347	22 113	..	..	..	..
1.1.3 Paiement par catégories d'assurance, primes brutes (vie)								
Rentes	237 782	255 059	272 564	248 568	261 327	264 944	254 313	247 002
Unit linked	..	..	..	..	..	..	..	..
Autre assurance vie	762 172	811 561	557 259	533 515	527 280	561 674	581 948	612 083
Total assurance vie	999 954	1 066 620	829 823	782 083	788 607	826 618	836 261	859 085
***dont :** Contrats de retraite*	..	..	..	..	..	..	..	..
1.1.4 Paiement par catégories d'assurance, primes brutes (non-vie)								
L'assurance automobile	312 705	315 167	329 520	342 548	379 889	393 897	422 808	459 200
Les assurances transport (y compris maritime et aérien)	3 452	3 337	3 545	3 245	3 070	2 911	4 815	2 732
L'assurance de fret	27 363	28 836	31 107	33 819	36 319	39 175	41 305	43 059
L'assurance incendie et des dommages aux bien	200 755	215 618	224 336	232 328	243 389	248 174	250 765	258 294
L'assurance des pertes pécuniaires	35 251	34 165	34 967	35 133	33 690	36 271	38 699	41 003
L'assurance de la responsabilité civile générale	170 571	172 997	183 263	191 562	204 069	208 722	211 362	218 298
Les assurances accidents et maladie	482 830	516 841	550 291	566 173	646 938	714 394	761 509	799 804
***dont :** Maladie*	..	..	..	..	..	..	..	..
Autres assurances non-vie	3 532	3 018	3 179	3 505	3 780	3 728	3 921	4 493
Réassurance obligatoire	..	0	..	..	0	0	0	..
Total assurance non-vie	1 236 459	1 289 979	1 360 207	1 408 312	1 551 144	1 647 272	1 735 184	1 826 883
1.2 Paiements bruts des sinistres								
Vie								
Entreprises nationales	330 925	345 963	356 040	369 618	357 201	376 240	396 611	416 664
Entreprises sous contrôle étranger	60 398	61 430	66 275	66 267	69 748	68 967	79 082	86 000
Succursales d'entreprises étrangères	2 293	0	0	0	0	0	0	0
Ensemble des entreprises	333 218	345 963	356 040	369 618	357 201	376 240	396 611	416 664
Non-vie								
Entreprises nationales	827 860	3 355 889	920 214	917 856	980 750	1 077 317	1 145 423	1 228 757
Entreprises sous contrôle étranger	94 274	539 753	80 801	84 201	76 540	79 309	84 878	95 499
Succursales d'entreprises étrangères	309	2 253	723	234	240	359	504	609
Ensemble des entreprises	828 168	3 358 142	920 937	918 090	980 990	1 077 676	1 145 927	1 229 366
Mixtes, ensemble des entreprises	..	..	..	..	..	..	..	..
Total								
Entreprises nationales	1 158 785	3 701 852	1 276 254	1 287 474	1 337 951	1 453 557	1 542 034	1 645 421
Entreprises sous contrôle étranger	154 672	601 184	147 076	150 468	146 288	148 276	163 960	181 499
Succursales d'entreprises étrangères	2 602	2 253	723	234	240	359	504	609
Ensemble des entreprises	1 161 386	3 704 105	1 276 977	1 287 708	1 338 191	1 453 916	1 542 538	1 646 030
1.3 Commissions								
Vie								
Entreprises nationales	..	..	..	..	53 082	56 784	67 963	59 387
Entreprises sous contrôle étranger	..	..	..	..	11 165	10 339	10 639	10 700
Succursales d'entreprises étrangères	..	..	..	..	0	0	0	0
Ensemble des entreprises	..	..	..	..	53 082	56 784	67 963	59 387
Non-vie								
Entreprises nationales	..	..	..	..	..	..	..	..
Entreprises sous contrôle étranger	..	..	..	..	..	..	..	..
Succursales d'entreprises étrangères	..	..	..	..	..	..	..	..
Ensemble des entreprises	..	..	..	..	..	..	..	..
Mixtes, ensemble des entreprises	..	..	..	..	..	..	..	..
Total								
Entreprises nationales	..	..	..	..	53 082	56 784	67 963	59 387
Entreprises sous contrôle étranger	..	..	..	..	11 165	10 339	10 639	10 700
Succursales d'entreprises étrangères	..	..	..	..	0	0	0	0
Ensemble des entreprises	..	..	..	..	53 082	56 784	67 963	59 387

ÉTATS-UNIS

Tableau 1. Agrégats sélectionnés (suite)

Millions USD

	2010	2011	2012	2013	2014	2015	2016	2017
1.4 Dépenses brutes d'exploitation								
Vie								
Entreprises nationales	74 311	66 258	67 534	65 424	67 225	68 488	69 722	75 161
Entreprises sous contrôle étranger	12 817	9 782	9 962	9 814	10 285	9 952	11 175	11 838
Succursales d'entreprises étrangères	565	0	0	0	0	0	..	..
Ensemble des entreprises	74 876	66 258	67 534	65 424	67 225	68 488	69 722	75 161
Non-vie								
Entreprises nationales	233 968	239 829	250 270	261 844	281 766	298 911	308 839	310 003
Entreprises sous contrôle étranger	27 537	28 759	22 153	23 185	23 274	23 035	26 711	26 891
Succursales d'entreprises étrangères	238	283	312	165	194	410	354	360
Ensemble des entreprises	234 207	240 112	250 582	262 009	281 960	299 321	309 193	310 363
Mixtes, ensemble des entreprises	..	..	..	..	..	..	..	..
Total								
Entreprises nationales	308 279	306 087	317 804	327 268	348 991	367 399	378 561	385 164
Entreprises sous contrôle étranger	40 354	38 542	32 115	32 999	33 559	32 987	37 886	38 729
Succursales d'entreprises étrangères	803	283	312	165	194	410	354	360
Ensemble des entreprises	309 083	306 370	318 116	327 433	349 185	367 809	378 915	385 524
1.5 Opérations à l'étranger par succursale, primes brutes								
Vie								
Succursales et agences	0	..	..	..	..	..	..	..
Filiales	0	..	..	..	..	..	..	..
Total	0	..	..	..	..	..	..	..
Non-vie								
Succursales et agences	..	..	..	..	..	..	..	..
Filiales	..	..	..	..	..	..	..	..
Total	..	..	..	..	..	..	..	..
Mixtes total	..	..	..	..	..	..	..	..
Total								
Succursales et agences	0	..	..	..	..	..	..	..
Filiales	0	..	..	..	..	..	..	..
Total	0	..	..	..	..	..	..	..

.. Non disponible

Note : Voir les métadonnées détaillées sur : *http://metalinks.oecd.org/ins/20190221/747b*.

Source : Statistiques de l'OCDE sur les assurances (base de données)

ÉTATS-UNIS

Tableau 2. Nombre d'entreprises et d'employés

	2010	2011	2012	2013	2014	2015	2016	2017
2.1 Nombre d'entreprises								
Vie								
Entreprises nationales	902	904	904	995	1 031	1 030	738	735
Entreprises sous contrôle étranger	166	168	162	156	158	158	168	157
Succursales d'entreprises étrangères	0	..	..	..	..	..	..	..
Ensemble des entreprises	902	904	904	995	1 031	1 030	738	735
Non-vie								
Entreprises nationales	3 441	3 426	3 428	3 425	3 404	3 185	3 205	3 419
Entreprises sous contrôle étranger	373	388	407	403	404	390	418	405
Succursales d'entreprises étrangères	7	8	9	11	9	13	19	13
Ensemble des entreprises	3 448	3 434	3 437	3 436	3 413	3 198	3 224	3 432
Mixtes, ensemble des entreprises	**0**	**0**	**0**	**0**	**0**	**0**	**0**	..
Réassurance								
Entreprises nationales	257	251	250	247	234	354	221	228
Entreprises sous contrôle étranger	84	73	62	65	64	76	52	44
Succursales d'entreprises étrangères	2	1	1	1	1	4	2	1
Ensemble des entreprises	259	252	251	248	235	358	223	229
Total								
Entreprises nationales	4 600	4 581	4 582	4 667	4 669	4 569	4 164	4 382
Entreprises sous contrôle étranger	623	629	631	624	626	624	638	606
Succursales d'entreprises étrangères	9	9	10	12	10	17	21	14
Ensemble des entreprises	4 609	4 590	4 592	4 679	4 679	4 586	4 185	4 396
2.2 Nombre d'employés								
Entreprises d'assurance	..	..	..	..	..	..	..	..
Intermédiaires	..	..	..	..	..	..	..	..
Total	..	..	..	..	..	..	..	..

.. Non disponible

Note : Voir les métadonnées détaillées sur : *http://metalinks.oecd.org/ins/20190221/747b.*

Source : Statistiques de l'OCDE sur les assurances (base de données)

ORGANISATION DE COOPÉRATION ET DE DÉVELOPPEMENT ÉCONOMIQUES

L'OCDE est un forum unique en son genre où les gouvernements oeuvrent ensemble pour relever les défis économiques, sociaux et environnementaux que pose la mondialisation. L'OCDE est aussi à l'avant-garde des efforts entrepris pour comprendre les évolutions du monde actuel et les préoccupations qu'elles font naître. Elle aide les gouvernements à faire face à des situations nouvelles en examinant des thèmes tels que le gouvernement d'entreprise, l'économie de l'information et les défis posés par le vieillissement de la population. L'Organisation offre aux gouvernements un cadre leur permettant de comparer leurs expériences en matière de politiques, de chercher des réponses à des problèmes communs, d'identifier les bonnes pratiques et de travailler à la coordination des politiques nationales et internationales.

Les pays membres de l'OCDE sont : l'Allemagne, l'Australie, l'Autriche, la Belgique, le Canada, le Chili, la Corée, le Danemark, l'Espagne, l'Estonie, les États-Unis, la Finlande, la France, la Grèce, la Hongrie, l'Irlande, l'Islande, Israël, l'Italie, le Japon, la Lettonie, la Lituanie, le Luxembourg, le Mexique, la Norvège, la Nouvelle-Zélande, les Pays-Bas, la Pologne, le Portugal, la République slovaque, la République tchèque, le Royaume-Uni, la Slovénie, la Suède, la Suisse et la Turquie. La Commission européenne participe aux travaux de l'OCDE.

Les Éditions OCDE assurent une large diffusion aux travaux de l'Organisation. Ces derniers comprennent les résultats de l'activité de collecte de statistiques, les travaux de recherche menés sur des questions économiques, sociales et environnementales, ainsi que les conventions, les principes directeurs et les modèles développés par les pays membres.

ÉDITIONS OCDE, 2, rue André-Pascal, 75775 PARIS CEDEX 16
(21 2018 06 2 P) ISBN 978-92-64-31311-8 – 2019

www.ingramcontent.com/pod-product-compliance
Lightning Source LLC
LaVergne TN
LVHW080655011026
849160LV00014B/1436